浙江省社会科学界联合会研究课题成果 [“赫梯语组篇功能研究”（2022N79）]
本书出版得到绍兴文理学院出版基金资助

赫梯语组篇功能研究

衔接、主位-述位结构与信息结构

A Study on the Textual Function in Hittite: Cohesion, Theme-Rheme Structure and Information Structure

潘亮 著

ZHEJIANG UNIVERSITY PRESS
浙江大学出版社
·杭州·

分的再分析，以及赫梯语语言理论的建设。

然而从赫梯语语言研究已有成果来看，现代语篇理论运用于赫梯语语篇研究的探索和尝试不够充分，对赫梯语组篇功能各个组成部分的整体研究存在不足和局限，对赫梯语语篇研究的发展需要未做出充分响应，对赫梯语组篇功能的研究未全面涉及组篇功能的各个组成部分，对涉及的组篇功能内容也只进行了初步探索，留下了广阔的研究空间。目前，与赫梯语组篇功能相关的已有研究成果主要集中在衔接部分的语法衔接和信息结构部分。对赫梯语衔接部分的语法衔接的研究在海克斯坦(O. Hackstein)和古德格布(P. M. Goedegebuure)的著作中，高度集中在指称衔接当中的指示代词的指示指称上，未直接涉及指称衔接当中的人称指称以及其他类型的指称衔接方式。宝利(J. Boley)、韦德默(P. Widmer)、迈歇特(H. C. Melchert)、古德格布探讨了语法衔接当中个别连词的连接和个别小品词的语篇作用，未探讨其他具有赫梯语特点的小品词的衔接作用。对赫梯语信息结构部分的研究主要体现在贾斯图斯(C. F. Justus)、采弗德(S. Zeilfelder)、默琳娜(M. Molina)、古德格布的著作中，主要探讨了赫梯语信息结构的话题和焦点，未对信息结构的已知信息和新信息的整体关系做深入分析。与赫梯语组篇功能相关的已有研究成果在衔接部分的语法衔接当中只涉及了有限的语法衔接方式，尚未涉及衔接部分的词汇衔接以及组篇功能的重要部分——主位-述位结构。

赫梯语组篇功能研究对语言学的研究同样具有重要意义和价值，赫梯语是公元前两千纪时期的已知有文献可考的最古老的印欧语言，具有令人瞩目的语言研究价值，同时对现代语言学理论也具有重要意义。语篇研究是现代语言学代表性研究领域之一，在构建语篇理论时应关注现代语言的语篇材料，也不能忽视对印欧语系最古老的古代语篇材料进行语篇研究。对赫梯语语篇进行的组篇功能研究能为现代语言学语篇研究领域提供更广泛、全面甚至独到的研究素材和更开阔的视野。赫梯语中的一些语言现象使赫梯语显示出适合进行语篇研究的价值，研究并发现现代语言语篇中的常用组篇方法哪些在印欧语系最古老的语篇中早已存在，哪些组篇现象在最古老的语篇中是独有的，能为现代语篇研究提供新的认识和启迪，赫梯语语篇的材料实例能够为这些研究提供支持。

因此，本书首先对赫梯语组篇功能衔接部分的语法衔接重新进行了认识，尝试探讨了赫梯语人称指称、指示指称，连词连接，赫梯语小品词的衔接。在赫梯语组篇功能衔接部分的语法衔接层面，即赫梯语的替代和省略，针对赫梯语指称衔接当中的比较指称、分句指称和泛指指称，赫梯语指示性副词的衔接，赫梯语指称链，赫梯语后置词和方式方位语法词的衔接，动词时态、体态和语式范畴的衔接方面，也进行了比较全面和有开创性的思考和研究。这一部分对赫梯语组篇功能衔接部分的词汇衔接也进行了新的探索，分析了赫梯语词汇衔接中的复现关系、同现关系和序列关系，词汇搭配衔接和语义场问题。

在赫梯语组篇功能主位-述位结构与信息结构的框架下，本书对赫梯语主位-述位结构的推进方式和类型、赫梯语信息结构中已知信息和新信息的配置分布关系，以及语篇在信息结构中的呈现方式等问题也进行了新的尝试和探讨。

当然，本书也立足于对赫梯语的衔接、主位-述位结构、信息结构进行整体关联思考，试图较全面地观察赫梯语的组篇功能。

目　　录

绪　论

赫梯语语篇研究是赫梯语语言研究中利用现代语言学中的语篇理论研究赫梯语语言材料的新兴研究方向，是将赫梯语语言材料置于语篇层面对赫梯语语言的形式和语义及其内在规律进行的研究。21 世纪之前，赫梯语语言研究主要以传统语法和句法为指导框架对赫梯语语法现象、词汇形态乃至印欧语言比较进行讨论，并积累了大量基础性的赫梯语语言知识。但语言理论视野的拓展和关注层面的更新仍在起步阶段，语篇研究的一些基本层面得到的关注仍然不足，导致了赫梯语语言研究视域在应用新兴语言学理论并分析更大语言单位如语篇时显露了局限性。现代语言学理论日新月异的发展为古代语言利用新的语言视角进行研究提供了获得新的理论工具、探索新方法的机会和获取新认知的可能，语篇理论的应用对赫梯语语言研究具有明显的工具价值，这种工具价值主要体现在赫梯语新出土原始文献的释读、解析，已读文献存疑部分的再分析，以及赫梯语语言研究的基础理论建设中的应用。然而赫梯语语言研究界对将现当代语言理论成果运用于赫梯语语言研究的探索和尝试仍不够充分，这显然无法满足当前赫梯语语言研究的发展需要，也不适应赫梯语语言研究应有发展趋势的必然要求。

组篇功能是语篇理论体系中起框架支撑作用的关键概念，是语篇理论体系得以成立的基础。组篇功能是指一种语言的语篇内部在结构形式和语义关联上的组织方式、形成方式和能力，这是语篇研究的基本问题。赫梯学界在赫梯语语篇研究领域及组篇功能方面上的探索正处于开端，近年来问世的一些赫梯语语篇研究相关成果显示出语篇理论视野下开展的赫梯语语言研究已经取得了初步的进展。

现有较早从语篇视角研究赫梯语的语言研究成果是 1976 年贾斯图斯发表的《赫梯语的相对化和话题化》[①]，这篇论文运用当时语言学界兴起的语篇理论成果研究了赫梯语句子成分的话题化，证实了赫梯语语篇组织中话题化现象的存在，说明了赫梯语语篇的组织方式遵从话题化的信息传递规律，揭示了赫梯语

---

① JUSTUS C F. Relativization and topicalization in Hittite[J]. Subject and Topic, 1976(10): 215-245.

语篇中话题展开的内在形式，展现了从语篇层面研究赫梯语语言的可能性。这篇论文发表之后，从语篇视角对赫梯语进行研究出现了一段时间的沉寂，运用现代语言学理论分析赫梯语语料的研究没有出现更多的作品。虽然这篇研究赫梯语信息结构的成果产生年代较早，却并未就赫梯语语篇理论的其他内容展开后续深入研究，也没有对赫梯语语言研究领域的其他学者形成足够的影响。现有与语篇研究视角密切相关的最新赫梯语语言研究成果的产生时间主要出现在2004年之后，使赫梯语语篇研究成为近年来一个新兴的关注点，吸引了诸多学者的关注。2004年，海克斯坦的《语篇结构与句子结构：赫梯语的"ki kuit"》[①]关注了赫梯语具体语法词的语篇衔接作用，证实了赫梯语常用代词在语篇中具有指称能力和联系语篇的功能，集中研究了赫梯语常用代词在语篇中的信息连贯作用，探讨了赫梯语常用代词的指称功能在语篇中的衔接作用。2004年，采弗德的《赫梯语的话题、焦点和右偏置的句子序列》[②]探讨了语序和各成分在句子中出现的排列顺序及位置对作为语篇组篇功能之一的信息结构和信息结构的话题部分、焦点部分的分布所产生的影响，阐释了赫梯语信息结构中话题部分、焦点部分与赫梯语句子成分排列序列模式之间的相互影响和互动关系，为赫梯语信息结构的整体组织形态研究开启了初步探索的先例。2004年，宝利的《古王国赫梯语故事叙述者的技艺：句际连词和语篇小品词的运用》[③]展示了在赫梯语叙事文体中语篇组织方式带来的叙事效果和由此产生的叙事技巧，证实了赫梯语常用语法词当中的连词和小品词在赫梯语叙事类语篇中的上下文信息的连贯作用，分析了赫梯语连词和小品词在赫梯语叙事语篇中为提高语篇整体性和情节连续性，增强语篇表达力而发挥的作用。2007年，贾斯图斯的《〈穆西里的失语症〉中的句法结构》[④]分析了赫梯语语篇组篇功能的信息结构的话题分布，以具体的赫梯语仪式类文献为例分析了赫梯语记录类语篇的信息结构特征，总结了赫梯语记录类语篇信息分布结构呈现出的以推出焦点信息为主的前提句和以归纳话题信息为主的结句两者前后依次出现的语篇结构模式。2009年，韦德默的《赫梯语"nu"作为信息结构和句法连接的手段》[⑤]考察了具体语法词——连词

① HACKSTEIN O. Von der Diskurssyntax zur Satzsyntax: Hethitisch kī kuit[J]. Gs Forrer, 2004(9): 345-359.

② ZEILFELDER S. Topik, Fokus und rechter Satzrand im Hethitischen[J]. Gs Forrer, 2004(4): 655-666.

③ BOLEY J. The storyteller's art in old Hittite: The use of sentence connectives and discourse particles[J]. RANT, 2004(1): 67-110.

④ JUSTUS C F. Syntactic structures in Mursili's aphasia[J]. HitCongr, 2007(6): 427-446.

⑤ WIDMER P. Hethitisch nu als Mittel der informationsstrukturellen und syntaktischen Verknüpfung[J]. Pragmatische Kategorien, 2009(20): 323-335.

"nu"在语篇中的逻辑关系连接作用和对信息结构的组织作用，证实了赫梯语语篇中常用连词对语篇信息结构分析能够起到线索作用，赫梯语基本连词在语篇整体中使信息间的联系更加紧凑。2009年，梅尔切特的《赫梯语"-ma"在语篇条件下的用法》①研究了附着连词"-ma"的语篇组织功能，发现了赫梯语基本附着连词在语篇整体中联系其他信息内容的连贯和提示作用，建设性地分析了赫梯语基本附着连词发挥语篇联系作用的几种方式。2010年，鲁拉吉(S. Luraghi)的《赫梯语的及物性、非及物性和介质》②研究了赫梯语组篇功能的衔接当中动词与名词短语的各种及物关系和连接关系，探讨了赫梯语句子中谓语动词在连接其他句子成分时的不同语义功能。2014年，默琳娜的《赫梯语信息结构的文献研究(基于中王国赫梯语书信)》③讨论了赫梯语特定语料——书信类文献在作为重要组篇功能之一的信息结构上的特点，发现了赫梯语对话类语篇信息结构的组织规律和一组对话语篇之间信息结构上的相互关联模式。古德格布是应用语篇理论和组篇功能原理对赫梯语信息结构展开系统研究的突出且成果卓著的多产研究者，在语篇信息结构方面著述颇丰，代表作包括：2007年的《赫梯语单句小品词"-kan"的初始功能：话题强化或空间关系标记?》④，更新了赫梯语语言研究领域对小品词"-kan"的认识，指出并证实了赫梯语小品词"-kan"在赫梯语信息结构中对话题的强调作用，联系并提示语篇信息内容中空间关系的线索；2009年的《赫梯语的焦点和强调代词"apa-"：方法探索》⑤，探讨了赫梯语信息结构的焦点位置与用作话题强调的指示代词"apa-"之间的相互作用，对语篇焦点信息与用作话题强调的指示代词之间相互关联的规律给出了建设性的观点；2009年的《赫梯语的焦点结构和"Q-"词问句》⑥，研究了赫梯语焦点信息与疑问代词指示的信息内容之间的相互关系，对赫梯语疑问代词的信息功能和赫梯语疑问句中的焦点结构给出了独到的见解；2013年的《赫梯语作为焦点的名词短

① MELCHERT H C. Discourse conditioned use of Hittite-ma[J]. Pragmatische Kategorien, 2009(2): 187-195.

② LURAGHI S. Transitivity, intransitivity and diathesis in Hittite [J]. Indoevropejskoe Jazykoznanie i klassičeskaja filologija, 2010(14): 133-154.

③ MOLINA M. Corpus study of information structure in Hittite (on the basis of the middle Hittite letters)[J]. HitCongr, 2014(5): 232-245.

④ GOEDEGEBUURE P. The original function of the Hittite sentence particle-kan: Topic reinforcer or marker of spatial relations? [J]. BiOr, 2007(64): 31-64.

⑤ GOEDEGEBUURE P. Focus in Hittite and the stressed pronoun apā-: In search of a method [J]. Pragmatische Kategorien, 2009(5): 93-112.

⑥ GOEDEGEBUURE P. Focus structure and Q-words questions in Hittite[J]. Linguistics, 2009 (47): 945-969.

语》[1]，探讨了赫梯语名词短语在焦点位置上的分布规律，为赫梯语信息焦点的研究贡献了崭新的内容；2014 年的专著《赫梯语指示代词：关于指示、话题和焦点的研究》[2]，汇聚了古德格布对他之前一直关注的赫梯语语篇研究中的信息结构和赫梯语指示代词在语篇信息结构中的功能的研究成果以及在此基础上拓展出的崭新发现。可见，已有关于语篇结构和组篇功能的赫梯语语言研究成果主要围绕语篇的重要组篇功能之一——信息结构展开，而赫梯语体现组篇功能的语篇生成和构造手段等很多内容仍具有深入探索的可能，这为赫梯语语言的语篇研究和组篇功能研究留下了充足的空间。

尽管利用语篇理论和组篇功能原理研究赫梯语语料已在一些重要语法衔接的组篇功能、词汇衔接的组篇功能和赫梯语信息结构等方面取得了一定的成果，但就已有成果涉及的具体内容而言，有关赫梯语语篇、语篇中的词汇使用和组篇功能的有些重要内容当中已涉及和关注的方面仍未必全面。已涉及的方面也仍然存在可更深入加以研究的余地，也仍有进一步分析的可能。例如，海克斯坦的《语篇结构与句子结构：赫梯语的“Ki Kuit”》，古德格布的《赫梯语的焦点和强调代词“apa-”：方法探索》《赫梯语的焦点结构和“Q-”词问句》和《赫梯语指示代词：关于指示、话题和焦点的研究》都仅仅涉及代词在语篇中的衔接作用，并且这些已有成果只探讨了关系代词、疑问代词和指示代词的组篇作用，对人称代词、物主代词、不定代词和反身代词在指称衔接中的指称作用涉及仍有不足，而人称代词、物主代词、不定代词和反身代词以及它们在赫梯语指称衔接当中的作用是赫梯语代词系统行使指称衔接功能不可或缺的组成部分。同时，在赫梯语代词行使指称衔接功能的诸多方面里，已有成果仅涉及了指称衔接的指称方面，几乎完全忽略了替代、省略这两个重要方面。替代、省略是不可或缺的衔接手段，赫梯语语言研究界尚无相关成果。即便是在已提及的指称方面，已有成果也仅涉及了指示指称，完全忽略了赫梯语代词在指称衔接当中的另外几个重要方面，即人称指称、比较指称、分句指称和泛指指称。赫梯语的副词系统完善、种类多样，包括地点副词、时间副词、指示性副词、修饰性副词和表达各种逻辑关系的副词等，具有很强的语篇衔接功能和组篇功能价值，展现了赫梯语副词构建语篇衔接关系的丰富性。并且赫梯语副词用法灵活多变，具有一定的复杂性。有些副词虽然可以用作独立副词表示空间方位关系，但同时它们也更经常地作为前动词与动词搭配使用，充当动词短语当中的附加成分对动词的语义进行补充和限定，

---

① GOEDEGEBUURE P. Hittite noun phrase in focus[J]. UCLA IEConf, 2013(24): 27-46.

② GOEDEGEBUURE P. The Hittite demonstratives: Studies in deixis, topics and focus(StBoT 55)[M]. Wiesbaden: Wiesbaden Press, 2014.

因而具有多重词类属性，如赫梯语副词“arha”“para”“piran”等。此外，赫梯语副词具有句内连接作用和句际衔接功能，在方位地点、时间顺序和逻辑关系等方面对语篇进行衔接和关联，是重要的赫梯语词类也是组篇功能中的重要实词，然而赫梯语语言研究界迄今未有成果从语篇角度探讨过赫梯语副词。梅尔切特的《赫梯语“-ma”在语篇条件下的用法》和古德格布的《赫梯语单句小品词“-kan”的初始功能：话题强化或空间关系标记?》探讨了赫梯语中高频出现的重要附着连词“-ma”和附着小品词“-kan”的语篇作用，但仍没有任何著述探讨过赫梯语另一个高频小品词——直接引语小品词“-wa/-war”在连续直接引语构成的语篇当中的组篇作用。韦德默的《赫梯语“nu”作为信息结构和句法连接的手段》只关注了连词“nu”的语篇连接作用和在信息结构中的功能，然而赫梯语的连词多种多样，表达的句际逻辑关系也不一而足，作为语篇连接手段的连词还有很多值得发现的种类。宝利的《古王国赫梯语故事叙述者的技艺：句际连词和语篇小品词的运用》只关注了特定年代的特定文类当中包含的连词和小品词在叙事文体中的使用和对叙事语篇整体的联系作用，并未对赫梯语当中存在的大多数连词和小品词的语篇用法做出详尽解答。鲁拉吉的《赫梯语的及物性、非及物性和介质》讨论了在赫梯语句子的句内连接当中动词与名词短语的关系，然而赫梯语句内连接关系除动词与名词短语之间的关系外还应包括名词短语自身各成分间的组织关系，如名词短语内部中心名词与各修饰成分之间的关系、动词短语内部动词与其修饰成分或附加成分之间的关系、句内名词短语和名词短语的关系、赫梯语介宾结构中后置词与名词短语的关系等，然而还没有任何著述涉及赫梯语的这些句内连接关系。贾斯图斯《赫梯语的相对化和话题化》《〈穆西里的失语症〉中的句法结构》，采弗德的《赫梯语的话题、焦点和右偏置的句子序列》和默琳娜的《赫梯语信息结构的文献研究(基于中王国赫梯语书信)》以零散的句例和内容有限的文献语料为例分析了赫梯语句子信息结构的一般布局规律、构造模式、语序与信息结构间的关系、赫梯语句子成分用作话题和焦点的特征，然而这些分析基于判断的语料的选择带有随意性，语料选择的出发点是对信息结构规律有所体现的分散句例和内容局限、体量轻薄的特定文献，没有把词或词组当作分析信息结构的核心，没有紧密围绕具体的词或词组展开信息结构的分析，没有对赫梯语中形形色色的具体的词或词组在信息结构中话题位置和焦点位置的分布规律及在组篇功能中的作用做出说明。古德格布的《赫梯语作为焦点的名词短语》关注赫梯语名词短语在信息结构中充当焦点的问题，没有涉及名词短语在信息结构中充当话题的重要内容，并且紧密围绕以具体词或词组为核心的赫梯语信息结构分析应当包括赫梯语各种实词在信息结构中的体现或实词构架信息结构的方式，而赫梯语最主要的实词包括名词、动词、形容词和副词，实词中除名词以外的词类表现在具体信息结构中都具有充当话题或焦点的作用。

纵观以语篇视角和组篇机制原理研究赫梯语语料的已有成果，只有P. M. 古德格布的《赫梯语作为焦点的名词短语》介绍了实词中的名词在组篇功能中占据信息结构焦点位置的作用，其他所有成果的内容都只涉及或主要涉及赫梯语语法词的语篇组篇功能。这些语法词包括了赫梯语语言系统中最主要的几个语法词当中的三个：代词、小品词、连词，然而有关赫梯语另一个重要语法词——后置词在组篇功能当中的句内衔接和句际衔接及后置词支配名词短语构成介宾结构在主位-述位结构和信息结构当中充当成分的著述却仍是空白。赫梯语后置词在赫梯语语法词体系当中地位特殊，其他语法词如代词、小品词和连词在句中的语义关系和与句中其他语义成分的相互联系当中相对较为独立，表现为不需依附其他成分便能实现语义上的自足和完整。而后置词却不同，后置词在形式用法上和语义上都不能独立存在，它必须支配名词短语并与名词短语组成介宾结构才能获得形式构成和语义的完整性。因此，后置词相较其他主要语法词而言天然具有对句中其他语法或语义成分的依赖性，其句内衔接能力远超其他语法词。在句际衔接方面，后置词及后置词与名词短语构成的介宾结构比其他语法词的句际衔接功能更具复杂性。后置词能够表现的物理关系如空间位置、时间顺序及逻辑关系中的对比、因果、伴随附带、肯定否定等都与语篇中的其他语义成分形成了或直接明显或隐蔽包含的微妙联系，具有丰富的实现组篇功能的方式和广阔的开拓余地。后置词作为赫梯语最基本、出现率最高和表达语义最丰富的语法词之一，其本身作为语法词体系组成类别之一的重要性不言而喻，其在语篇生成和组篇功能当中充当的角色和具有的作用同样不容忽视。在赫梯语组篇功能的衔接方面，现有成果仅限于赫梯语语法词的衔接功能，尤其集中在赫梯语代词、连词的衔接作用，仍没有任何著述系统讨论过赫梯语实词的衔接功能。实词是语篇中实际承载重要语义内容的部分，实词的语义内容与语篇其他部分密切相连，形成统一的语篇整体。因此，赫梯语实词的衔接功能是赫梯语衔接不可忽略的组成内容，包括赫梯语词汇衔接当中的动词时态、体态、语式范畴的衔接。在赫梯语组篇功能的信息结构方面，已有成果仅限于赫梯语语法词当中的代词，尤其是指示代词在赫梯语信息结构中的体现，未能顾及赫梯语人称代词、物主代词、关系代词、不定代词等重要代词在赫梯语信息结构中的体现。在赫梯语语法词当中，连词、小品词和后置词在赫梯语信息结构中的体现完全没有著述提及，这些语法词与代词一样对赫梯语信息结构具有影响力。除了极个别著述有限地提及赫梯语实词当中的名词在信息结构中的分布，还没有著述系统探讨过赫梯语其他主要实词在信息结构中的体现。而实词在信息结构中是承载主要语义信息尤其是新信息的部分，实际介绍结构中的信息内容。在所有涉及赫梯语语篇理论和赫梯语组篇功能的研究成果中，还从未出现将赫梯语主位-述位结构当作关注点的著述。而赫梯语主位-述位结构是组篇功能当中一个形式化的语篇分析手段，是赫梯语组篇功能当中必不可少的分析方面，是在语篇研究中应当得到足够重视的有待探索的全新内容。

总而言之，已有成果在赫梯语组篇功能研究方向上已取得了一定进展和值得肯定的成绩，但仍存在很多可深入开拓的空间。本书一方面对已有成果已经明确涉及的赫梯语组篇功能的各方面内容作更深入的探讨，并且本书基于已有成果对赫梯语组篇功能作补充完善性研究。这些补充完善性研究内容包括：人称代词、物主代词、不定代词和反身代词在指称衔接中的指称，直接引语小品词“-wa/-war”的语篇衔接，除“nu”以外的赫梯语连词的语篇连接，除动词与名词短语的连接以外的句内连接关系，在信息结构中充当话题的名词短语，赫梯语信息结构中的人称代词、物主代词、关系代词和不定代词。另一方面，在赫梯语组篇功能研究领域仍存在迄今从未有成果涉足的研究内容，而本书中全新的研究内容则包括：赫梯语衔接当中的替代和省略，赫梯语代词在指称衔接当中的比较指称、分句指称和泛指指称，赫梯语副词的语篇衔接，赫梯语后置词的语篇衔接，赫梯语词汇衔接和词汇衔接中动词时态、体态和语式范畴的衔接及词汇衔接当中的词汇搭配衔接和语义场，赫梯语主位-述位结构，赫梯语主位-述位结构和信息结构中的信息分布，赫梯语主位-述位结构和信息结构中的语篇展开方式。鉴于赫梯语组篇功能研究已有成果仍在很多方面存在值得进一步深入开拓和探讨的可能，相关已有成果涉及的内容也仍有继续深化的余地。在赫梯语组篇功能研究领域尚存在数量可观的从未有成果关涉过的全新内容，这就使整体系统地从组篇功能的各个方面充分考察赫梯语语法词和实词在组篇功能整体中的体现成为必要，而不单单是选择性地探讨赫梯语组篇功能的局部。为此，本书的基本构设是围绕赫梯语语法词和实词尽可能地从整体上观照和研究赫梯语组篇功能，尽可能多方位地观察赫梯语组篇功能当中的衔接、主位-述位结构、信息结构，发现赫梯语组篇功能多方面的样态并尽可能在视野上展现赫梯语组篇功能的大体形貌。

从已有赫梯语语篇研究成果呈现的大体趋势可以看出，赫梯语语言研究领域中新兴的语篇研究方向近年来得到了赫梯语语言研究者的持续关注。研究者们在相关方向上的研究活动也表现出了明显的开创性和活跃度，国际赫梯语语言研究界对赫梯语语篇研究的持续关注和积极参与说明了这个研究领域对于赫梯语语言研究具有重要意义，也说明了在相关研究方向上仍明显存在值得更深入发掘和更全面发现的研究空间，具有显而易见的研究必要性。

利用现代语言学理论在语篇层面上研究赫梯语语言是赫梯语语言研究界的

一个新兴研究方向，学界在相关领域为数不多的成果仅仅标示了现代语言学视野下的赫梯语语篇研究刚刚踏出了初始的一步，在已有成果的基础上深化和拓展相关研究显得尤为必要。赫梯语语言研究借助现代语篇理论开展的探索处于开端，正积极汲取现代语言学前沿理论的给养，迎向赫梯语语言研究的广阔空间。

在现代语言学语篇理论研究领域，英国语言学家韩礼德（Halliday）是国际语言学界具有高度权威的集大成代表性学者，他的两部在现代语言学界被誉为必读教科书的作品《英语的衔接》[①]（英文原版为 1976 年）和《功能语法导论》[②]（英文原版为 1985 年）是迄今无可替代的语篇理论经典。韩礼德之后的另一位国际著名语言学家马丁（Martin）关于语篇理论的重要著作《语篇研究：超越小句的意义》[③]也对国际语篇理论研究领域产生了重大影响。韩礼德为语篇理论建设做出的杰出贡献得到整个国际语言学界的一致高度认可和由衷称赞，他不仅是现代语篇理论的首要奠基者之一，其开创的衔接理论和功能语法理论作为其代表性建树更是享誉整个国际语言学界。韩礼德个人也因其卓越的学术贡献、崇高的学术地位、蜚声世界的学术名望备受整个国际语言学学术共同体的推崇，成了载入西方现代语言学学术史的里程碑式的语言学家和语篇理论研究者们汲取学术养分的理论源泉。现今所有研究语篇理论的语言学研究者都奉韩礼德的语言学理论为学术先导、观点发端和理论根基。在韩礼德的语篇理论中，基础性的研究方面是组篇功能（textual function）。“textual”的名词形式“texture”（组篇）是韩礼德语篇理论的关键核心术语之一。胡壮麟将“texture”汉译为语篇组织，张德禄则将“texture”汉译为组篇机制。“texture”体现的是通过各种组篇手段形成的语篇整体组织性和语篇系统效果，是已完成的语篇组织体。运用语法衔接、词汇衔接等组篇手段构造组织语篇时，各种组篇方式发挥组篇作用的过程反映了语篇构造时的组篇功能，体现了语言成分组织成语篇体系的动态过程和机理，反映了各种组篇功能将语言成分构筑成语篇统一体的机能、规律和效力。韩礼德的组篇功能原理包括三个部分：衔接即词汇关系作为语篇组织连结枢纽，通过具体的语法功能和词汇语义实现的组篇功能；主位-述位结构即主述成分依先后次序形成的位置关系体现出的组篇功能及信息结构即依据语义信息在语篇中的新旧关系和分布规律体现出的组篇功能，并认为语篇能够体现这三个部分

---

① 韩礼德，韩茹凯．英语的衔接[M]．张德禄，等译．北京：外语教学与研究出版社，2007．

② 韩礼德．功能语法导论[M]．彭宜维，等译．北京：外语教学与研究出版社，2010．

③ MARTIN J R，ROSE D．Working with discourse：Meaning beyond clause[M]．Beijing：Peking University Press，2007．

的组篇功能，这三个部分的组篇功能同时统一在语篇中。在中国现代语言学界，韩礼德的语篇理论和组篇功能原理得到了广泛的接受、普遍的认同、高度的重视，并且开枝散叶，获得了有力的传承、弘扬和发展。胡壮麟①、姜望琪②、高彦梅③，张德禄④、黄国文⑤等从事语篇理论研究的重要学者为语篇理论和语篇理论中的组篇功能原理做出了可观而卓越的贡献，这些学者创造的成果及理论贡献为赫梯语语言研究尤其是语篇研究提供了源源不断的理论养料，使其吸收了可资利用的新观点，为赫梯语研究水平的提升和程度的深化提供了丰厚的理论资源。

赫梯语组篇功能研究的语料素材

在赫梯语中，复数形式的抽象中性名词“uddar”经常被用来表示国王陈述的一段话，这段话作为直接引语有始有终，形成一个边界明确的独立语义组织、一个具有结构组织性的语篇。可见，赫梯人已经有了专门用来表示一段话、话语的抽象词汇。这个抽象词汇表达的抽象观念是如此贴近现代语言学意义上的语篇概念，可见赫梯人对于语篇概念已经具有了朴素朦胧的抽象意识。另外，赫梯语文献中经常出现的直接引语会使用引语小品词“-wa/-war”来标记句子的引语属性。而标记有小品词“-wa/-war”的句子经常会连续出现，从第一个标有“-wa/-war”的句子开始到最后一个标有“-wa/-war”的句子结束，形成一个边际明晰的语段。语段内各单句的语义内容往往相互连贯相关，构成一个有组织的语义整体。使用鲜明的标记手段划定出起始明确、语义连贯的一段引语，说明赫梯人已经在使用特定的语言形式来框定一篇自成一体的语篇范围，对语篇的统一性和完整性已经有了初步认识。

赫梯语单独成篇的文献开篇起始会有特定的格式，结束处会有相应格式的题记，以此来标记整篇文献的起始和结束。文献版式格局中会有单行线或双行线将几段句子隔开，形成段落，体现了赫梯人已经使用特定的书写形制来为语篇层次布局，展示了其对语篇层次的观念。赫梯语文献种类丰富、语篇形式多样，可以为研究赫梯语语篇的组篇功能提供充足的语料资源，使赫梯语的语篇研究成为可能。

利用语篇理论从组篇功能的新角度以赫梯语语法词和实词为着眼点研究赫

---

① 胡壮麟.语篇的衔接与连贯[M].上海:上海外语教育出版社,1994.

② 姜望琪.语篇语言学研究[M].北京:北京大学出版社,2011.

③ 高彦梅.语篇语义框架研究[M].北京:北京大学出版社,2015.

④ 胡壮麟,朱永生,张德禄,李战子.系统功能语言学概论[M].3版.北京:北京大学出版社,2017.

⑤ 黄国文.语篇分析概要[M].长沙:湖南教育出版社,1988.

梯语组篇功能中的衔接、主位-述位结构和信息结构,对于赫梯语这种印欧语世界已知最古老的语言,不仅是可能的,而且也是真实存在可行性的。赫梯语文献的保存状况虽然以残片居多,但尚存有语句连续成篇的文献资源,为赫梯语在语篇层面上的语言研究提供了丰富可信的语料素材,也为赫梯语组篇功能中全新内容的研究准备了坚实可靠的材料依据。

本书选用的赫梯语语料以赫梯国家内部律政公文类语篇为主。公文是主要语篇类型或语体之一,律政公文是公文类语篇中最具代表性的公文类型之一,而对内律政公文又是运用最广泛的律政公文类型之一。赫梯语文献拥有丰富的对内律政公文类语篇,本书主要选取了法律文献、训诫文献和反映军政事务往来的书信。这些语篇包含的法律条文、行政命令、管理指令、军政指示和请示体现了赫梯国家内部不同管理层级间就具体律政事务制定并施行的法律规范、管理规定以及对这些法规命令的执行汇报,如就社会经济事务制定的法律条文规范、就行政事务颁布的训令和规定、书信当中上级管理者对下级的指令批示和下级对上级的请示汇报等。运用对内律政公文类语篇进行语篇分析研究具有语篇文体提供上的便利性和优势,对内律政公文的接受者或目标是社会系统中的遵守者和执行者。公文的执行者如果要准确充分地按照公文内容采取或调整行为准则并认定行为后果,首先要对公文传达的内容做出清晰准确的理解。公文的社会传播功能和准确传达的目的必然要求公文语篇具有高度的语篇性、较强的语篇整体衔接连贯性和统一性。对内律政公文语篇内包含的法规、规定、命令、批示和请示是行动效力最强的言语行为,法规指令性言语行为的能动性和后果性较强的特点要求对内律政公文语篇力求表述准确、组织连贯、衔接清晰。语篇内的具体言语具有言内之意、言外之意和言后之效,对内律政公文语篇的法规指令性言语的社会传播性和较强的言语行为特征要求对内律政公文语篇表现出尽可能明确的言内之意即建立在连贯统一语篇性上的内容信息,尽可能少的言外之意即基于语篇外指的隐性外部语境及隐喻意义等特殊语用对内容信息造成的晦涩,以及尽可能强的言后之效即法规指令的内容得到准确充分遵守执行的效力。对内律政公文语篇言外之意较少,语篇分析受语篇外指、隐性语境和特殊修辞语用的制约较少,语篇具有较明晰直观的组织连贯性,适用于语篇分析研究。

本书共设四章。绪论部分阐述了研究现状、已有成果回顾与研究必要性,介绍了赫梯语组篇功能研究运用到的理论工具,以及从赫梯语文献中精选出来的用于分析赫梯语组篇功能的语料素材。

第一章引介了赫梯语组篇功能研究运用到的语言学理论框架及其来源,包括衔接理论中的语法衔接和词汇衔接以及作为组篇功能研究中重要的组成理论的主位-述位结构和信息结构。

第二章探讨了赫梯语语篇研究的语法衔接，介绍了赫梯语语法词词类体系，阐述了赫梯语人称代词、物主代词、不定代词和反身代词在指称衔接中的指称作用。对替代、省略、人称指称、指示指称、比较指称、分句指称和泛指指称、连词和小品词以及方式方位语法词的衔接功能等方面的研究内容进行了完善和补充，同时对赫梯语动词时态、体态和语式范畴具有的组篇功能进行了探讨。这不但是全新的赫梯语语言研究，而且也是语言学理论应用上的新尝试。

第三章探讨了赫梯语语篇的词汇衔接，介绍了赫梯语实词词类体系，并对实词词汇语义做了大致分类。对赫梯语词汇衔接和词汇衔接中实词的运用进行了详细深入的观照，讨论了赫梯语词汇衔接中的复现关系、同现关系和序列关系，并对词汇衔接涵盖下的赫梯语词汇搭配衔接和语义场展开了开创性的研究。

第四章探讨了赫梯语语篇的主位-述位结构和信息结构，基于主位-述位结构与信息结构的密切关系，首次对赫梯语主位-述位结构和信息结构两者同时兼顾，作并列观察。并探讨了赫梯语主位-述位结构在赫梯语语篇的组篇功能中体现的组篇效果和其表现组篇功能的各种方式，分析了赫梯语主位-述位结构的主位类型和主位推进以及赫梯语信息结构的组篇功能和信息结构中已知信息和新信息的分布。

本书采用的原始语料来源皆为赫梯语楔形文字泥板文书，使用的原始语料内容以从楔形文字到拉丁文字的转写形式呈现，作者对使用的语料进行了断词断句的句法分析处理，并首次从语料原文直接进行了汉译。

第一章　理论框架来源

1.1　韩礼德和韩茹凯的衔接框架

在韩礼德和韩茹凯的衔接理论中，衔接作为一种组篇功能是为语篇服务的。语篇是使用过程中的语言连续体，语篇在使用和形成过程中不受长度制约，它是一级语言单位。但有别于小句或句子遵循语法规则形成的语法单位，语篇是比句子更大的语言单位，但与句子有着实质区别。语篇是表达意义的语义单位，它并不是由句子构成的结构体单位，而是体现为句子的一组语义统一体①。语篇因不受长度制约而延展到小句或句子等结构关系之外，而语篇的内在关系又不限用结构关系加以说明，这些结构关系之外形成语篇内在语义关系的纽带便是衔接。语篇中的各个词项在语义上具有的联系表现为衔接关系，语篇中具有同指、回指和下指等指称关系的词项之间形成一组衔接纽带，体现语篇中各词项间的意义关系。衔接产生于语篇中某个词项的意义对另一个词项的意义进行的确定，或某个词项的意义借助另一个词项的意义得到的说明，或某个词项的意义对另一个词项的意义做出的参照。衔接存在于语篇中前后各词项间建立的关系中，具有衔接关系的项目间总是一个项目指向另一个项目，一个项目为另一个项目提供解释来源。语篇中的衔接关系有些由语法体现，有些则由词汇体现。由语法关系体现的衔接是语法衔接，由词汇关系体现的衔接则是词汇衔接。语法衔接主要包括指称、替代、省略和连接；词汇衔接则包括概括名词、词汇复现和词汇搭配②。

1.1.1　语法衔接

语法衔接中的指称是指语篇中带有指称功能的项目，这些词项并不依赖自身的词义传达意义，而是通过它在语篇中对应的指称项目，借助参照关系得到说

---

① 韩礼德，韩茹凯．英语的衔接[M]．张德禄，等译．北京：外语教学与研究出版社，2007.

② 韩礼德，韩茹凯．英语的衔接[M]．张德禄，等译．北京：外语教学与研究出版社，2007.

明并具有意义。这些具有指称功能的项目常使用人称代词、指示代词和指示性的形容词和副词来表达，这些词类形成的指称项目在语篇中具有的意义要在语篇中的其他词项中获得解释，同一项目具有的意义在指称连续体中接连出现使衔接得以建立。指称系统分为语篇之外对语用情景或语篇隐含背景的指称，称为外指；以及语篇内部各词项的指称，称为内指。指称项目对语篇上文某项目的指称是回指，对语篇下文某项目的指称则是下指，只有内指具有衔接价值。指称具有三种类型，即通过人称类别表现指称的人称指称、依照远近位置表现指称的指示指称和依据相同性或相似性间接表现指称的比较指称。人称指称通常使用人称代词或人称性所有格形容词表达，人称指称中的特定人称代词和指示指称中的特定指示代词能够对特定语篇进行指称。使用指示代词或指示性副词表达的指示指称能够体现空间中的具体位置或时间过程中的抽象位置，指示词在指示指称中能够用作修饰语形成名词词组的一部分，也能够独立使用指称名词词组中的主词。比较指称是通过对比语篇中词项间相同性、相似性和相异性从而达到衔接的指称系统，词项间的对比关系通过表现比较关系的形容词、副词或比较级的形容词和副词来表达。语法衔接中的替代是语篇内部一个词项代替另一个词项的过程，替代的衔接功能表现在替代像指称一样具有潜在的回指性，从而建立起语篇中各项目间的关联纽带[①]。替代在语法衔接中表现为替代项和被替代项之间的语法关系，是替代词项和被替代词项之间的词项形式关系，而不是意义间的关系。根据替代项的语法功能，名词、动词或小句能够被相对应的替代项替代，即名词性替代、动词性替代和小句性替代。小句性替代分为引述小句替代、条件小句替代和情态化小句替代。语法衔接中的省略是语篇内部项目被省略的过程，是语篇内项目间的一种关系，被省略的项目在语篇上文中拥有相应的预设项目。省略通常体现出一种回指关系，省略分为名词性省略、动词性省略和小句省略。语法衔接中的连接是通过连接词各自特定的意义间接起到衔接作用的过程，它在表达某些特定意义的同时预设了其他语篇成分，拥有把按某种顺序发生的语篇成分关联起来的功能。连接关系是具有衔接功能的语义关系，连接关系分为增补关系、转折关系、因果关系和时间关系[②]。

1.1.2　词汇衔接

词汇衔接的语篇衔接效果是通过词汇选择和词汇项在语篇中形成的语义关系取得的。词汇衔接的概括名词是名词词类中表示一般意义表概括类别的名

---

① 胡壮麟．语篇的衔接与连贯[M]．上海：上海外语教育出版社，1994.

② 韩礼德，韩茹凯．英语的衔接[M]．张德禄，等译．北京：外语教学与研究出版社，2007.

词,如表现概括义人类的名词、概括义的方位名词、概括义的事物名词等[①],概括名词在语篇中具有的回指功能使概括名词拥有衔接能力。概括名词在名词词类的词汇语义系统中的位置处于主要名词集的上义词词项,使概括名词能够作为上义词类型的同义词起到衔接功能。概括名词本身的词义较为概括宽泛,要借助语篇中的其他词项成分得到说明。概括名词在语篇中指向另一个存在于同一语篇上文中的词汇项目。词汇衔接的复现是利用同义词、近义词和上下义词或重复词项在语篇中关联其他词项从而起到衔接作用,是借助词汇语义的重复、部分重复或相似取得衔接效果的过程。用作复现词项的重复词、近义词、上下义词和语篇中发生关联的词项具有相同或相近的语义部分,拥有被共同的语义成分通过同一或包含关系关联在一起的潜能。词汇衔接中的同现是语义排斥的词汇项目间形成关联达到的衔接效果,形成同现关系的词项的语义具有特殊对立性,表现为处在同现关系的词项的语义间的互补关系。词汇衔接的搭配是在语篇中具有各种语义相关性的词项间形成的词汇语义关系系统,语篇中各词项间的同义关系、近义关系、上下义关系、对立互补关系形成了词项语义间相互关联的语义网。具有搭配关系的词项借助同一语篇中词项语义系统中的各种词项搭配关系获得衔接能力,把具有搭配关系的词项关系表现为同义关系、近义关系、上下义关系、对立互补关系等[②]。

1.2　主位-述位结构和信息结构

主位是语篇内一则消息中作为出发点的成分,是每则消息展开的起始点,是组成消息的小句关涉的目标;述位是每则消息中在主位外余下的使主位得到发展的部分。小句由主位和相随的述位组成,主位和述位形成的结构以语序表现。用作主位的成分位于句首,用作述位的成分置于主位成分之后。主位是特定结构中得到位置配置的成分,结构中主位和述位位置的配置使小句组织为一则消息,一则消息由一个主位组合一个述位形成[③]。主位在配置中是消息的出发点或起始点,是组成消息的小句得以展开的基础。小句的部分意义由选作主位的成分决定,主位成分的选择决定了小句的整体意义。主位成分置于小句句首是体现主位功能的途径,主位能够由用作单一成分的单一词项充当,也能够由用作

① 韩礼德,韩茹凯. 英语的衔接[M]. 张德禄,等译. 北京:外语教学与研究出版社,2007.

② 韩礼德,韩茹凯. 英语的衔接[M]. 张德禄,等译. 北京:外语教学与研究出版社,2007.

③ 韩礼德. 功能语法导论[M]. 彭宜维,等译. 北京:外语教学与研究出版社,2010.

单一成分的词组复合体或短语复合体形成。

在复杂主位中，主位由从句形式出现的小句表现，仍被视作一个单一成分。主位等价结构是主位的一种表达方式，这种表达方式在语义上把主位和述位视为同一语义。表达主位包含的语义等于述位包含的语义，小句的各成分在主位等价结构中被组织成两个部分。这两个部分通过相互识别的关系组织在一起，这种等价关系被视作一种等价符号，由系词词类或功能与系词相同的类系词来组织主位和述位。主位成分可能包括参与者、环境、过程，参与者如动作者和目标，环境如时间和地点。主位成分中包含的参与者、环境、过程是主题主位，小句的主位包括主题主位和出现在主题主位之前的成分。主位内部包含的各成分按照功能切分为连接成分、情态成分、主题成分。主位和述位能够被视作小句内部的一个内在结构，主位-述位结构中的各成分也是小句的各成分。主位-述位成分不仅能够按照单个小句的单位做出分析，并且能够按照小句复合体的单位分析。语篇中的小句能够被分析为信息单位，信息单位可能大于一个小句，由多个小句组成，也可能小于一个小句，由小句中的某个成分形成①。

信息单位把语篇中的话语划分为两种结构成分：一种结构成分是受到关注的、新的、未知的、重要的信息，这样的信息称为新信息；另一种结构成分是旧有的、已知的、能够推知的、作为新信息出发点的、新信息展开前的基础的信息，这样的信息称为已知信息。已知信息和新信息组成的结构称为信息结构，新信息通常位于信息单位的后部，与小句中的述位部分重合；已知信息位于新信息之前，与小句中的主位部分重合。已知信息内容与新信息内容之间的相互关系形成的信息单位是一种结构，这种结构由已知信息和新信息两个功能组成。在信息结构中，一个信息单位包括一个必要的新信息成分和一个可能被省略的已知信息成分。作为信息单位中的一个功能成分的新信息位于小句结构的后部，信息结构中信息成分的一般顺序是已知信息在前，新信息在后，但已知信息和新信息在信息结构中的内部分布又具有不确定性。密切的语义关系存在于主位-述位结构和信息结构之间，已知信息成分被选择用作主位，新信息成分就位于述位部分。主位-述位结构和信息结构之间息息相关，在小句结构上两种结构可能会重合，但两者具有区别。主位是发言人发言时选择的出发点，已知信息是信息接受者已知或能够推知的内容。主位-述位结构由发言人选择，信息结构则由信息接受者理解。但主位-述位结构的选择和信息结构的分布实际都由发言人决定，是发言人实际配置了这两种结构，使言语形成了一种复合组织。言语过程中先

① 胡壮麟，朱永生，张德禄，李战子. 系统功能语言学概论[M]. 3版. 北京：北京大学出版社，2017.

出现的成分为随后出现的成分准备了先置的言语环境，发言人在已出现过的信息背景下配置两种结构①。

小 结

衔接是实现语篇统一连贯的非结构性的组篇功能。作为语义单位的语篇的内在统一性是语义的连贯统一，这种语义的连贯统一是以句子的形式体现的。按照语义相关性排列的句子是语篇语义统一性的具象化和对语义整体的外现，语篇内部的语义一致性体现在组成语篇的句子间的衔接当中。语篇中的句子通常与紧邻的其他句子形成某种形式的衔接，每个句子至少带有一条回指线索从而与上文的语义形成衔接纽带，或带有一条下指线索从而与下文的语义形成衔接纽带。语篇不是语法构造单位，而是语义单位。语篇的长度没有限制，语义完整的单个小句、词组、短语仍然能够被视作一个独立语篇。语篇内部语义的统一连贯性称为语篇性。语篇性不存在有或无的判断，衔接纽带也不存在有或无的判断，语篇性和衔接纽带只存在统一连贯程度和衔接紧密程度的程度判断。衔接通过组篇功能的作用使语篇形成，衔接体现了语篇中各成分存在的连续性。但衔接体现的语篇成分的连续性并不是组篇功能的全部内容，主位-述位结构和信息结构也实现着把各语篇成分组织起来的功能，主位-述位结构和信息结构也是组篇功能的组成部分。衔接关系本身是语义关系，它产生的连续性也是语义连续性。衔接为作为语义单位的语篇提供了语义连续性，这种连续性由小句、句子等语法结构实现，衔接关系通过语法关系的选择和词汇项目的选择在结构上来实现。指称、替代、省略属于语法衔接，它们涉及封闭词类系统，在人称、数量、比较级等语法系统内做出选择。连接是偏向语法衔接的衔接手段，连接词的衔接功能能够从语法系统中得到说明，但某些实现衔接功能的连接表达方式也涉及词汇、词组的使用。词汇衔接是通过词汇语义关系实现语篇成分衔接的衔接方式，它涉及开放词类系统。通过词项间的重复关系、上下义关系、同义关系、近义关系、对立互补关系，选择使用某个词汇项目与语篇上文中出现的语义相关的另一词汇项目形成衔接关系。指称、替代、省略、连接、词汇衔接是衔接关系的表达方式：指称、替代、省略是语篇的某个词汇项目与参照这个项目得到说明的其他词汇项目之间建立的衔接关系，项目之间用两种方式形成衔接，在项目间建立一致关系或在项目间建立比较关系；连接表现组成语篇的各成分间的语义关系，

① 胡壮麟，朱永生，张德禄，李战子. 系统功能语言学概论[M]. 3 版. 北京：北京大学出版社，2017.

为语篇的一部分与另一部分在语义上连接起来建立标引，在语篇各成分间表达较为松散的关联；词汇衔接通过复现和搭配来衔接语篇各成分，复现是词汇项目间的重复、上下义、同义、近义关系，搭配的衔接效力则来源于词汇组织。语篇中的某个词项在某种程度上与语篇中的另一词项在语义上相互关联，搭配是词项间同义近义关系、对立互补关系、词汇环境关系产生的衔接能力。词汇衔接通过词汇语义的连续性达到衔接效果。主位-述位结构和信息结构是语篇实现统一连贯性的组篇功能的组成部分。主位是发言人选择的在小句结构中的出发点，主位成分位于小句的前部，述位成分是对主位成分的展开，位于小句后部，主位和述位两部分形成的关系组成主位-述位结构。已知信息是由发言人实际选择的面向信息接收者的已知的、旧有的、先置的、能够推知的、背景性的信息，新信息是由发言人实际选择的面向信息接收者的得到关注的、未知的、重要的信息。已知信息和新信息在信息单位中的分布关系形成了信息结构，已知信息在信息单位中通常先于新信息出现，但也具有不确定性。作为组篇功能的主位-述位结构和信息结构在小句中体现为由发言人选择配置的复合结构。

通过对赫梯语语篇的行文构造和组织方式进行观察，能够发现赫梯语语篇的组篇功能体现方式对古代语言组篇功能研究的启发价值，揭示了赫梯语语篇的创作者已经积累并掌握了多种多样的组篇功能体现方式并运用于语篇的组织过程。这表明赫梯语语篇的创作者对语篇行文的组织方式已经有了一定的认知，并规律性地将这种认知实践于语篇的组织活动中。通过运用赫梯语自身具备的语言资源，使用各种语法词、词汇和句式体现语法衔接、词汇衔接以及主位-述位结构和信息结构等组篇功能，赫梯语展现了古代语言在组篇功能上的多样方法。

第二章 赫梯语语篇的语法衔接

赫梯语语篇的衔接是赫梯语语篇成篇的基础和前提，它依靠语篇当中具体语法成分或词项之间具有的语法关系形成语义关联网络从而构成组篇功能。它在小句中的实现方式是借助利用语法功能实现衔接的语法词和利用词汇语义组织语篇整体的具体词汇，由行使语法功能的语法词和借助语义联系形成语义相关性的具体词汇承担语篇衔接的节点功能[①]。赫梯语语篇的词汇衔接借助具体词汇对语篇的词汇项目进行衔接，通过词汇项目间形成的各种语义关联使语篇产生衔接关系[②]，是利用词汇项目关系、依靠词汇语义手段的衔接类型。赫梯语语篇的语法衔接是主要利用赫梯语语法成分，系统地使用语法关系手段的衔接方式实现语篇组织体中各语法成分具备的衔接潜力。语法衔接的方式主要包括指称衔接、替代、省略、连接、小品词的衔接和方式方位语法词的衔接。

2.1 赫梯语语法词词类体系和衔接的语法手段

赫梯语语法词是赫梯语词汇系统当中一套封闭的词汇类型，是通过赫梯语语法构造借助语法关系进行衔接时使用的主要成分，不仅体现了小句以内的句内连接关系，同时也反映了小句之间各语义成分的关系，成为语篇形成衔接关系的语法功能上的纽带。赫梯语语法词的衔接是赫梯语建立在语法关系上的衔接方式，它依照语法功能不仅关联句内的语法成分，而且构建句际语义成分间的衔接关系，使语篇能够在语义项目相互指称的稳定节点上铺展。

广泛运用于赫梯语语篇行使衔接功能的赫梯语语法词主要包括代词，如人称代词、物主代词、指示代词、不定代词、关系代词和反身代词，小品词、后置词、连词、指示性副词。赫梯语人称代词拥有独立形式和出现在小品词链条上的附着形式，而物主代词仅有依附在名词后的附着形式，它们各自具有处在各种格位上的第一、二、三人称和单复数，主要运用于衔接关系中的人称指称，第三人称

① 张德禄.论衔接[J].外国语，2001(2)：16-23.

② 张德禄.语篇连贯与衔接理论的发展及应用[M].上海：上海外语教育出版社，2003.

单数指物人称代词运用于分句指称。指示代词具有处在各格位上的近指、远指和单复数，主要运用于衔接关系中的指示指称。不定代词具有处在各格位上的否定全称、析取特称、肯定特称和肯定全称，主要运用于衔接关系中的泛指指称。关系代词具有处在各格位上的单复数形式，主要运用于衔接关系中的分句指称。反身代词具有处在小品词链条上的独立形式和附着在人称代词词尾的后缀形式，主要运用于衔接关系中的人称指称。小品词主要包括处于小品词链条中的直接引语小品词、特指小品词和接续小品词，主要运用于语篇各部分间的小品词语法衔接。方式方位语法词主要包括表现空间位置关系的后置词、前动词和副词以及表现时间关系的副词。连词主要包括表现并列关系的连词、接续关系的连词、时间关系的连词、选择关系的连词、因果关系的连词、转折关系的连词、比较关系的连词，主要运用于语篇各成分间的语义衔接。指示性副词是具有指示功能的副词类型，主要运用于衔接关系中的指示指称。

2.2　赫梯语代词的衔接——指称衔接

库珀(R. Cooper)[①]曾对包括赫梯语在内的若干种古代印欧语文献当中指物单数第三人称代词和单数疑问代词在具体小句中充当主语成分、宾语成分、表语成分和补语成分等各句法成分的用法进行了研究，并对几种重要现代印欧语的相同代词作相同或相似句法成分时的用法展开了比较，认为印欧语指物单数第三人称代词和单数疑问代词作各种句法成分的用法在主要古代印欧语文献和现代印欧语之间具有某种稳定的传承性。现代印欧语的代词作句法成分的主要用法接近古代印欧语，变异性明显有限，推测印欧语作为封闭词类体系的语法词系统的某些重要代词的句法成分用法也具有传承性。库珀的研究中涉及赫梯语相关代词的句法成分用法，较早注意到作不同句法成分的代词的具体含义解释和与代词在小句中的位置接近的其他小句的句法成分的语义解释具有某种就近一致性的语义关联。虽然库珀的若干代词研究尝试引入代词语义的视角，但他的出发点和研究侧重仍然是句法，仍然以观察句法成分为首要目标。他的代词研究仍不是以语篇作为切入点，更没有把语篇分析中的指称衔接当作关注点。

赫梯语代词是赫梯语语法词系统中使用广泛的语法词类型，它在小句内占据一个语法位置。但它本身并不负载语义，它的语义要从句内其他词汇或句际

① COOPER R. The interpretation of pronouns[J]. Syntax and Semantics, 1979(14): 61-92.

其他词汇的语义中获取，在发生语义关联过程中天然具有语义联系的外向性。赫梯语代词在发挥衔接作用时依靠的是它在语义联系当中的指称能力，以指称潜能产生衔接作用是赫梯语代词具有的指称衔接方式。

Bb1. mahhan=ma ^{LÚ}KÚR aki/ našma=kán KIN aššanuddāri/ nu kuiš ÉRIN^{MEŠ} ašandulaš/ n=an=kán ^{d}UT[(U^{ŠI})] ašanduli anda talahhi/ kuiš arha tarnummaš=ma ÉRIN^{MEŠ}-az/ n=an ^{d}UTU^{ŠI} arha tarn[ahhi] / mān ^{LÚ}KÚR=ma kuwatka zaluganuzi/ kūrur kuiš {*KI*} harzi/ ^{d}UTU^{ŠI} =ma EGIR-pa *ANA* DINGIR^{MEŠ}=[*YA* DÙ-wanzi] uwami/ našma kuwapi *ANA* ^{d}UTU^{ŠI} āššu/ nu ^{d}UTU^{ŠI} apadda paizzi/ tuzziya=ma peran mā[(n DUMU LUGAL)] našma *BEL* GAL kuinki wātarnahmi/ nu mahhan *ŠA* ^{d}UTU^{ŠI} išhiūl/apell=a *QATAM* <(*MA*)> ē[ššatten]/ [n=a]n tuzziš hūmanza ištamaškeddu/①

[当敌人被歼灭，或任务已完成，我，我主将布置驻守的军队进行驻守。我，我主将让任何应当撤离的军队撤离。如果怀有敌对立场的敌人仍然顽抗，那么我，我主将返回去敬拜神灵。或某地对我主是愉悦的，那么我主他便前往此处。如果我派遣了任何王子或高级官员到军队前(指挥)，就像我主的指挥那样，让你们也发挥出那样的(指挥)，让所有军队都服从他。]

在这篇语篇中，单数第一人称代词“我”并未实际出现在这个代词发挥指称功能的小句中。小句的整体语义完整要求存在一个用作主语施动者的单数第一人称代词，而这个代词在语篇中行使人称代词指称功能的过程却是以另一种形式实现的，这种表现人称代词功能的形式在赫梯语中表现为小句谓语动词人称词尾对人称代词指称功能的完全行使。如小句“n=an=kán ^{d}UTU^{ŠI} ašanduli anda talahhi/(我，我主将布置他进行驻守)”，谓语动词“talahhi(我将布置)”的动词词尾“-hhi”表示单数第一人称直陈式主动态现在时或将来时一般体。这个动词词尾包含了施动者的人称类别语义，完全行使了人称代词的指称功能。真正的主语人称代词虽并未真正出现，但它的全部功能都已存在于动词词尾表达的语法意义中，动词词尾完全表达人称代词的语法意义能够看作是人称代词在赫梯语中的特殊表达方式。句中，“^{d}UTU^{ŠI}(我主)”是主语名词，在小句中由表单数第一人称的谓语动词词尾“-hhi”指称，意为我、我主。谓语动词的直接宾语是附着在小品词链条上的单数第三人称的通性宾格附着形式人称代词“-an(他)”，这个人称代词用作单数宾格时具有表现集体的指称意义，与上一小句

① KUB13. 20i10-15；CTH259(*Tudhaliya I's Instructions and Oath Imposition for All the Men*《图塔利亚一世给所有人的训诫和宣誓》)。

“nu kuiš ÉRIN^{MEŠ} ašandulaš/(驻守的军队)”当中的通性主格形式的关系代词“kuiš”形成衔接。作宾语的附着人称代词“-an”是作主语的关系代词“kuiš”的先行词,作主语的关系代词“kuiš”在小句中与作表语的名词短语“ÉRIN^{MEŠ} ašandulaš(驻守的军队)”形成省略了系词的主系表结构句。“kuiš arha tarnummaš=ma ÉRIN^{MEŠ}-az/ n=an ^{d}UTU^{ŠI} arha tarnahhi /(我,我主将让任何应当撤离的军队撤离)”的代词衔接也是这样,谓语动词词组“arha tarnahhi(我将使撤离)”的主要动词词尾行使了单数第一人称代词的指称功能,指称句中的主语名词“^{d}UTU^{ŠI}(我主)”。谓语动词的直接宾语是单数第三人称附着代词“-an(他)”,这个宾语人称代词作为先行词衔接作主语的关系代词“kuiš”,这个关系代词与作表语的名词词组“arha tarnummaš=ma ÉRIN^{MEŠ}-az(应当撤离的军队)”形成省略了系词的主系表结构句。“mān ^{LÚ}KÚR=ma kuwatka zaluganuzi/ kūrur kuiš KI harzi/(如果怀有敌对立场的敌人仍然顽抗)”当中,主语名词“^{LÚ}KÚR(敌人)”在下一句中由作主语的关系代词“kuiš”指称。“^{d}UTU^{ŠI}=ma EGIR-pa *ANA* DINGIR^{MEŠ}=ya DÙ-wanzi uwami/(那么我,我主将返回去敬拜神灵)”当中,谓语动词词组“EGIR-pa uwami(我将返回)”的主要动词词尾“-mi”表示单数第一人称,指称主语名词“^{d}UTU^{ŠI}(我主)”,同时也衔接上文出现过的名词“^{d}UTU^{ŠI}(我主)”,谓语动词接续了一个不定式动词“DÙ-wanzi(去敬拜)”。“našma kuwapi *ANA* ^{d}UTU^{ŠI} āššu/ nu ^{d}UTU^{ŠI} apadda paizzi/(或某地对我主是愉悦的,那么我主他便前往此处)”当中,指示性副词“kuwapi(某地)”拥有不定代词的功能,用作泛指指称。形容词“āššu”在省略了单数第三人称指物人称代词的存在句中作表语,“apadda(此处)”是表地点的指示性副词,与上句用作泛指指称的指示性副词“kuwapi(某地)”衔接。谓语动词“paizzi(他将前往)”的动词人称词尾“-zi”表示单数第三人称,主语仍然是“^{d}UTU^{ŠI}”。与上文中出现同指主语的小句的单数第一人称谓语动词不同,比较谓语动词“EGIR-pa uwami(我将返回)”和谓语动词“paizzi(他将前往)”,同指主语的谓语动词人称不同,人称的使用发生了不一致,但不同人称间仍然发生衔接。“tuzziya=ma peran mān DUMU LUGAL našma *BEL* GAL kuinki wātarnahmi/ nu mahhan *ŠA* ^{d}UTU^{ŠI} išhiūl/apell=a *QATAMMA* ēššatten/ n=an tuzziš hūmanza ištamaškeddu/[如果我派遣了任何王子或高级官员到军队前(指挥),就像我主的指挥那样,让你们也发挥出那样的(指挥),让所有军队都服从他)]”当中,谓语动词“wātarnahmi(我派遣)”词尾的人称意义与下句的属格名词“^{d}UTU^{ŠI}(我主)”衔接,不定代词“kuinki(任何)”、宾语名词词组“DUMU LUGAL našma *BEL* GAL(宫廷侍者或高级官员)”与下句命令式复数第二人称谓语动词“ēššatten(让你们发挥)”词尾人称意义和下句附着人称代词“-an(他)”形成衔接，属格指示代词"apell(那样的)"与上文名词词组"*ŠA* ᵈUTU^{ŠI} išhiūl(我主的指挥)"衔接，量称性形容词"hūmanza(所有的)"的全称指称意义与上文状语"tuzziya=ma peran(到军队前)"中的名词"tuzziya(军队)"形成衔接。

2.2.1 赫梯语的指称衔接

赫梯语指称衔接中的指称是赫梯语代词或具有代词指称功能的词类在对语篇进行指称衔接时与语篇其他成分发生的语义关系。这种在指称衔接过程中发生的语义联系称为指称关系，代词指称是指称衔接中主要的衔接关系类型。赫梯语指称衔接主要包括人称指称、指示指称、比较指称、分句指称和泛指指称。

Bc1. mān ēšhanašš=a ku⌈iš⌉ki šarnikzil piyan harzi/ nu=za=ta SAG.DU=*ZU* wašta/ naššu A.ŠÀ^{LA} našma LÚ.U$_{19}$.LU/ n=ašta *ŪL* kuiški tarnai/ man=aš=za *QADU* DAM^{MEŠ}=*ŠU* DUMU^{MEŠ}=*ŠU* dān harzi/ n=an=ši=ašta parā ⌈tar⌉nai/ mān taīzzilašš=a kuiški šarnikz⌈el⌉ piyan harzi/ nu mān A.ŠÀ/ n=ašta parā *ŪL* tarnanzi/ mān ÌR=ma dayat/ n=an tayazzilanni harzi/ n=aš mān tašuwahhanza/ n=an=ši=ašta parā *ŪL* tarn anzi/ mā * n * =aš *ŪL* tašuwahhanza/ n=an=ši=ašta parā tarnanzi/①

[如果某人因血案做出了赔偿，他用农田或人力清偿了他自己，那么没有人能放弃(追究)。如果他(被害方)已经得到了它们(赔偿品)连同他(某人)的妻儿，他将为此对他放弃(追究)。如果某人因盗窃做出了赔偿，如果(赔偿品)是农田，人们将不会放弃(追究)。但如果一个男奴盗窃，他(被盗者)为窃行而抓捕了他，如果他(被盗者)因此致盲，为此人们将不会对他放弃(追究)，但如果他没有致盲，为此人们将对他放弃(追究)。]

肯定特称不定代词"kuiški(某人)"与下文谓语动词"wašta(他清偿)"词尾表现的人称指称意义、单数第三人称附着物主代词"-*ZU*(他的)""-*ŠU*(他的)"和作直接宾语的附着人称代词"-an(他)"形成指称关系。谓语动词"dān harzi(他已经得到)"词尾的人称指称意义与谓语动词词组"parā tarnai[(他放弃(追究)]"当中动词词尾的人称指称意义形成指称关系。作直接宾语的复数第三人称附着代词"-aš(它们)"与上文的直接宾语名词"šarnikzil(赔偿)"形成指称关系。与格形式的单数第三人称附着代词"-ši(为此)"的语义由它指称的小句的语义处获取，指称小句语义体现的一种情形，与上句"man=aš=za *QADU*

① KUB13.9ii3-15;CTH258.1(*Tudhaliya I's Decree on Penal and Administrative Reform*《图塔利亚一世关于刑罚和政务改革的敕令》).

DAM^{MEŠ}=ŠU DUMU^{MEŠ}=ŠU dān harzi/[如果他(被害方)已经得到了它们(赔偿品)连同他(某人)的妻儿]"形成小句指称。否定形式的谓语动词词组"parā *ŪL* tarnanzi[他们(人们)将不会放弃(追究)]"当中的动词词尾的人称指称意义与肯定形式的谓语动词词组"parā tarnanzi[他们(人们)将放弃(追究)]"当中的动词词尾的人称指称意义形成指称关系。主语名词"ÌR(男奴)"与下文多次出现的单数第三人称附着代词直接宾语"-an(他)"形成指称关系。谓语动词"harzi(他抓捕)"词尾的人称指称意义与下文单数第三人称附着代词主语"-aš(他)"形成指称关系。与格形式的单数第三人称附着代词"-ši(为此)"的语义由它指称的小句的语义处获取,指称小句语义体现的选择性情形,与上文中的小句"n=aš mān tašuwahhanza(如果他致盲)"和"mān=aš *ŪL* tašuwahhanza(如果他没有致盲)"各自形成小句指称。

Bc2. takku ARAD LÚ ^{URU}Luyumnaš *IŠTU* KUR ^{URU}Luwiyaz kuiški dāiezzi/ n=an *ANA* KUR ^{URU}Hatti uwatezzi/ išhaš=šiš=an ganešzi/ nu=za ARAD=*ŠU*=pát dāi/ šarnikzil NU.GÁL/[①]

(如果某人从卢维地区盗走了一个卢维人的男奴,并把他带至赫梯地区,而他的主人认出了他,他将仅带走他的男奴,不做赔偿。)

肯定特称不定代词"kuiški(某人)"与下文谓语动词"uwatezzi(他带着)"词尾的人称指称意义形成指称关系。宾语名词"ARAD(男奴)"与下文的单数第三人称附着代词宾语"-an(他)"和主语中的单数第三人称附着物主代词"-šiš(他的)"相互指称,主语名词"išhaš(主人)"和下文中宾语内的单数第三人称附着物主代词"-*ŠU*(他的)"、谓语动词"dāi(他带走)"词尾的人称指称意义形成指称关系。

赫梯语指称衔接中的指称代词主要使用附着人称代词、附着物主代词、不定代词以及动词人称词尾体现指称关系。这些代词在实际运用中具体表现为不同的数与格的形式,体现为不同数与格形式的各种代词在语篇中与不同语法位置上的同样表现为各种数与格形式的名词项目形成指称衔接关系。在这些代词中,人称代词和物主代词通常以附着形式出现在小品词链条上,动词人称词尾则以显示人称类别与人称数的方式进行指称衔接。

2.2.1.1　赫梯语指称衔接中的人称指称

布罗斯曼(P. W. Brosman)[②]曾探讨了赫梯语名词和代词的性属系统,对

① KBo6.3i53-55;CTH271(*The Laws of the Hittites*《赫梯法典》).

② BROSMAN P W. The semantics of the Hittite gender system[J]. JIES, 1979(7): 227-236.

赫梯语名词和代词的性属系统划分为通性和中性两种类别所具有的语义意义进行了分析。他侧重分析了赫梯语具体实义名词在性属系统中多归类为通性名词，抽象名词和泛指名词则多归类为中性名词的性属划分现象，认为名词语义的具象实体性和抽象概括性是赫梯语名词划分为通性类和中性类的重要语义依据之一。他虽然注意到赫梯语名词性属划分的语义依据也适用于人称代词系统，却未注意到赫梯语名词和人称代词的性属系统具有的语义性还表现在名词和代词的性属类别在具体小句中具有的对应性。人称代词的性属来源于所指称名词的性属，人称代词的性属是依据所指称名词的性属获取的。此外，他只关注了名词和人称代词的性属系统的语义依据，没有涉及赫梯语名词和人称代词数系统的语义意义以及名词和人称代词在数上的指称对应关系。

腓特烈(J. Friedrich)①曾分析了赫梯语与格人称代词作部分同位语的用法，人称代词的代指关系局限于小句内部，没有涉及人称代词在语篇或句际间的指称作用。

加里特(A. Garrett)②曾研究了赫梯语附着性主语和小句中及物动词间的施动关系，分析了赫梯语及物动词的主语为附着形式的主语即附着在小品词链条上的附着人称代词时，及物动词与附着人称代词之间的人称与数的对应关系。但他局限于小句内部的句法成分分析，没有涉及附着人称代词的指称衔接作用。

古德格布③曾探讨了赫梯语独立单数数词的直示和指示作用，认为赫梯语独立单数数词具有独特的指示性。它具有类同单数第三人称代词的人称属性，同时还具有指示代词的直示和指示作用，赫梯语独立单数数词兼具单数第三人称代词和单数指示代词的作用。古德格布已经看到了发挥代词功能的赫梯语单数数词在同时用作单数第三人称代词和单数指示代词功能的用法上体现出了单数第三人称代词的人称指称和单数指示代词的指示指称，但涉及的人称代词和指示代词种类以及指称方式都明显有限。

赫梯语指称衔接中的人称指称关系类型是利用赫梯语人称代词或具有人称指称功能的其他词类对语篇中出现的语义项目进行回指和下指的指称衔接关系。赫梯语人称指称关系主要通过赫梯语人称代词的语法功能实现，可以显示人称的性、数、格范畴。这当中性范畴和数范畴在相互指称的两个语义项目间具

① FRIEDRICH J. Ein Sonderfall partitiver Apposition beim hethitischen Personalpronomen[J]. AfO, 1957-1958(18): 127.

② GARRETT A. Hittite enclitic subjects and transitive verbs[J]. JCS, 1990(42): 227-242.

③ GOEDEGEBUURE P. The Hittite 3rd person/distal demonstrative aši (uni, eni etc.)[J]. Sprache, 2002-2003(43): 1-32.

有语法属性的稳定性和一致性，而格范畴则在相互指称的语义项目间根据各自句法要求灵活变化。在赫梯语语篇指称衔接的人称指称关系中，相互指称的语义项目间在共指第三人称复数、第三人称单数、第二人称单数、第二人称复数和第一人称复数时较为一致，而第一人称单数的指称存在与第三人称单数的指称相互发生指称的现象。

Bd1. mān=mu ZAG-az=ma GÙB-za huiy⌜ante⌝š/nu=za ⌜hū⌝[m]an⌜daz⌝ warši⌜ya⌝nza ēšlit/ nu=mu *INA* KUR ^{LÚ}KÚR * awan arha lē kuiški* piddāi/ n[u]=mu=kán anda lē kuiški dalai/ nu hūmanza hūda hardu/ nu=kán ^{LÚ}KÚR kuw[a]ni/ kuiš=ma=mu awan arha piddāi/ šumeš=an ēpten/ nu kuiš ammuk ^{LÚ}KÚR/ šu⌜ma⌝šš=aš ^{LÚ}KÚR ⌜ē⌝šdu/ n=an lahhi⌜ya⌝[tten]/ mān=aš 1 LÚ^{LUM}/ mān=aš mekkiš/ mān=aš ÉRIN^{MEŠ} ku⌜iški⌝/ mān=at KUR-e kuitki/ mān=at telipurī kuitki/ mān=aš URU-aš/ kuiš=aš imma kuiš antūwahhaš/ n=an hūmanteš takšan karši zahhiya d[du]mat/ n=an lē daleš teni/ mān=mu idalauwanniya kuiš waggariy[awa]nzi šanhazi/ šumāš=a hatrā mi/ nu=mu=ššan mān warri lamn[ī] *ŪL* ērteni/ našma=at šumeš = ma [i]štamaštani/ n=at mān *ANA* ^{d}UTU^{ŠI} h[ūdā]k * *ŪL* me* matteni/ apā* šš=a=šmaš* mān *ŪL* ^{LÚ}KÚR/ n=an lah[hiy]a tteni *ŪL* / nu=šmaš=at *ŠAPAL NIŠ* DINGIR^{LIM} kittaru/①

［如果在我的右边和左边有逃亡者，让我从他们所有人中摆脱。在敌人的土地上谁也不能从我这里逃走，谁也不能离开我，让所有人都准备就绪，我们将屠杀敌人，谁从我这里逃跑，就让你们抓捕他，谁与我为敌，就让他与你们为敌，让你们与他厮杀。不管他是一个人，不管他们有很多人，不管他们是某支军队，不管它是某个国家，不管它是某个地区，不管它是某座城，不管他是什么样的人，你们所有人要一起坚决与他作战，你们不能宽恕他。如果某人企图恶意离弃我，我将写讯息给你们，如果你们没有立即到达支援我，或者你们听到了它（讯息），但没有立即向我主汇报它，或者如果那个（敌人）不是你们的敌人，而你们没有与他作战，那就让它为你们被置于神灵的誓言下。］

名词"^{d}UTU^{ŠI}（我主）"在语篇中通过单数第一人称代词的与格形式实现指

① KUB21. 47i16-27；CTH268（*Instructions and Oath Imposition for Military Commanders*《给军务指挥官的训诫和宣誓》）［此篇赫梯语文献原文转写参考了米勒（J. L. Miller）的成果，MILLER J L. Royal Hittite instructions and related administrative texts［M］. Atlanta：the Society of Biblical Literature，2013.］.

称指称，如附着与格形式的“-mu（为我、从我处、给我）”和“ammuk（与我）”，并且使用了谓语动词词尾的人称指称意义进行指称指称，如主动态命令式单数第一人称谓语动词词尾“waršiyanza ēšlit（让我摆脱）”、主动态直陈式现在时单数第一人称动词词尾“hatrāmi（我写）”。主动态直陈式现在时复数第一人称动词词尾“kuwani（我们屠杀）”的指称意义则包含了“我主”指称以及下文中的语义项目“你们”。肯定全称指示性形容词“hūmanza（所有人）”通过复数第二人称代词的几种格形式实现指称指称，如主格形式的“šumeš（你们）”、属格形式的“šumāšš（你们的）”、与格独立形式的“šumāš”、附着形式的“-šmaš（给你们、与你们）”，并通过谓语动词词尾的人称指称意义进行指称指称，如主动态命令式复数第二人称动词词尾“lahhiyatten（让你们作战）”、中动被动态命令式复数第二人称动词词尾“zahhiyaddumat（让你们奋战）”、主动态直陈式现在时复数第二人称动词词尾“lahhiyatteni（你们作战）”“dalešteni（你们宽恕）”“ērteni（你们到达）”“ematteni（你们汇报）”。名词“^{LÚ}KÚR（敌人）”通过单数第三人称代词的通性主格附着形式“-aš（他）”和宾格附着形式“-an（他）”形成指称关系。单数第三人称代词的中性主格和宾格附着形式“-at（它）”则各自指称代词上文的小句群。

Bd2. [(anda=ma)] LÚ^{MEŠ} [...] kuiēš ⸢maniya⸣hhiškanz[i/ nu m]ān LUGAL-waš ÉSAG-an kinuzzi/ n=ašma [...] ^{LÚ}SIG$_5$ pēyazi/ n=an kinuddu/ LÚ=ma $^{LÚ.MEŠ}$hattalwalaš ^{LÚ}APIN.LÁ-aš LUGAL-waš ÉSAG-[an *P*]*ANI* ZI=*ŠU* lē kuiški kinuzzi/ kuiš kinuzzi=ma/ [š]umešš=an $^{LÚ.MEŠ}$URU^{LIM} ēpten/ n=an LUGAL-waš āški uwatetten/ mān *ŪL* =ma uwadatēni/ nu [É]SAG-an $^{LÚ.MEŠ}$URU^{LIM} šarninkanzi/ ginut=man ku⸢iš⸣/ n=an šakuwanzi/①

[再者，实施管理的人们，如果他（其中某人）要打开王室谷仓，或派遣了一个职员（去打开），那么就让他打开它（谷仓）。然而，某个人，守门人，或是农夫，没有人能随意打开王室谷仓。谁打开了它，就让你们市民抓捕他，并把他带到国王之门。如果你们不（把他）带来，（你们）市民将赔偿谷仓，而人们将追踪打开了（谷仓）的人。]

主动态直陈式单数第三人称现在时动词词尾“kinuzzi（他打开）”和“pēyazi（他派遣）”指称上文名词词组“LÚ^{MEŠ} kuiēš maniyahhiškanzi（实施管理的人）”，主动态命令式单数第三人称动词词尾“kinuddu（让他打开）”则指称实施管理者和名词“^{LÚ}SIG$_5$（职员）”，第二个“kinuzzi（他打开）”的动词词尾的人称指称意义

① KUB13. 9iii3-11；CTH258. 1（*Tudhaliya I's Decree on Penal and Administrative Reform*《图塔利亚一世关于刑罚和政务改革的敕令》）.

和宾格形式的单数附着第三人称代词“-an(他)”则指称名词“$^{LÚ.MEŠ}$hattalwalaš ^{LÚ}APIN.LÁ-aš(守门人或农夫)”,主格形式复数第二人称代词“šumešš(你们)”、主动态命令式动词人称词尾“uwatetten(让你们带)”的人称指称意义、主动态直陈式现在时动词人称词尾“uwadatēni(你们带)”指称名词“$^{LÚ.MEŠ}$URU^{LIM}(市民)”。上文一直以复数第二人称意义作人称指称的名词“$^{LÚ.MEŠ}$URU^{LIM}(市民)”也使用了与上文人称不一致的复数第三人称指称的主动态直陈式现在时动词人称词尾“šarninkanzi(他们赔偿)”,主动态直陈式现在时复数第三人称动词词尾“šakuwanzi(他们追踪)”对执行者进行泛指指称,宾格形式的单数附着第三人称代词“-an(他)”指称关系小句“ginut=man kuiš[谁打开了(谷仓)]”。

Bd3. *UMMA* ^{d}UTU^{ŠI} *ANA* ^{m}Kaššū *Ù ANA* ^{m}Pulli *QIBIMA*/ kiššan=mu kuit hatrāeš/ kāša=wa=ššan halki$^{HI.A}$-aš karū aranteš/ *INA* ^{URU}Kaška=ma=wa halki$^{HI.A}$-uš BURU$_5$$^{HI.A}$ ēzzašta/ nu=wa=šmaš=kán *ŠA* ^{URU}Gašipūra halki$^{HI.A}$-aš zigg anzi/ ÉRIN$^{MEŠ.HI.A}$=ma=wa=kán ANŠE.KUR.RA$^{HI.A}$ anda NU.GÁL/ ^{d}UTU^{ŠI}=ma=wa ^{m}Kallun ^{LÚ}*BEL* ANŠE.KUR.RA watarnahta/ ANŠE.KUR.RA$^{HI.A}$=wa=kán parā nai/ kinun=a=wa ANŠE.KUR.RA$^{HI.A}$ nawi kuiški uizzi/ nu kāša ^{d}UTU^{ŠI} ^{m}Kallun ēppun/ nu kiššan memišta/ 20 *ŠIMDU* ANŠE.KUR.RA$^{HI.A}$=wa=kán karū parā nehh un/ kāšma=kán ^{m}Pāhinakkenn=a EGIR-anda parā ne hhi/ n=aš uizzi/①

[我主对科苏和普利这样说,你这样写给我:“谷物早已成熟,而在卡斯卡地区蝗虫啃食了谷物,他们(卡斯卡人)为他们自己收割科色普拉城的谷物,那里没有步兵和战车兵,我主你指示了战车兵长官科鲁:‘你派出战车兵到(科色普拉)’,而现在还没有任何战车兵到来。”我主我已抓捕了科鲁,他这样说:“我已派遣了20队战车。”我已随后派出了帕西纳科,他已来了。]

称谓名词“^{d}UTU^{ŠI}(我主)”与单数第一人称代词与格附着形式“-mu(给我)”、直接引语中的主动态直陈式过去时单数第二人称动词词尾“watarnahta(你指示了)”、主动态直陈式过去时单数第一人称动词词尾“ēppun(我抓捕了)”、主动态直陈式现在时单数第一人称动词词尾“parā nehhi(我派出)”形成指称关系,人名“^{m}Kaššū *Ù* ^{m}Pulli(科苏和普利)”与主动态直陈式过去时单数第二人称动词词尾“hatrāeš(你写了)”形成指称关系,地点名词“^{URU}Kaška(卡斯卡地区)”的引申义“卡斯卡人”由与格附着形式的复数第三人称代词“-šmaš(为他们)”和主动态直陈式现在时复数第三人称动词词尾“zigganzi(他们收割)”指称,

① Mst. 75/15;HKM19(*From the King to Kaššū and Pulli*《国王给科苏和普利的指示》).

人名"^{m}Kallun(科鲁)"由直接引语中的主动态命令式单数第二人称动词词尾"parā nai(让你派出)"、主动态直陈式过去时单数第三人称动词词尾"memišta(他说)"、直接引语中的主动态直陈式过去时单数第一人称动词词尾"parā nehhun(我派出了)"指称,人名"^{m}Pāhinakkenn(帕西纳科)"由主格形式的单数附着第三人称代词"-aš(他)"指称。

Bd4. UR.GI$_7$-aš wappiyazi/ apiya=ma=aš ari/ n=aš karuššiyazi/ Ì-an=ma=kán lah* ut* tari/ apuš=ma=kán parā lē uwanzi/[①]

[一只犬在吠叫,他站在那里,他保持安静。他泼洒了油,别让那些(犬)走上前。]

中动被动态直陈式单数第三人称动词词尾"lahuttari(他泼洒)"指称主格人称代词"aš(他)"。

Bd5. takku MUNUS-an *ELLUM* ^{LÚ}AGRIG našma ^{LÚ}SIPA pittenuzzi/ kūšata=šši *ŪL* pidāizzi/ n=aš *INA* MU.3.KAM GÉME-aššarešzi/[②]

(如果一个监工或牧羊人带一个女自由人私奔,他却没有为她支付礼金,她将成为三年女奴。)

名词词组"^{LÚ}AGRIG našma ^{LÚ}SIPA(监工或牧羊人)"由下文的主动态直陈式单数第三人称动词词尾"pidāizzi(他支付)"进行回指指称,名词词组"MUNUS-an *ELLUM*(女自由人)"由下文与格形式的附着单数第三人称代词"-šši(为她)"和主格形式的附着单数第三人称代词"-aš(她)"进行回指指称。

Bd6. *UMMA* ^{d}UTU^{ŠI}*ANA* ^{m}Kaššū *QIBIMA*/ kiššan=mu kuit hatrāeš/ kāša=wa ^{LÚ}KÚR uit/ nu=wa=za=kán ^{URU}Haparan iniššan tamašta/ ^{URU}Kašipuran=ma=wa=kán kēz tamašta/ apāš=ma=wa=kán ištarna arha uit/ namma=ma=war=aš kuwapi pait/ nu=war=at *ŪL IDI* / nu apāš ^{LÚ}KÚR alwanzahhanza imma ēšta/ n=an *ŪL* šākta š/ nu=za *PANI* ^{LÚ}KÚR mekki pahhašnuanza ēš/ kiššan=ma=mu kuit hatrāeš/ kāša=wa $^{LÚ.MEŠ}$šapašalliēš *AŠPUR*/ nu=wa ^{URU}Malazzian ^{URU}Taggaštann=a šapašiyar/ n=at *AŠME*/ nu SIG$_5$-in/ uwat/ duwaddu/ *PANI* ^{LÚ}KÚR-za mekki pahhašnuanza ēš/[③]

---

① KUB13. 8i7-8; CTH252 (*Decree of Queen Ašmunikkal Concerning the "Royal Funerary Structure"*《女王阿斯穆尼卡关于王室墓葬的敕令》).

② KBo6. 3ii; CTH271(*The Laws of the Hittites*《赫梯法典》).

③ Mst. 75/16; HKM6(*From the King to Kaššū*《国王给科苏的指示》).

[我主对科苏这样说，你这样写给我："敌人来了，从那边压迫哈帕拉城，又从这边压迫科西普拉城，他从中间经过，我不知道他去了哪里。"难道那敌人被施了魔法吗？（因此）你不能分辨他？你要对敌人高度戒备。你还这样写给我："我已派出侦察兵，他们侦察了马拉兹城和塔哥斯塔城。"我已听闻此事，很好。来吧，去做吧，你要对敌人保持高度戒备。]

人名"^{m}Kaššū（科苏）"与直接引语中的主动态直陈式过去时单数第二人称动词词尾"hatrāeš（你写了）""šāktaš（你分辨了）"、主动态命令式单数第二人称系词"mekki pahhašnuanza ēš（你要高度戒备）"、主动态命令式单数第二人称动词词尾"uwat（让你来）""duwaddu（让你做）"、单数第一人称义的借入词动词"*IDI*（我知道）""*AŠPUR*（我已派出）"产生指称关系，称谓词"^{d}UTU$^{\check{S}I}$（我主）"与附着单数第一人称代词与格形式"-mu（给我）"、单数第一人称义的借入词动词"*AŠME*（我已听闻）"产生指称关系，名词"^{LÚ}KÚR（敌人）"与主动态直陈式过去时单数第三人称动词词尾"tamašta（他压迫）"、主格附着单数第三人称代词"-aš（他）"、宾格附着单数第三人称代词"-an（他）"形成指称关系，复数名词"$^{LÚ.MEŠ}$šapašalliēš（侦察兵）"与下文主动态直陈式过去时复数第三人称动词词尾"šapašiyar（他们侦察了）"形成指称关系，中性附着单数第三人称代词"-at（它）"指称上文小句。

Bd7. takku LÚ-iš MUNUS-an harzi/ ta LÚ-iš aki/ DAM =*ŠU* ŠEŠ =*ŠU* dāi/①
（如果一个男人娶了一个女人，而男人死了，他的兄弟将娶他的妻子。）

概括名词"LÚ-iš（男人）"由附着单数第三人称物主代词"-*ŠU*（他的）"指称。

Bd8. takku UR.GI$_7$ ^{LÚ}SIPA-aš kuiški GUL-ahzi/ n=aš aki/ 20 GÍN KÙ.BABBAR pāi/ parna=šše=a šuwāezzi/②
（如果某人殴打了牧羊人的犬，然后它死了，他将赔付 20 舍克白银，并为此照看房屋。）

主格附着人称代词"-aš（他）"回指指称上文名词"UR.GI$_7$（犬）"，动词人称词尾"pāi（他赔付）""šuwāezzi（他照看）"回指指称上文泛指不定代词"kuiški（某人）"。

Bd9. anda=ma=z[a š]umaš kuiēš $^{LÚ.MEŠ}$SIPA GU$_4$ DINGIR^{LIM} $^{LÚ.MEŠ}$SIPAD.UDU

① KBo6.26iii40-41；CTH271（*The Laws of the Hittites*《赫梯法典》）.
② KBo6.7ii5-6；CTH271（*The Laws of the Hittites*《赫梯法典》）.

DINGIR^{LIM}/ nu ˚mān˚ haššannaš m[e]hūni DINGIR^{LIM}-ni kuedanikki šaklāiš/ nu=šši naššu AMAR SILA$_4$ MÁŠ.TUR našma ^{UZU}*ŠALIT*[*E*^{M}]^{EŠ} *HA*[*KKÚ*]*RRATE*^{MEŠ} pē harteni/ n=at lē ištantanušketteni/ mē[hū]naš=at mēhūni pē harten/ n=at=kán DINGIR^{MEŠ} menahhanda lē uškanzi/ kuitman UN-aš hūelp[(i)] nāwi ēzzāzzi/ n=at DINGIR^{MEŠ}-aš hūdāk udatten/ našma mān DINGIR^{LIM}-ni kuedani EZEN$_4$ GA ēšzi/ GA kuwapi šappeškanzi/ n=an=kán lē šakuwantariyanutteni/ n=an=ši iyatten/ mān hūelpi DINGIR^{MEŠ}-aš hūdāk *ŪL* udatteni/ n=at šum[(aš)] hūdāk ezzatteni/ našma=at *ANA MAHRI=KUNU* uppatteni/ EGIR-ezzian=ma=at išduwāri/ nu=šmaš=at SAG.DU-aš waštul/ mān=ma=at *ŪL* =m[(a)] išduwāri/ n=at udatteni kuedani mēhuni/ nu=šmaš=kán *PANI* DINGIR^{LIM} kiššan anda pēdatteni/ mān=wa=za kī hūelpi anzel ZI-ni hūdāk piyawēn/ našma=war=aš *ANA MAHRI=NI* našma *ANA* DAM^{MEŠ}=*NI* DUMU^{MEŠ}=*NI* našma tamēdani UN-ši piyawēn/ DINGIR^{MEŠ}-aš=ma=wa=kán ZI-an zammurāwēn/ n=ašta *BIBRU* DINGIR^{LIM} ZI-aš arha ekutteni/ nu=za mān parkuwa ēš/ šumel ^{d}LAMMA=*KUNU*/ takku=za ˚pa˚ prantēš=ma/ n=ašta *QADU* DAM^{MEŠ}=*KUNU* DUMU^{MEŠ}=*KUNU* harakteni/①

[并且,你们神灵的牧牛者和神灵的牧羊人,如果在生育时节有某个神灵的仪轨,你们要带给他牛崽、羊羔、幼畜、胞衣和脐带。你们不能延迟它,你们要适时把它带来,别让诸神等待它,在某人吃掉幼畜之前,把它们即刻带给诸神。如果有某个神灵的牛奶节,当他们(人们)搅拌牛奶时你们别忽略它,把它带给他。如果你们没有立即把幼畜带给诸神,而你们自己迅速吃了它们,或者你们把它们带给了你们的头领,之后它被觉察了,它便是你们的极刑的罪行。如果它没有被觉察,在你们把它们带来的某时,你们要在神灵面前这样宣称:"如果我们迅速把这些幼畜占为已有,或者我们把它们送给了我们的头领或我们的妻子、我们的儿子或别的人,那么我们就破坏了诸神的心灵。"你们要把神灵的犀角杯饮尽,如果你们是无辜的,(这便得益于)你们的守护神,如果你们有罪,你们就要和你们的妻子和你们的儿子一起毁灭。]

名词词组"$^{LÚ.MEŠ}$SIPA GU$_4$ DINGIR^{LIM} $^{LÚ.MEŠ}$SIPAD.UDU DINGIR^{LIM}(神灵的牧牛者和神灵的牧羊人)"与复数第二人称独立代词主格形式"šumaš(你们)"、附着代词与格形式"-šmaš(为你们)"、独立代词属格形式"šumel(你们

① KUB13.4iv34-55;CTH264(*Instructions for Priests and Temple Personnel*《给祭司和神庙人员的训诫》)(此篇赫梯语文献原文转写参考了米勒的成果,MILLER J L. Royal Hittite instructions and related administrative texts[M]. Atlanta: the Society of Biblical Literature, 2013.).

的)”、直接引语中各动词复数第二人称词尾主动态命令式“-ten(让你们)”、主动态直陈式“-teni(你们)”、附着复数第二人称物主代词“-*KUNU*(你们的)”、动词复数第一人称词尾主动态直陈式“piyawēn(我们占有了)”、独立复数第一人称物主代词“anzel(我们的)”、附着复数第一人称物主代词“-*NI*(我们的)”、表语形容词复数形式词尾“parkuwaēš(无辜的)”形成指称,中性复数名词“hūelpi(幼畜)”由宾格附着复数第三人称代词“-aš(它们)”回指指称。

Bd10. takku LÚ-an našma MUNUS-an *ELLEM* walahzi kuiški/ n=aš aki/ keššar=šiš waštai/ apūn arnuzi/ *Ù* 2 SAG.DU pāi/ parna=ššē=a šuwāezzi/[①]
[如果某人袭击了一个自由人,男人或女人,而他(被袭者)死了,他的手(出于意外)犯了罪,他将带走(埋葬)他。并且他将交出两个人,他还将为此照看(他的)房屋。]

名词词组“LÚ-an našma MUNUS-an *ELLEM*(自由男人或女人)”由附着主格代词“-aš(他)”回指指称,肯定特称泛指通性不定代词“kuiški(某人)”由附着物主代词“-šiš(他的)”、动词人称词尾“arnuzi(他带走)”“pāi(他交出)”“šuwāezzi(他照看)”回指指称;与格形式附着单数第三人称代词“-ššē(为此)”的语义由它指称的小句的语义处获取,指称上文小句语义体现的情形,回指指称上文小句。

Bd11. kuiš=za=an kēdaš LUGAL-waš uddanaš karūššiyazi/ n=aš=za naššu [LÚ]ara=šiš/ munnāši/ nu=šši maškan pāi/ nu=za=ta naššu [LÚ]maniyahhandašš=a [LÚ]HA.LA=*ŠU* parā *ŪL* tarnai/ n=e=zza=an uddanī EGIR-an takšan *ŪL* appiyazi/ appezziyann=a uttar išiyahtari/ n=uš 2-ila=pát šakuwanzi/[②]
[谁对这些王室事务保持了沉默,并且他是他的朋友,而你隐瞒了。他向他行贿,而管理者或他的同伴没有(把他)移交给你,并且在事件之后他们(人们)没有一起抓捕他,此后这件事被透露,他们(人们)将追踪他们两人。]

附着人称代词“-aš(他)”指称沉默者的朋友,附着物主代词“-šiš(他的)”指称沉默者,动词人称词尾“pāi(他行贿)”指称沉默者,附着人称代词“-šši(向他)”指称沉默者的朋友,附着物主代词“-*ŠU*(他的)”指称沉默者,附着人称代词“-an(他)”指称沉默者,宾格附着复数第三人称代词“-uš(他们)”指称沉默者和沉默

① KBo6. 3i6-7;CTH271(*The Laws of the Hittites*《赫梯法典》).

② KUB13. 9iii12-18;CTH258. 1(*Tudhaliya I's Decree on Penal and Administrative Reform*《图塔利亚一世关于刑罚和政务改革的敕令》).

者的朋友，主格附着复数人称代词“-e（他们）”指称动词人称词尾“šakuwanzi（他们追踪）”。

Bd12. tákku MUNUS-an kuiški píttenuzzi / EGIR-anda=ma=šmaš=kán šardiyaš paizzi / tákku 2 LÚ^{MEŠ} našma 3 LÚ^{MEŠ} akkánzi / šarnikzil NU. GÁL/ zik =wa UR. BAR. RA kišat /①
（如果某人掳走了一个女人，救助者们跟随着他们。如果两个人或三个人被杀死了，将没有赔偿。“你已变为了一头狼。”）

概括名词和肯定特称泛指不定代词“MUNUS-an kuiški（某人、女人）”由与格形式的复数第三人称附着代词“-šmaš（他们）”指称，主格单数第二人称独立代词“zik（你）”指称“某人”。

Bd13. *UMMA* Tabarna ^{m}Tudhali⌜ya LUGAL⌝. GAL/ mān ^{URU}Āššuwa harnink[u]n/ āppa=ma ^{URU}Hattuši [uwa]n un/ nu=kán DINGIR^{MEŠ} aššanun un/ [n]u = mu LÚ$^{MEŠ\ URU}$Hatti hūmanza arūēškeu[w]an dāiš/ nu kišan memer/②
（塔巴纳、图塔利亚，大王这样说：“当我摧毁了阿舒瓦城，我返回了哈图沙城，我向诸神献了贡，哈图沙城的所有人都开始敬畏我，他们这样说：”）

名词“LUGAL.GAL（大王）”由主动态直陈式过去时动词单数第一人称词尾“harninkun（我摧毁了）”“āppa uwanun（我返回了）”“aššanunun（我献了贡）”、与格形式附着单数第一人称代词“-mu（对我）”回指指称，名词“LÚ^{MEŠ}（人们）”由主动态直陈式过去时动词复数第三人称词尾“memer（他们说）”回指指称。

Bd14. ^{d}UTU^{ŠI}=wa anzel [*B*]*ELI*=*NI* ^{LÚ}lahhiyalaš zik/ nu=wan=šša[n] hannešnanni [h]annuwanzi *ŪL* tarra tta/ [...]=wa=kán idalawēš UN^{MEŠ}-šiš [...] arha harninker/ [...] upāti$^{HI.A}$ *Ù* LÚ^{MEŠ} šarikuwaš [...]/ idalawēsta/③
[“你、我主、我们的主人，是一个征战者，因此你不能对案件做出判决。邪恶的人们摧毁了……田庄和沙瑞库瓦军团……（事态）变得恶劣。”]

独立物主代词“anzel（我们的）”和附着物主代词“-*NI*（我们的）”连用指称官员，主格独立单数第二人称代词“zik（你）”、主动态直陈式过去时动词单数第二

① KBo6. 2ii29-30；CTH271（*The Laws of the Hittites*《赫梯法典》）.

② KUB13. 9i1-5；CTH258. 1（*Tudhaliya I's Decree on Penal and Administrative Reform*《图塔利亚一世关于刑罚和政务改革的敕令》）.

③ KUB13. 9i6-12；CTH258. 1（*Tudhaliya I's Decree on Penal and Administrative Reform*《图塔利亚一世关于刑罚和政务改革的敕令》）.

人称词尾"tarratta(你判决)"指称称谓名词"^{d}UTU^{ŠI}(我主)"。

Bd15. tákku LÚ.U$_{19.}$ LU. MEŠ hannešni appanteš / nu=šmaš šardiyaš kuiški paizzi / n=asta ^{LÚ}hannetalwaš kartimmiyantari / nu šardiyan walahzi/ n=aš aki / šarnikzil NU. GÁL/①
(如果人们卷入诉讼,某个支持者走向他们,一名诉讼者变得愤怒,击打了支持者。他死了,将没有赔偿。)

概括名词"LÚ.U$_{19.}$ LU.MEŠ(人们)"由与格附着复数第三人称代词"-šmaš(他们)"指称,名词"šardiyan(支持者)"由附着人称代词"-aš(他)"指称。

Bd16. mān ^{d}UTU^{ŠI}=ma kuwapi apašila lahhiyaizzi/ nu [KUR-e] *ŠA* ^{LÚ}K[ÚR]/ apiya=ya hūdaš ēštu/ nu ^{LÚ}KÚR karši zahhiyaddu⸢m⸣at/ māhhan=[ma] ^{LÚ}KÚR-aš aki/ kūrur kuiš harzi/ nu kuiš ÉRIN^{MEŠ} ašandul<aš>/ n=aš=kán anda ašandulaš dālahhi/ kuiš arha tarnumaš=[a É]RIN^{MEŠ}-az/ n=an ^{d}UTU^{ŠI} arha tarnahhi/②
[当我主他本人在敌人的土地上四处征战,在那里要让它(一切)准备就绪。你们要与敌人厮杀,当持有敌意的敌人死了,那支要驻守的军队,我让他们留下驻守;那支要撤离的军队,我,我主将让它(那支要撤离的军队)撤离。]

称谓名词"^{d}UTU^{ŠI}(我主)"由添加反身义后缀的表单数第三人称指称义的指示代词"apašila(他本人)"和表单数第一人称的动词词尾"dālahhi(我安置)""tarnahhi(我撤离)"形成人称形式不一致但指称相同的指称关系。

Bd17. tákku ARAD-iš *ANA* MUNUS^{TIM} kūšata píddāizzi/ n=an=za *ANA* DAM=*ŠU* dāi/ n=an=kán parā *ŪL* kuiški tarnai/③
[如果一个男奴为一个女人付出了彩礼,并娶她为他的妻子,那么没有人可以改变她(她的社会地位)。]

名词"ARAD-iš(男奴)"指称附着单数第三人称物主代词"-*ŠU*(他的)",名词"MUNUS^{TIM}(女人)"由宾格附着人称代词"-an(她)"回指指称。

---

① KBo6. 3ii31-33;CTH271(*The Laws of the Hittites*《赫梯法典》).

② KUB26. 17i4-8;CTH261. 2(*Instructions for Military Officers and Frontier Post Governors*《给军官和边境驻防官的训诫》).

③ KBo6. 3 ii 23-24;CTH271(*The Laws of the Hittites*《赫梯法典》).

赫梯语指称衔接中的人称指称通过附着人称代词、独立人称代词、附着物主代词、独立物主代词以及动词人称词尾进行指称衔接。人称代词、物主代词和动词人称词尾在语篇中具体表现为不同的数与格的形式，并与不同语法位置上的同样表现为各种数和格形式的名词项目形成指称衔接关系。人称代词和物主代词既能够以附着形式出现在小品词链条上，又能够以独立形式出现。动词人称词尾则以显示人称类别与人称数的方式进行指称衔接。

2.2.1.2 赫梯语指称衔接中的指示指称

古德格布[1]曾探讨了赫梯语读作重音的单数远指指示代词与小句信息焦点间的关系，认为赫梯语小句具有语音上的重音分布。指示代词一般不承载重音，承载了重音的单数远指指示代词具有了以重音语音形式表现的强调标记特征。这个语音标记应被理解为是小句信息结构中的焦点信息标记，以重音的方式把单数远指指示代词标记为信息焦点。他还探讨了独立单数数词的直示和指示作用以及在小句信息结构中充当话题和焦点的用法，涉及的指示代词种类有限且主要从信息结构的话题和焦点角度探讨指示代词，没有侧重对指示代词的指示指称展开分析。

豪福纳[2]曾分析了赫梯语远指指示代词属格形式的具体用法，以句法成分分析的方法关注了小句内部远指指示代词属格形式与主要名词间的句法关系，没有涉及指示代词在语篇中的指示指称作用。

里肯(E. Rieken)和采弗德[3]曾对赫梯语和其他古代印欧语中的全称指示性形容词的具体词义作出分析，认为古代印欧语的全称指示性形容词的词义普遍存在部分肯定的全称用法和全部肯定的全称用法。他们认为被全称指示性形容词修饰的主要名词根据单数和复数在数上的不同形式把全称指示性形容词划分为语义上的部分肯定和全部肯定。他们对全称指示性形容词具体词义的分析仍然局限于从印欧语语言学角度观察小句内部被修饰的主要名词和全称指示性形容词间的关系，没有从语篇语义的角度分析全称指示性形容词的

① GOEDEGEBUURE P. Focus in Hittite and the stressed pronoun apā-: In search of a method [J]. Pragmatische Kategorien, 2009(5): 93-112; GOEDEGEBUURE P. The Hittite demonstratives: Studies in deixis, topics and focus(StBoT 55)[M]. Wiesbaden: Wiesbaden Press, 2014.

② HOFFNER H A. The Hittite degenitival adjectives šiela-, 2-ela und apella-[J]. Symposium de Roos, 2006: 189-197.

③ RIEKEN E, WIDMER P. Kongruiert alles? Zu den Kongruenzmustern des Pronominaladjektivs der Bedeutung, all, jeder, ganz' im Griechischen und Hethitischen[J]. Das Nomen im Indogermanischen, 2014(14): 342-359.

指示指称作用。

P. 瓦乌洛塞克(P. Vavroušek)[①]曾对赫梯语指示性副词的近指方位表达和远指方位表达进行分析,并对指示性副词在表达空间场所语义时与小句内其他句法成分间的关系作出说明。但他局限于小句内部的句法成分分析和指示性副词的方位表达方式,没有关注指示性副词在语篇内的指示指称作用。

赫梯语指称衔接中的指示指称关系类型是通过赫梯语指示代词或具有指示功能的词类的语法功能对语篇中出现的语义成分进行指称的衔接关系。赫梯语指示代词或指示词依据语篇讲述者观察事物时判断出的物理距离和方向、心理感受上的距离、被指示事物的具体性和模糊性对指称目标进行指示代词和指示词的选择。赫梯语指示代词具有性、数、格范畴,性范畴和数范畴在相互指称的语义项目间较为一致,格范畴则变化灵活。

Be1. [mā]n ^{LÚ}KÚR=ma kuwatka zaluknuzi/ kūrur kuiš [harz]i/ ^{d}UTU^{ŠI}=ma [EGIR]-an *ANA* DINGIR^{MEŠ}=*ŠU* iyauwanzi wezzi/ našma=šši [kuwap]i ā [ššu]/ [n=aš] apadda paizzi/ tuziya=ma peran mān DU[MU.LUGAL našma *BEL* GAL] [kuink]i watarnahhi/ nu māhhan *ŠA* ^{d}UTU^{ŠI} i[šhiūl/ apell=a *QATAMMA*] [ēšt]u/ n=an hūmanteš ištahmašš[andu···]/ [tuzz]iya peran kuiš watarnahhi/ [arha id]ālun kuinki memiy[an pēhutezzi···]/[②]

[如果还保持着敌意的敌人非常顽固,我主将返程去敬拜他的神灵,或者某处是令他满意的,他将为此前去那里。如果他(我主)派遣某个王子或某个高级官员到军队前阵,就像我主的(别的)命令那样,让它(命令)也像那个(别的命令)同样如此(受重视)。让所有人都服从在军队前阵指挥的人,(如果)他带去了某种恶行……]

地点指示性副词"kuwapi(某处)"行使指示词的指称衔接功能,指示指称上文"^{d}UTU^{ŠI}=ma EGIR-an *ANA* DINGIR^{MEŠ}=*ŠU* iyauwanzi wezzi(我主将返程去敬拜他的神灵)"当中包含或衍生的地点语义。远指地点指示性副词"apadda(那里)"从描述者发言的空间位置选择相对为远指的指称词,回指指示指称"kuwapi(某处)"。远指地点指示性副词"apadda(那里)"是从远指指示代词"apa-"派生出的副词,远指指示代词的单数属格形式"apell(那样的)"指示指称

① VAVROUSEK P. Einige Bemerkungen zu den hethitischen Pronominaladverbien[J]. ŠULMU, 1988(3): 337-348.

② KUB26. 17i9-15;CTH261. 2(*Instructions for Military Officers and Frontier Post Governors*《给军官和边境驻防官的训诫》).

上文的名词词组"*ŠA* ^{d}UTU^{ŠI} išhiūl(我主的指挥)",肯定全称指示性形容词"hūmanteš[所有(人)]"的通性复数主格形式行使指示词的指称衔接功能,指示指称语篇中的与格形式的名词"tuzziya(军队)"。

Be2. mān ^{d}UTU^{ŠI} =makuwapi apašila lahhiyaizzi/ nu [KUR-e] *ŠA* ^{LÚ}K[ÚR]/ apiya=ya hūdaš ēštu/ nu ^{LÚ}KÚR karši zahhiyaddu⌈m⌉at/ māhhan=[ma] ^{LÚ}KÚR-aš aki/ kūrur kuiš harzi/ nu kuiš ÉRIN^{MEŠ} ašandulaš/ n=aš=kán anda ašandul<aš> dālahhi/ kuiš arha tarnumaš=[a É]RIN^{MEŠ}-az/ n=an ^{d}UTU^{ŠI} arha tarnahhi/①

[当我主他本人在敌人的某处土地上征战,在那里要让它(一切)准备就绪。你们要与敌人厮杀,当持有敌意的敌人死了,那支要驻守的军队,我让他们留下驻守。那支要撤离的军队,我、我主将让它(那支要撤离的军队)撤离。]

地点指示性副词"kuwapi(某处)"对下文的名词词组"KUR-e *ŠA* ^{LÚ}KÚR(敌人的土地)"进行下指指示指称;远指指示性副词"apiya(在那里)"由远指指示代词"apa-"派生,与表指向性的具有运动方向性的指示性副词"apadda(去那里)"相比,远指指示性副词"apiya(在那里)"表示位置状态,对上文名词词组"KUR-e *ŠA* ^{LÚ}KÚR(敌人的土地)"进行上指指示指称。

Be3. ki=ma henkuwaš=šaš/ 50 NINDA$^{\text{HI.A}}$ 10 TA.ÀM/ É-az 1 LÚ 1 MUNUS katti=šši iēnta/ *Ù* 1 kapunu A.ŠÀ parā dāš/②

[而这些是他的配给:50 条面包,每人 10 条。一个男人和一个女人要从家中(出发)与他同行,并且他挑选了一卡普努的田地。]

中性复数形式的近指指示代词"ki(这些)"对下文的名词"50 NINDA$^{\text{HI.A}}$ 10 TA.ÀM(50 条面包,每人 10 条)"进行下指指示指称。

Be4. nu=za ⌈h⌉[ūm]an⌈daz⌉ warši⌈y⌉anza ēšlit/ nu=mu *INA* KUR ^{LÚ}KÚR * awan arha lē kuiški * piddāi/ n[u]=mu=kán anda lē kuiški dalai/ nu hūmanza hūda hardu/③

---

① KUB26.17i4-8;CTH261.2(*Instructions for Military Officers and Frontier Post Governors*《给军官和边境驻防官的训诫》).

② KBo22.1i13-15;CTH272(*Instruction to Dignitaries*《致贵族的训诫文献》).

③ KUB21.47i17-20;CTH268(*Instructions and Oath Imposition for Military Commanders*《给军务指挥官的训诫和宣誓》).

（让我从他们所有人中摆脱。在敌人的土地上谁也不能从我这里逃走，谁也不能离开我，让所有人都准备就绪。）

夺格形式的肯定全称指示性形容词“hūmandaz［从所有（人）］”和主格形式的肯定全称指示性形容词“hūmanza［所有（人）］”指示指称军队。

Be5. takku *ÚNUTE*^{MEŠ} kuiški KAR-zi/ n=at EGIR-pa išhi=šši pāi/ apūn piyanaizzi/ takku=at *ŪL*=ma pāi/ n=aš ^{LÚ}NÍ. ZU-aš kišāri/[1]

［如果某人发现了农具，并把它们交还给其主人，（主人）将奖赏那人。而如果他未把它们送还，他就变成一个贼。］

远指指示代词的单数通性宾格形式“apūn［那个（人）］”对上文的泛指不定代词“kuiški（某人）”进行指示指称。

Be6. takku $^{\text{A.ŠÀ}}$A.GÀR kuiški *ŠA* LÚ ^{GIŠ}TUKUL hūmandan wāši/ EN $^{\text{A.ŠÀ}}$A.GÀR =ma=kán harakzi/ nu=šši=ššan kuit šahhan LUGAL-uš dāi/ nu apāt ēššai/ mān EN $^{\text{A.ŠÀ}}$A.GÀR = ma TI-anza/ našma É EN $^{\text{A.ŠÀ}}$A.GÀR ēšzi/ mān apēdani utnē/ mān damēdani KUR-e/ šahhan *ŪL* ēššai/[2]

［如果某人购买了负有土库尔义务者的全部耕地，而耕地的（前）主人死去了，国王将交给他某项撒含义务，而他将履行那项（义务）。如果耕地的（前）主人仍活着，或者有耕地（前）主人的房产在，那么在那个乡村或在别的地区他都不履行撒含义务。］

肯定全称指示性形容词“hūmandan（所有的）”指示指称下文名词“$^{\text{A.ŠÀ}}$A. GÀR（耕地）”，远指指示代词的单数中性形式“apāt［那项（义务）］”回指指示指称上文名词“šahhan（撒含义务）”，远指指示代词的单数与格形式“apēdani（在那个）”指示指称“našma É EN $^{\text{A.ŠÀ}}$A.GÀR ēšzi［有耕地主人的房产在（的地区）］”。

Be7. takku LÚ. U$_{19}$. LU-aš damēl A. ŠÀ$^{\text{HI.A}}$ harzi/ šahhann=a iššāi/ takku A. ŠÀ$^{\text{HI.A}}$ =ma arha peššiyazi/ A. ŠÀ$^{\text{HI.A}}$=ya apāš=a dālai/ *ŪL*=an=za happaraizzi/[3]

（如果一个人拥有了另一个人的土地，那么他将履行撒含义务。如果他疏忽了土地，那么那人将放弃土地，而且不能将它出售。）

远指指示代词的单数通性主格形式“apāš［那个（人）］”指示指称概括名词

---

① KBo6. 5iv21-23；CTH271（*The Laws of the Hittites*《赫梯法典》）.

② KBo6. 4iv15-20；CTH271（*The Laws of the Hittites*《赫梯法典》）.

③ KBo6. 3ii34-36；CTH271（*The Laws of the Hittites*《赫梯法典》）.

“LÚ. U_{19}. LU-aš(人)”。

Be8. takku LÚ ^{GIŠ}TUKUL harakzi/ LÚ *ILKI* tittianza/ nu LÚ *ILKI* tezzi/ kī ^{GIŠ}TUKUL-li=met/ kī=ma šahha=mit/ nu=za *ŠA* LÚ ^{GIŠ}TUKUL A. ŠÀ$^{\text{HI.A}}$ anda šiyattariyazi/ ^{GIŠ}TUKUL=ya harzi/ šahhan=a iššai/ takku ^{GIŠ}TUKUL=ma mimmai/ nu A. ŠÀ$^{\text{HI.A}}$ *ŠA* LÚ ^{GIŠ}TUKUL harkantan taranzi/ n=an LÚ^{MEŠ} URU-riaš anneškanzi/ mān LUGAL-uš NAM. RA$^{\text{HI.A}}$ pāi/ nu=šši A. ŠÀ$^{\text{HI.A}}$ pianzi/ n=aš ^{GIŠ}TUKUL kišari/①

[如果一个负有土库尔义务的人死去了，一个负有伊科义务的人被指定(接替了他)，那么负有伊科义务的人将要说：“这些是我的土库尔义务，这些也是我的撒含义务。”他将使负有土库尔义务者的土地得到加印公证，他将承担土库尔义务并履行撒含义务。而如果他拒绝土库尔义务，他们将把负有土库尔义务者的土地宣布为属于(之前的)死者，而乡村的人们将耕作它。如果国王派遣了移民，人们将给他土地，而他将成为负有土库尔义务的人。]

近指指示代词的复数中性形式“kī(这些)”各自指示指称名词“^{GIŠ}TUKUL-li(土库尔义务)”“šahhan(撒含义务)”。

Be9. takku LÚ. U_{19}. LU-an kuiški hūnikzi/ t=an ištarnikzi/ nu apūn šāktāizzi/ pēdi=šši=ma antuhšan pāi/ nu É-ri=šši anneškizzi/ kuitman=aš SIG_5-attari/ mān=aš SIG_5-attari=ma/ nu=šši 6 GÍN KÙ. BABBAR pāi/ ^{LÚ}A. ZU=ya kuššan apāš=pát pāi/②

[如果某人使一个人致伤，使他伤病，那么他将看护那个人。在他的位置上(代替他)，他将支付一个人力，打理他的房屋，直到他痊愈。当他痊愈了，那人将支付给他 6 舍克白银，并支付给医生诊费。]

远指指示代词的单数通性宾格形式“apūn[那个(人)]”指示指称概括名词“LÚ. U_{19}. LU-an(人)”，远指指示代词的单数通性主格形式“apāš[那个(人)]”指示指称泛指不定代词“kuiški(某人)”。

Be10. takku ARAD-aš hūwai/ n=an EGIR-pa kuiški uwatezzi/ takku manninkuwan ēpzi/ nu=šši ^{KUŠ}E. SIR-uš pāi/ takku kēz ÍD-az/ 2 GÍN KÙ. BABBAR

---

① KBo6. 3ii37-42；CTH271(*The Laws of the Hittites*《赫梯法典》).

② KBo6. 3i25-28；CTH271(*The Laws of the Hittites*《赫梯法典》).

pāi/ takku ediz ÍD-az/ nu=ššši 3 GÍN KÙ. BABBAR pāi/[①]
[如果一个男奴逃跑，某人把他带了回去。如果是在附近捕获的，(主人)将给他一双鞋；如果是从河的此岸(带回)的，他将支付2舍克白银；如果是从河的彼岸(带回)的，则支付给他3舍克白银。]

近指指示性副词“kēz(此)”和远指指示性副词“ediz(彼)”各自指示指称带回男奴的地点。

赫梯语指示指称通过指示代词实现指称功能。赫梯语实现指示指称功能的指示代词主要有近指指示代词和远指指示代词。在指称语篇上文出现过的语义项目时倾向使用近指指示代词，而在指称距指称项距离较远的上文内容时则倾向使用远指指示代词。近指指示代词和远指指示代词也会根据发言人观察被指称项时的客观空间位置和心理距离对语篇上文内容进行指称。依据被指称项的数量关系，指示代词也发生相应的单数形式和复数形式的变化，并依据指示代词在句中的语法成分位置发生格形式的变化，被指称内容的格形式和指示代词的格形式可能会保持一致。指示性副词用于指称语篇内容时也会根据观察者的距离选择近指和远指的不同指示性副词，指示性副词在语义上有相对于地点的表现运动方向的和表现位置状态的区别。肯定全称指示性形容词依据不同语法位置采用不同的格形式进行指称。

2.2.1.3　赫梯语指称衔接中的比较指称

凯姆比(V. Cambi)[②]曾分析了赫梯语表达先前时间关系的作先前时间状语的副词在小句内部的句法成分关系和表达已然意味的语义关系。他没有看到先前时间副词在语义上具有对先前时间关系和已然事物的指示性，没有注意到先前时间副词的指示性副词特征，也没有注意到先前时间副词的先前时间指示性和已然事物指示性在时间先后对比关系上和在事物过程的发生序列对比关系上与语篇中表达相对后序时间和相对未然事物间呈现出的时间前后对比关系和事物过程发生已然未然对比关系，更没有注意到这种对比关系在语篇中展示的比较指称作用。豪福纳[③]注意到了赫梯语后置词在表达相同比较关系、时间相对

① KBo6. 3i56-58；CTH271(*The Laws of the Hittites*《赫梯法典》).

② CAMBI V. The Hittite adverb karū 'formerly, earlier; already'[J]. UCLA IEConf, 2005(16): 219-233.

③ HOFFNER H A. Hittite iwar and related modes of expressing comparison[J]. Fs Neve, 1993: 39-51; HOFFNER H A. Before and after: Space, time, rank and causality[J]. Fs Popko, 2002: 163-169.

先后关系、空间相对方位关系、等级相对关系和因果对比关系的作用，探讨了这些对比关系在后置词语义中的表达方式，但没有从语篇语义的角度关注后置词表达语义对比关系时的比较指称作用。

赫梯语指称衔接中的比较指称是赫梯语词汇通过两个句际成分之间发生彼此语义上的参照、对比、对照和比较关系产生的指称衔接关系，比较双方成对出现形成的比较或对照关系，以及在语义上形成彼此参照对比的指称关系。如，有数词和量词参与的数量和体积比较指称的多和少、大和小，有后置词和方位代副词参与的空间位置比较指称的左和右、上和下、前和后、内和外，有后置词和时间代副词参与的时间比较指称的从前、现在、以后。

Bf1. anda=ma mān halkin aniyatteni/ nu=šmaš man ^{LÚ}SANGA *ANA* NUMUN aniyawanzi UN-an EGIR-an *ŪL* wiyazi/ šumāš=at aniyauwanzi maniyahhi/ nu mekki aniyatteni/ *ANA* ^{LÚ}SANGA=ma=at peran tepu mematteni/ našma A.ŠÀ DINGIR^{LIM} miyanza/ A.ŠÀ ^{LÚ}APIN.LÁ=ma=kán anda harkanza/ nu=za A.ŠÀ DINGIR^{LIM} šumēl halziyatteni/ šumel=ma=za A.ŠÀ DINGIR^{LIM} halziyatteni/ našma halkiuš kuwapi šunnatteni/ nu takšan šarran mematteni/ takšan šarran =ma=za=kán anda šannatteni/ nu=šmaš=an uwatteni/ EGIR-zian arha šarratteni/ ap<pe>zian=ma=aš išduwāri/ n=an=kán UN-ši imma tāitteni/ *ŪL*=an=kán * DINGIR^{LIM}-ni tayatteni/ nu=šmaš=at waštul/ šumel=ma=aš =kán halkiuš hūmanduš arha danzi/ n=aš=kán DINGIR^{MEŠ}-aš ÉSAG^{MEŠ}-aš anda išhūwanzi/①

[并且，当你们种植谷物时，祭司不会派人在后面为你们播种，他会把它分配给你们耕作。你们耕种得多，却在祭司面前把它说少。或者神灵的耕地肥沃，而耕者的田地荒芜。你们便把神灵的田地称作你们的，而把你们的田地称作神灵的。或者你们把谷物藏在某处，汇报一半，隐藏另一半。你们把它带给你们自己，之后你们瓜分了(它)。之后它被觉察了，你们只是从人那里窃取它吗？难道你们没有从神灵那里窃取它？它就是你们的罪行，人们会没收你们所有的谷物，把它们倾倒在诸神的谷仓里。]

形容词"mekki(多)"和形容词"tepu(少)"形成数量关系上的比较对照关系，两个形容词彼此形成比较指称关系并衔接上文单数概括名词"halkin(谷物)"。宾格通性抽象名词词组"takšan šarran(一半)""takšan šarran(另一半)"彼此形

① KUB13.4iv12-24；CTH264(*Instructions for Priests and Temple Personnel*《给祭司和神庙人员的训诫》).

成比较指称关系并衔接复数概括名词“halkiuš(谷物)”和复数形容词“hūmanduš(全部的)”。

Bf2. n=ašta parā *ŪL* tarnai/ nu=šši EGIR-pa *PUHŠU* apēniššūwadan A.ŠÀ pāi/①
[他不放弃(追究),他将还给他同样数量的农田作为替代。]

单数通性形容词“apēniššūwadan(同样的)”和上文的农田数量形成比较指称关系。

Bf3. [mā]n ^{LÚ}KÚR=ma kuwatka zaluknuzi/ kūrur kuiš [harz]i/ ^{d}UTU^{ŠI}=ma [EGIR]-an *ANA* DINGIR^{MEŠ}=*ŠU* iyauwanzi wezzi/ našma=šši [kuwap]i ā[ššu]/ [n = aš] apadda paizzi/ *tu* ziya=ma peran mān DU[MU.LUGAL našma *BEL* GAL] [kuink]i watarnahhi/ nu māhhan *ŠA* ^{d}UTU^{ŠI} i[šhiūl/ apell=a *QATAMMA*] [ēšt]u/ n=an hūmanteš ištamašš[andu]/ [tuzz]iya peran kuiš watarnahhi/ [arha id]ālun kuinki memiy[an pēhutezzi]/②
[如果还保持着敌意的敌人非常顽固,我主将返程去敬拜他的神灵,或者某处是令他满意的,他将为此前去那里。如果他(我主)派遣某个王子或某个高级官员到军队前阵,就像我主的(别的)命令那样,让它(命令)也像那个(别的命令)同样如此(受重视)。让所有人都服从在军队前阵指挥的人,(如果)他带去了某种恶行……]

副词“*QATAMMA*(同样如此)”的比较性语义与上文“nu māhhan *ŠA* ^{d}UTU^{ŠI} išhiūl/(像我主的命令那样)”形成比较指称关系。

Bf4. takku LÚ.U$_{19}$.LU-aš LÚ-aš našma MUNUS-za takiya URU-ri aki/ kuel=aš arhi aki/ 1 *ME* gipeššar A.ŠÀ karaššiyēzzi/ n=an=za dāi/③
[如果一个男人或女人在另一个人所处的另一个城市故去,在他死去的另一个人的地方,(他的继承人)将割取100吉帕沙的土地并将其据为己有。]

名词词组“takiya URU-ri(在另一个城市)”中的单数与格形容词“takiya(在另一个的)”比较指称“LÚ-aš našma MUNUS-za(男人或女人)”的城市。

① KUB13.9ii1-2;CTH258.1(*Tudhaliya I's Decree on Penal and Administrative Reform*《图塔利亚一世关于刑罚和政务改革的敕令》).

② KUB26.17i9-15;CTH261Ⅱ(*Instructions for Military Officers and Frontier Post Governors*《给军官和边境驻防官的训诫》).

③ KBo6.3i14-15;CTH271(*The Laws of the Hittites*《赫梯法典》).

Bf5. takku DUMU.MUNUS LÚ-ni taranza/ tamaiš=an pitten[u]zz[i/ kuššan] pittenuzzi=ma/ nu hantezziyaš LÚ-aš kuit kuit p[ešta]/ ta=šše šarnikzi/ attašš =a annaš *ŪL* šarninka[nzi]/ takku=wa=an attaš annašš=a tamēdani LÚ-ni pianz[i]/ nu attaš annašš=a šarninkanzi/ takku attašš=a annaš mimmai/ n=an =ši=kán tuhšanta/①

[如果一个女子已经和一个男人订了婚,而另一个人带她私奔了,并带走了第一个男人支付的聘礼,他将为此偿付,女子的父母则不做偿付。如果(女子的)父母把她许配给另一个男人,父母则做出偿付。如果父母拒不偿付,人们将把她与他分开。]

单数通性主格不定代词"tamaiš[另一个(男人)]"和单数与格不定代词"tamēdani[给另一个(男人)]"通过与语篇中对照的语义项目对比而具有的非此即彼的语义关系与概括名词"LÚ-ni(男人)"形成比较指称关系。

Bf6. takku LÚ.U_{19}.LU-aš damēl A.ŠÀ$^{HI.A}$ harzi/ šahhann=a iššai/ takku A.ŠÀ$^{HI.A}$ =ma arha peššiyazi/ A.ŠÀ$^{HI.A}$=ya apāš=a dālai/ *ŪL* =an=za happaraizzi/②

(如果一个人拥有了另一个人的土地,那么他将履行撒含义务。如果他疏忽了土地,那么那人将放弃土地,而且不能将它出售。)

单数属格不定代词"damēl[另一个(人)的]"与概括名词"LÚ.U_{19}.LU-aš(人)"和它的指示代词"apāš(那个人)"形成比较指称关系。

Bf7. takku $^{A.ŠÀ}$A.GÀR kuiški *ŠA* LÚ ^{GIŠ}TUKUL hūmandan wāši/ EN $^{A.ŠÀ}$A.GÀR =ma=kán harakzi/ nu=šši=ššan kuit šahhan LUGAL-uš dāi/ nu apāt ēššai/ mān EN $^{A.ŠÀ}$A.GÀR=ma TI-anza/ našma É EN $^{A.ŠÀ}$A.GÀR ēšzi/ mān apēdani utnē/ mān damēdani KUR-e/ šahhan *ŪL* ēššai/③

[如果某人购买了负有土库尔义务者的全部耕地,而耕地的(前)主人死去了,国王将交给他某项撒含义务,而他将履行那项(义务)。如果耕地的(前)主人仍活着,或者有耕地(前)主人的房产在,那么在那个乡村或在别的地区他都不履行撒含义务。]

名词词组"damēdani KUR-e(在别的地区)"中的单数与格不定代词

① KBo6.3ii5-10;CTH271(*The Laws of the Hittites*《赫梯法典》).

② KBo6.3ii34-36;CTH271(*The Laws of the Hittites*《赫梯法典》).

③ KBo6.4iv15-20;CTH271(*The Laws of the Hittites*《赫梯法典》).

"damēdani(在另一个)"与名词词组"apēdani utnē(在那个乡村)"形成比较指称关系。

Bf8. takku ARAD^{MEŠ}=*ŠU* GÉME^{MEŠ}=*ŠU* hūrkil ienzi/ t=uš ārnuwanzi/ kūnn=a takiya URU-ri kūnn=a takiya URU-ri ašešanzi/ kēl 1 UDU kēll=a UDU kašš=aš hūittiyanta/[①]

(如果某人的男奴和女奴滥交,人们将迁移他们。把这一个人安置在这一座城,另一个人安置在另一座城。一个人被这一头羊代替,另一个人则被另一头羊代替。)

两个单数通性宾格形式的近指指示代词"kūnn[这个(人)]"和"kūnn[另一个(人)]"交替出现。当相同的近指指示代词交替出现时,前一个近指指示代词表示"这一个",后一个近指指示代词则表示与前一个发生对比关系的"另一个"。单数属格近指指示代词交替出现,"kēl[这(一头羊)的]""kēll[另(一头羊)的]"表示比较关系的指称。相同的单数与格形容词交替出现,"takiya[这一(座)的]""takiya[另一(座)的]"表示各自搭配的名词"URU-ri(城市)"前后对照的比较指称关系。

Bf9. takku LÚ *ELLUM* arauwanniuš annanekuš/ annaš=mann=a wenzi/ kāš takiya utnē/ kāšš=a takiya utnē/ *ŪL* harātar/ takku šaniya pedi/ nu šakki/ hurkil/[②]

[如果一个自由人和自由的同母姐妹们(同房),并且(他)和(她们的)母亲同房。如果这一个(姐妹)在这一个乡村,另一个(姐妹)在另一个乡村,这不是违禁。如果(这发生)在相同的地点,并且他知道(她们是姐妹),这便是罪行。]

当单数通性主格形式的近指指示代词交替出现时,"kāš(这个)"和"kāšš(另一个)"表示对比关系,形成比较指称关系。当相同的单数与格形容词"takiya(这个的)"和"takiya(另一个的)"交替出现时,表示各自搭配的名词"utnē(乡村)"前后对照的比较指称关系。

Bf10. anda=ma=za šumēs kuiēš $^{LÚ.MEŠ}$*EPIŠ* ^{KUŠ}E.SIR/ nu LUGAL-aš ^{KUŠ}E.SIR kuiēš anniškattēni/ nu KUŠ.GU$_4$ *ŠA* É ^{LÚ}MUHALDIM dāškaten/ damaīn=ma lē dāškatēni/ kuiš damaīn=ma dāi/ EGIR-pezziya=ma=at ištuwāri/ nu=šši

① KBo6.26iv1-5;CTH271(*The Laws of the Hittites*《赫梯法典》).

② KUB29.34iv14-17;CTH271(*The Laws of the Hittites*《赫梯法典》).

QADU$_4$ NUMUN=*ŠU* HUL-lu ÚŠ-an piyanzi/[①]
(并且你们作为鞋匠，制作了国王的皮鞋。你们要从厨房获取牛皮，但别取走别的东西。谁取走了别的东西，而之后这件事被发觉了，他们将给他连同他的后代带去罪恶的宿命。)

单数通性宾格形式的不定代词“damaīn(别的)”与上文名词“KUŠ. GU$_4$(牛皮)”形成比较指称关系。

Bf11. ⌜namma⌝ mān hantezziaš kuiš kuit tarnai/ naššu ⌜ANŠE.KUR.RA^{HI}⌝$^{.A}$ našma tatrantan GU$_4$/ n=at ⌜ha⌝nt⌜ez⌝ziaš ⌜wa⌝štul/ ⌜m⌝ā⌜n ap⌝pez⌜zi⌝aš=ma kuiš kuit tarnai/ n=[a]t ⌜appe⌝z⌜zi⌝[aš] waštul/[②]
[再者，如果前方行进者允许某物(进入队列)，不管是马匹或是进攻性的牛，这便是前方行进者的过错。但如果后方行进者允许某物(进入队列)，那便是后方行进者的过错。]

形容词“hantezziaš(前方的)”和“appezziaš(后方的)”形成方位之间对照的比较指称关系。

Bf12. tákku LÚ-aš GU$_4^{HI.A}$ ÍD-an zēnuškizzi/ tamāiš=an šuwāizzi/ nu KUN GU$_4$ ēpzi/ ta ÍD-an zāi/ nu EN GU$_4$ ÍD-aš pēdāi/ šuwayazi=ma=an kuiš/ nu=za apun=pát dāi/[③]
[如果一个人与(他的)牛正在渡河，另一个人推倒了他，抓住了牛尾渡了河，而河流带走了牛的主人。谁推倒了他，他(牛主人的继承者)将捕捉那个人。]

单数通性主格不定代词“tamāiš[另一个(人)]”与概括名词“LÚ-aš(人)”形成比较指称关系。

Bf13. namma GAL *MEŠEDI* paizzi/ EGIR-ann=a=šši 2 $^{LÚ.MEŠ}$*BEL*[*U*^{TI} panzi]/ mān GAL$^{LÚ.MEŠ}$ KUŠ$_7$ našma UGULA 10/ n=at *ANA* GAL *MEŠEDI* [EGIR-an] aranta/ arahzeyaz 1-aš harzi/ mān=aš *ME*[*ŠEDI* / mān=aš] *BELU* kuiški/ nu šarkantīuš kuiš ^{LÚ}*MEŠEDI* w⌜idā⌝izz[i]/ n=aš EGIR-pa=pát piddāi/ n=aš paizzi/ *ANA* ^{LÚ}ŠUKUR KÙ.SIG$_{17}$ tiyēzzi/ n=ašta namma 1 *DINA*$_7$ parā

① KUB13. 3iii3-8;CTH265(*Instructions and Oath Imposition for Royal Servants Concerning the Purity of the King*《给王室仆役有关国王清洁的训诫和宣誓》).

② IBoT1. 36ii64-67;CTH262(*Protocol for the Royal Bodyguard*《给王室禁卫军的规章》).

③ KBo6. 5iv12-15;CTH271(*The Laws of the Hittites*《赫梯法典》).

karpanzi/①
(禁卫军长官行走着,两个官员走在他身后。不管是战车兵长官还是十人指挥官,他们都要跟随在禁卫军长官身后。一人守在外侧,不管他是禁卫军或是某个官员。把请愿者带入的禁卫军要立即奔回,他接着行走,与持金矛者并行。他们接着处理下一桩案件。)

方位副词"EGIR-ann(后方)""arahzeyaz(外侧)"、方向副词"EGIR-pa(回)"各自通过方位和方向的对比参照与相对方位或方向的语义成分形成比较指称关系。

Bf14. nu *ANA* GAL *MEŠEDI* kuiēš 2 *BELU*[TI] EGIR-an aranta/ n=at šarkanti andurza tapuša iyanta/ arahza = ma = az kuiš [LÚ]*MEŠEDI* harzi/ n=ašta māhhan šarkantin *ANA* [LÚ.MEŠ]*MEŠEDU*[TI] handānzi/ apaš=a=kán šarkantin EGIR-an arha paizzi/ n=aš šarkantī arahza ZAG-az iyannai/②
(站在禁卫军长官身后的两个官员随请愿者入内走到一边。守卫在外侧的禁卫军,当他们使请愿者站列入禁卫军们,他便跟随在请愿者身后。然后,他向外行走在请愿者右侧。)

方位副词"andurza(内)"与"arahza(外)"形成比较指称关系,体现空间位置上"内"和"外"互为比较的指称关系。

Bf15. mān DUMU É.GAL=ma EGIR-anda me[mi]an udai/ n=aš GÙB-laz=pát *IŠTU* DUMU[MEŠ] É.GAL EGIR-anda wezzi/ EGIR-pa=ma=aš kuwapi wezzi/ n=aš āppa=ya=pát apūn KASKAL-an wezzi/ *ANA* [LÚ.MEŠ]*MEŠEDU*[TI]=ma=aš=kán peran arha wezzi/③
[此后,如果一个宫廷侍者带来信件,他将沿左侧从宫廷侍者们身后上前。而当他从那里返回,他将沿(来时)同样的那条路径返回。他要走在禁卫军前方。]

方位词"GÙB-laz(沿左侧)"和表方位的后置词"peran(在前方)"与各自对照的语义成分形成比较指称关系。

Bf16. *IŠTU* DUMU[MEŠ] É.GAL[TI]=ma GAL DUMU[MEŠ] É.GAL arta/ EGIR-ann=a=šši 2 DUMU[MEŠ] É.GAL aranta/ n=at 3=eš/ māhhan=ma šarkantin arha

① IBoT1. 36iii6-11;CTH262(*Protocol for the Royal Bodyguard*《给王室禁卫军的规章》).
② IBoT1. 36iii18-22;CTH262(*Protocol for the Royal Bodyguard*《给王室禁卫军的规章》).
③ IBoT1. 36iii23-26;CTH262(*Protocol for the Royal Bodyguard*《给王室禁卫军的规章》).

tarnanzi/ nu=za GAL *MEŠEDI* pētan=pát harzi/ 2 *BELU*^{TI}=ma=šši kuiēš EGIR-an aranta/ mān=at ^{LÚ}ŠUKUR/ mān=at ^{LÚ}*MEŠEDI*/ n=at EGIR-pa pānzi/ nu EGIR-pa $^{LÚ.MEŠ}$*MEŠEDI* wemianzi/ arahziyaz kuiš ^{LÚ}*MEŠEDI* harzi/ māhhan=ma šarkantin tamain uwatezzi/①
(宫廷侍者长官与宫廷侍者站在一起，在他身后站着另两个宫廷侍者，他们有三人。当他们放行了一个请愿者，一个禁卫军长官要接管那个位置。两个站在他身后的官员，不管他们是持矛者还是禁卫军，他们要走回去，他们要回到禁卫军。当守在外侧的禁卫军带入另一个请愿者，)

方位副词"arahziyaz(外侧)"和单数通性宾格不定代词"tamain(另一个)"各自与相对照的语义成分形成比较指称关系，"外侧"与禁卫军队列的内侧位置形成比较指称，"另一个"则与前一个请愿者形成比较指称。

Bf17. ^{LÚ}*MEŠEDU*=ya kuiš EGIR-anda paizzi/ n=aš ZAG-az *IŠTU MEŠEDI* EGIR-anda paizzi/ EGIR-pa=ya=aš ZAG-az apūn=pát KASKAL-an paizzi/ $^{LÚ.MEŠ}$*MEŠEDU*^{TI}=ma=aš=kán peran arha *ŪL* paizzi/ n=aš *IŠTU* DUMU É.GAL paizzi/②
(走在后方的那个禁卫军要沿右侧与禁卫军一起走在后方。他要沿右侧那条同样的路径返回，他不能走在禁卫军前方，他要与宫廷侍者一起行走。)

方位词"ZAG-az(右侧)""EGIR-anda(后方)"、由指示代词和强调小品词共同表示的相同比较语义"apūn=pát[那个(同样)的]"、方位后置词"peran(在前方)"各自与相对照的语义成分形成比较指称关系，"右侧""后方"和"在前方"各自与禁卫军队列的左侧位置、禁卫军队列的前方位置和禁卫军队列的后方位置形成比较指称关系，"那条同样的"则对"路径"进行比较指称。

Bf18. mān šarkantiš=ma arta/ *ANA* ^{LÚ}*MEŠEDI*=ma našma *ANA* DUMU É.GAL *DINU*/ n=aš=kán šarkantin peran arha *ŪL* paizzi/ EGIR-an arha=aš=kán paizzi/ nu=za arahza kuiš harzi/ n=aš paizzi/ apēdani kattan tiyazzi/③
[如果一个请愿者站(在这儿)，但(他的)案件是有关禁卫军或宫廷侍者的，他便不能走在请愿者前方，他要走在后方。而守在外侧的人要走上前，与那个人一起行进。]

① IBoT1. 36iii12-17;CTH262(*Protocol for the Royal Bodyguard*《给王室禁卫军的规章》).
② IBoT1. 36iii27-30;CTH262(*Protocol for the Royal Bodyguard*《给王室禁卫军的规章》).
③ IBoT1. 36iii31-34;CTH262(*Protocol for the Royal Bodyguard*《给王室禁卫军的规章》).

方位后置词“peran(在前方)”与方位副词“EGIR-an(在后方)”形成比较指称关系。

Bf19. mān arahzenan=ma kuinki ÉRIN^{MEŠ}-an naššu ÉRIN$^{\text{MEŠ URU}}$Kāšga kūruraš našma ÉRIN$^{\text{MEŠ URU}}$Kummaha kuin=an imma kuin ÉRIN^{MEŠ} LUGAL-* uš* halzā* i* / nu $^{\text{LÚ.MEŠ}}$*MEŠEDU*^{TI} EGIR-anda hūmandeš pānzi/ * m* ā[n=š]amaš ^{GIŠ}ŠUKUR$^{\text{HI.A}}$ =ma tepawēszi/ n=ašta *ANA* $^{\text{LÚ.MEŠ}}$ŠUKUR$^{\text{HI.A}}$ ^{GIŠ}ŠU[KUR$^{\text{HI.A}}$] arha tanzi/ n =at EGIR-anda pānzi/ n=at=za hūlaliyauwar halziššanzi/①

[如果国王召唤了某个外籍军团,或敌对的卡斯卡军团,或某个库玛哈军团或别的某个军团,那么所有禁卫军都要走在(这些军团)后方。如果他们的矛是匮乏的,他们便从持矛者处取走矛,然后走在后方。他们把这称作“环围阵”。]

方位副词“EGIR-anda(后方)”与相对照的语义成分形成比较指称关系。

Bf20. ^{GIŠ}GIDRU$^{\text{HI.A}}$-uwanteš=ma=at EGIR-anda *ŪL* pānzi/ *ŪL*=a=šmaš ār[a]/ [^{LÚ}]$^{\text{.MEŠ}}$*MEŠEDU*^{TI}=ma=kán kuiēs āššanzi/ nu mān ^{GIŠ}ŠUKUR kuiš *ŪL* harzi/ nu=za ^{GIŠ}GIDRU$^{\text{HI.A}}$ kuit tanzi/ n=at=kán *ŠA* ^{GIŠ}kalmušaš D[UMU] É.[GAL] *ŪL* handā[it]t[ar]i/ parā damāēš 2 DUMU É.GAL tienzi/ nu=šši=kán apē ha[ndā]nzi/ $^{\text{LÚ.MEŠ}}$*MEŠEDI*=ma kuiēš ^{GIŠ}GIDRU$^{\text{HI.A}}$ harkanzi/ n=at=šamaš [EGIR-an iya]nta/②

(持节杖者不在后方行走,那对他们而言是不恰当的。剩余的禁卫军当中如果谁没有矛,因为他们持有节杖,他们不能和手持弯杖的宫廷侍者一起列队。另外两个宫廷侍者出列,他们将与他一起列队。手持节杖的禁卫军要行进在他们身后。)

复数通性主格不定代词“damāeš(另外的)”和方位副词“EGIR-an(在后方)”各自与相对照的语义成分形成比较指称关系。

Bf21. mān ^{LÚ}hazannu=ma našma UGULA NIMGIR.ÉRIN^{ME}[^{Š} handaitt]ari/ nu=šmaš=kán apē handānzi/ apēdaš ār[a/ mān=kán ^{GI}]^{Š}huluganni=ma EGIR-anda pānzi/ n=at ^{GIŠ}GIDRU-uwanteš EGIR-anda *ŪL* p[ānzi]/ ^{GIŠ}ŠUKUR$^{\text{HI.A}}$=za tanzi/③

① IBoT1.36iii35-39;CTH262(*Protocol for the Royal Bodyguard*《给王室禁卫军的规章》).

② IBoT1.36iii41-46;CTH262(*Protocol for the Royal Bodyguard*《给王室禁卫军的规章》).

③ IBoT1.36iii47-50;CTH262(*Protocol for the Royal Bodyguard*《给王室禁卫军的规章》).

（如果有乡绅或传令官的长官在列，他们将与他们列队，这对他们而言是恰当的。如果他们走在马车后方，他们不是像持节仗者那样走在后方，他们将持矛。）

方位副词“EGIR-anda（在后方）”与相对照的语义成分形成比较指称关系。

Bf22. mān šarkanteš=ma zinnantari/ nu appezzian kuin šarkantin pehutanzi/ n=aš māhhan peran arha paizzi/ nu ^{LÚ}*MEŠEDI* kuiš šarkantiuš widāizzi/ nu *ANA* GAL *MEŠEDI* našma *ANA* GAL DUMU^{MEŠ} É.GAL/ našma *ANA* kuiš ^{LÚ}*MEŠEDI* andurza harzi/ nu apēdani tezzi/ hūlalittat=wa/ GAL *MEŠEDI*=ma našma UGULA 10 *MEŠEDI* našma NIMGIR.ÉRIN^{MEŠ} LUGAL-i tezzi/ taruptat=wa/①
［如果请愿者们结束了（申诉），当他们引领的最后一个请愿者离开，那个带来请愿者的禁卫军要对禁卫军长官或宫廷侍者长官或守卫在内侧的禁卫军说：“已经环围了。”禁卫军长官或禁卫军的十人指挥官或军情传令官要对国王说：“完成了。”］

方位副词“andurza（内）”与相对照的语义成分形成比较指称关系。

Bf23. nu LUGAL-uš mān ^{GIŠ}GIGIR wēkzi/ ^{LÚ}*MEŠEDI*=ma ^{GIŠ}GU.ZA pēdai/ n=at dāi/ nu=za LUGAL-uš ^{GIŠ}GIGIR ēpzi/ karšuwaš=a kuiš ^{LÚ}*MEŠEDU*/ nu ^{GIŠ}GIDRU harzi/ nu ZAG-an ANŠE.KUR.RA ZAG-az kiššaraz ^{ZABAR}šūrzi ēpzi/ GÙB-laz=ma ^{GIŠ}kāpur harzi/ ^{GIŠ}GIDRU-za=an anda harzi/ nu ^{GIŠ}GIGIR menahhanda tameššan harzi/ n=at *ŪL* akkurriyai/②
（当国王寻求马车，一个禁卫军将带去座椅，并摆放它。国王乘坐了马车，担任御马者的一个禁卫军持节杖。他用右手使用铜辔将马拽向右边，又用左手抓住狭板，用节杖制约它。他紧紧控制住马车，这样它便不会颠簸。）

方位副词“ZAG-an（向右）”、方位形容词“ZAG-az（右的）”“GÙB-laz（左的）”形成比较指称关系。

Bf24. EGIR-pa=ma=kán namma ištarna 1 IKU/ nu namma 2 $^{\text{LÚ.MEŠ}}$*LIMSERI* iyanta/ ^{GIŠ}ŠUKUR$^{\text{HI.A}}$ harkanzi/ ^{TÚG}NÍG.LÁM$^{\text{HI.A}}$=ma=š<maš> ^{KUŠ}E.SIR SÍG^{TI} hilammili wēššanta/ UGULA *LIMSERI*=ya=šmaš NIMGIR.ÉRIN^{MEŠ} katti=šmi iyanta/ ^{GIŠ}<GIDRU>$^{\text{HI.A}}$ harkanzi/③

① IBoT1. 36iii51-54；CTH262（*Protocol for the Royal Bodyguard*《给王室禁卫军的规章》）.

② IBoT1. 36iii55-59；CTH262（*Protocol for the Royal Bodyguard*《给王室禁卫军的规章》）.

③ IBoT1. 36ii56-59；CTH262（*Protocol for the Royal Bodyguard*《给王室禁卫军的规章》）.

(在他们后方更远一些的1伊库距离的队列中间，两个乡村千人长随行。他们持矛。他们都穿着西拉米利风格的服装和鞋。乡村千人长的长官和传令官与他们并肩行进，并手持节杖。)

"namma 1IKU(比1伊库距离更远的)"当中的程度副词"namma(更加)"搭配表距离的名词"IKU(伊库)"具有了比较级的语义，形成了比较指称关系。

Bf25. *ŠA LIMSERI* = ma kuiš ÉRIN^{MEŠ}-az/ nu takšulān tapūša išgarān harzi/ GÙB-laš GÙB-laz iškarān harzi/ n = at ZAG-ša ZAG-az iškarān harzi/ arha = ma = aš 3 IKU iyatta/ mān = ši peran = ma kuwapi KASKAL-iš hatkuš/ n = aš anda paizzi/①

[乡村千人长的军队把非武装的(旁观者)驱赶到一边。居左侧者驱赶(他们)到左侧，而居右侧者则驱赶他们到右侧。距队列3伊库远行进者，如果前方某处的路对于他较窄，他要走上前(查探)。]

方向形容词"GÙB-laš[左侧(者)]""ZAG-ša[右侧(者)]"，方向副词"GÙB-laz(向左侧)""ZAG-az(向右侧)"形成比较指称关系。

Bf26. nu ^{GIŠ}IG anda [...]/ nu = za $^{LÚ.MEŠ}$*MEŠEDI* ^{É}hī[...]/ kuiš wezzi/ n = at *ŪL* š[ar]ā tiyanzi/ mān parā uwanzi/ n = at *ŪL* šarā tianzi/ mā[n] DUMU.MUNUS^{MEŠ} LUGAL = ma parā uwanzi/ n = [a]t šar[ā t]ianz[i]/②

{[……]在门内，王室禁卫军(驻守)庭院。任何人来了，他们都不起立。如果人们(从庭院)出来了，他们也不起立。但如果国王的女儿们(从庭院)出来，他们则起立。}

动词词组"parā uwanzi(走出来)"当中的前动词"parā(外)"与相对照的语义成分庭院内部形成比较指称关系。

Bf27. mahhan = ma halinduwa taranzi/ nu ^{LÚ}*MEŠEDI ANA* [...] halzāi kāzue/ nu šaštan šarā dāi/ n = an = kán katta pēdai/ nu halinduwaš mahha[n] UD-at UD-at akkuškezzi/ n = aš *QATAMMA* ekuz[i]/③

{当人们说："去向宫殿群。"王室禁卫军便向[……]呼喊："克苏埃。"然后他抬起

---

① IBoT1.36ii60-63;CTH262(*Protocol for the Royal Bodyguard*《给王室禁卫军的规章》).

② KBo5.11iv4-8;CTH263(*Protocol for the Palace Gatekeeper*《给宫殿守卫的规章》)(此篇赫梯语文献原文转写参考了米勒的成果，MILLER J L. Royal Hittite instructions and related administrative texts[M]. Atlanta: the Society of Biblical Literature, 2013.).

③ KBo5.11iv9-12;CTH263(*Protocol for the Palace Gatekeeper*《给宫殿守卫的规章》).

床，又把它带离。就像他日复一日在宫殿群内饮（酒）那样，他照样饮起（酒）来。}

连接方式状语的连词"mahhan（像一样）"和副词"*QATAMMA*（一样）"在具有对照关系的语义成分间形成比较指称关系。

Bf28. takku 2 É.NIM.LÀL takku 3 É.NIM.LÀL kuiški tāyezzi/ karū *BUBŪTANUM ŠA* NIM.LÀL/ kinun = a 6 GÍN KÙ.BABBAR pāi/ takku É.NIM.LÀL kuiški tāyezzi/ takku *INA* ŠÀ*[BI]* NIM.LÀL NU.GÁL/ 3 GÍN KÙ.BABBAR pāi/①

［如果某人盗走了两个蜂窝或三个蜂窝，先前（他将被）蜂芒（蜇刺），而现在他将赔付 6 舍克白银。如果某人盗走了一个蜂窝，如果（蜂窝）内部没有蜜蜂，他将赔付 3 舍克白银。］

时间副词"karū（先前）"和"kinun（现在）"形成比较指称关系。

Bf29. takku MÁŠ.GAL ennandan takku DÀRA.MAŠ annanuhhan takku UDU.KUR.RA enandan kuiški dāiyazi/ mahhan *ŠA* MÁŠ.GAL šarnikzel apēll=a *QATAMMA*=pát/②

［如果某人盗走一头被驯服的公羊，或一头被驯服的公鹿或一头被驯服的岩羊，（赔偿方式）将和赔偿公羊的方式一样。］

连接方式状语的连词"mahhan（像一样）"和表现相同比较关系的副词"*QATAMMA*（一样）"在具有对照关系的语义成分间形成比较指称关系。

Bf30. mān *ABI* tuliy{aš} halzai/ nu=šmaš gullakkuwan šahzi/ natta [LÚ.MEŠ]*NAŠISIDITI*$_4$ = *KUNŪ*/ kāšatta=wa [LÚ.MEŠ] *NAŠISIDITI*$_4$ = *KUNU* dameškatteni/ ta LUGAL-i kardimiyattuš piškatteni/③

（当我的父亲召集议事会，他将在你们之中调查贪腐，而不是在你们的包裹搬运工之间。"注意，你们不停地压迫你们自己的包裹搬运工，你们已对国王造成了不悦。"）

表现转折义的对比否定词"natta（而不是）"在相互对比的语义成分间形成比较指称关系。

① KBo6. 3iv31-34；CTH271（*The Laws of the Hittites*《赫梯法典》）.

② KBo6. 8ii3-5；CTH271（*The Laws of the Hittites*《赫梯法典》）.

③ KBo22. 1i16-20；CTH272（*Instruction to Dignitaries*《致贵族的训诫文献》）.

Bf31. takku ARAD-aš É-er tayezzi/ šakuwaššar = pát pāi/ tayazilaš 6 GÍN KÙ.BABBAR pāi/ ARAD-ša KIR_{14} = *ŠU* ištamanuš = šuš kukkuriškizzi/ n = an āppa išhi = šši pianzi/ takku mekki tayezzi/ mekki = še išhianzi/ takku tēpu tayezzi/ tēpu = šše išhianzi/ takku *BĒL* = *ŠU* tezzi/ šēr = šit = wa šarnikmi/ nu šarnikzi/ takku mimmai = ma/ nu ARAD-an = pát šuizzi/①

[如果一个男奴盗窃了一所房屋的财产，他将全额赔付。他将为盗窃赔付6舍克白银，(房屋主人)将割下男奴的鼻和双耳，人们将把他送返给他的主人。如果他盗窃得多，人们就使他承受得多。如果他盗窃得少，人们就使他承受得少。如果他的主人说："我将替他赔偿。"那么他将做赔偿。但如果他拒绝，他将放弃那个男奴。]

形容词"mekki(多)"和"tēpu(少)"形成比较指称关系。

Bf32. takku LÚ ^{GIŠ}TUKUL *Ù* ^{LÚ}HA.LA = *ŠU* takšan ašanzi/ mān = e = za italawēššanzi/ t = az É = *ŠUNU* šarranzi/ takku gimraš = šaš 10 SAG.DU/ 7 SAG.DU LÚ ^{GIŠ}TUKUL dāi/ *Ù* 3 SAG.DU ^{LÚ}HA.LA = *ŠU* dāi/ $\text{GU}_4^{\text{HI.A}}$ $\text{UDU}^{\text{HI.A}}$ gimraš = šaš *QATAMMA* šarranzi/ takku NÍG.BA LUGAL *TUPPI* kuiški harzi/ mān = za A.$\text{ŠÀ}^{\text{HI.A}}$-na karuwilin šarranzi/ *Ù* NÍG.BA 2 *QATAM* LÚ ^{GIŠ}TUKUL dāu/ *Ù* 1 *QATAM* ^{LÚ}HA.LA = *ŠU* dāu/②

[如果一个负有土库尔义务者和他的伴侣生活在一起，如果他们相互敌对，并分割了他们的房产，如果他的田地里有10个人力，那么负有土库尔义务者将分得7个人力，他的伴侣将分得3个人力。他们也像这样分割田地里的牛和羊。如果某人得到了文书确立的国王赠予(土地)，如果他们分割先前的土地，那么就让负有土库尔义务者分得二份赠予土地，让他的伴侣分得一份赠予土地。]

数词"10""7""3"和副词"*QATAMMA*(一样)"各自与相对照的语义成分形成比较指称关系。

Bf33. takku UN-an annanuhhan kuiški happaraizzi/ nu tezzi/ BA.ÚŠ = war = aš/ išhaš = šiš = an urkiyēzzi/ n = an = za dāi/ anda = ya = šše 2 SAG.DU pāi/③

[如果某人出售了一个训练有素的人，然后却说："他死了。"然而他的主人追踪到了他，他便拥有他。除此之外，他(出售者)还要向他另外赔付两个人力。]

---

① KBo6. 2iv44-48；CTH271(*The Laws of the Hittites*《赫梯法典》).

② KBo6. 2iii7-11；CTH271(*The Laws of the Hittites*《赫梯法典》).

③ KBo14. 67ii7-9；CTH271(*The Laws of the Hittites*《赫梯法典》).

副词“anda”在具有对比关系的语义成分间形成比较指称关系。

Bf34. karū kuiš ^{URU}Arinna ^{LÚ}UŠ. BAR kišat/ *Ù* É=*ŠU* arāuwan/ $^{LÚ.MEŠ}$HA. LA=*ŠU Ù* $^{LÚ.MEŠ}$*NIŠŪ*=*ŠU* arāwēš/ kinun=a É=*ŠU*=pát *ELLUM*/ $^{LÚ.MEŠ}$HA. LA=*ŠU Ù* $^{LÚ.MEŠ}$*NIŠŪ*=*ŠU* šahhan luzzi karpiyezzi/ ^{URU}Zippalantiya *QATAMMA*=pát/①

（先前谁成为了阿莉娜城的织工，他的房产就得到赦免，他的继承者和他的亲属也都得到赦免。而现在只有他的房产得到赦免，他的继承者和他的亲属将承担撒含义务和卢奇义务。在奇帕兰塔城亦是如此。）

时间副词“karū（先前）”与“kinun（现在）”形成比较指称关系，相同比较副词“*QATAMMA*（一样）”与具有对比关系的语义成分即前文介绍出的现在的情形形成比较指称关系。

Bf35. tákku ^{GIŠ}APIN-an LÚ *ELLUM* kuiški taēzzi/ EN-š=a=an KAR-zi/ GÚ=*SÚ* ^{GIŠ}appalaš=šaš šarā tittanuzzi/ ta GU$_4$$^{HI.A}$-it akzi/ karū kišan ēššer/ kinun=a 6 GÍN. GÍN KÙ. BABBAR pāi/ párna=še=ya šuwāezzi/ tákku ARAD-ša/ 3 GÍN. GÍN KÙ. BABBAR pāi/②

［如果某个自由人盗走了犁具，而（犁的）主人发现了他，他（主人）就会把他的（某自由人的）颈项放在他的（主人的）犁具上。然后他（某自由人）会因耕牛而死（耕牛拖拽犁具致死）。以往他们（犁具主人们）都是这样（行事）的，而现在他（某自由人）需赔付 6 舍克白银。并且他（某自由人）要为他（犁具主人）照看房屋。如果（盗者）是一个奴隶，他需赔付 3 舍克白银。］

时间副词“karū（先前）”“kinun（现在）”在具有对比关系的语义成分间形成比较指称关系。

Bf36. takku LÚ ^{GIŠ}TUKUL-aš A. ŠÀ$^{HI.A}$=*ŠU* hūmandan kuiški wāši/ luzzi karpezzi/ takku A. ŠÀ$^{HI.A}$-na mekkī wāši/ luzzi natta karpezzi/ takku $^{A.ŠÀ.HI.A}$kulēi=ma ārki/ našma LÚ^{MEŠ} URU^{LIM} pianzi/ ta luzzi karpiyezzi/③

［如果某人购买了负有土库尔义务者的全部土地，他将承担卢奇义务。如果他购买了大部分土地，他将不承担卢奇义务。但如果他开垦出闲置地，或者乡村的人

① KBo6. 9i1-5; CTH271(*The Laws of the Hittites*《赫梯法典》).

② KBo6. 14 i 11-14; CTH271(*The Laws of the Hittites*《赫梯法典》).

③ KBo6. 2ii45-48; CTH271(*The Laws of the Hittites*《赫梯法典》).

们给了(土地),那么他将承担卢奇义务。]

形容词"mekki(多)"形成比较指称关系。

Bf37. takku URU-ri A.ŠÀ$^{HI.A}$-an šahhann=a iwaru kuiški harzi/ takku=šši A.ŠÀ$^{HI.A}$-uš hūmanza pianza/ luzzi karapzi/ takku=šši A.ŠÀ$^{HI.A}$-uš hūmanza *ŪL* pianza/ tepu=šši piyan/ luzzi *ŪL* karapzi/ *IŠTU* É *ABI*=*ŠU*=ma karpianzi/ takku iwaruwaš EN-aš $^{A.ŠÀ}$A.GÀR harkanza/ A.ŠÀ=ši LÚ^{MEŠ} URU^{LIM} $^{A.ŠÀ}$A.GÀR-an pianzi/ ta luzzi karpiyēzzi/①

[如果在乡村某人拥有土地并具有世袭撒含义务,如果土地全部给了他,他将承担卢奇义务。如果土地没有全部给他,只有少部分给了他,他将不承担卢奇义务,人们将依靠他父亲的地产承担(卢奇义务)。如果世袭拥有的农田已经被废弃,乡村的人们将给他耕地作为(他拥有的)土地,而他将承担卢奇义务。]

形容词"hūmanza(全部)"和"tepu[少(部分)]"形成比较指称关系。

Bf38. takku DUMU.MUNUS-aš LÚ-ni hamenkanza/ nu=šši kūšata piddaizzi/ appezzin=at attaš annaš hullanzi/ n=an=kán LÚ-ni tuhsanzi/ kūšata=ma 2=*ŠU* šarninkanzi/②

[如果一个女子已经和一个男人订婚,他为她支付了礼金,之后(女子的)父母否认它(这桩婚事),那么人们将把她与他分开。而他们将偿付两倍的礼金。]

数词"2=*ŠU*(两倍)"形成比较指称关系。

Bf39. takku LÚ.U$_{19}$.LU-aš ^{DUG}ÚTUL-i našma luliya paprezzi/ karū 6 GÍN KÙ.BABBAR pišker/ paprezzi kuiš/ 3 GÍN KÙ.BABBAR pāi/ *ANA* É.GAL^{LIM} 3 GÍN KÙ.BABBAR daškēr/ kinun=a LUGAL-uš *ŠA* É.GAL^{LIM} peššet/ kuiš paprezzi/ nu apāš=pát 3 GÍN KÙ.BABBAR pāi/ parna=ššē=a šuwaēzzi/③

[如果一个人对容器或水塘造成污染,以往人们赔付6舍克白银,(现在)谁造成了污染,就赔付3舍克白银。(以往)人们把3舍克白银交往王宫,而现在国王免除了王宫的(3舍克白银)。(现在)谁造成了污染,即赔付3舍克白银,并为此照看房屋。]

数词"6""3"、时间副词"karū(以往)""kinun(现在)"在相对照的语义成分间

① KBo6.4iv21-27;CTH271(*The Laws of the Hittites*《赫梯法典》).

② KBo6.3ii11-13;CTH271(*The Laws of the Hittites*《赫梯法典》).

③ KBo6.3i66-69;CTH271(*The Laws of the Hittites*《赫梯法典》).

形成比较指称关系。

Bf40. takku LÚ.U$_{19}$.LU-aš SAG.DU=*ŠU* kuiški hūnikzi/ karū 6 GÍN KÙ.BABBAR pišker/ hūninkanza 3 GÍN KÙ.BABBAR dāi/ *ANA* É.GAL 3 GÍN KÙ.BABBAR daškēr/ kinun=a LUGAL-uš *ŠA* É.GAL^{LIM} peššet/ nu=za hūnikanza=pát 3 GÍN KÙ.BABBAR dāi/①
[如果某人使一个人的头部受伤，以往人们赔付6舍克白银，伤者获取3舍克白银，(另)3舍克白银则交往王宫。而现在，国王免除了交往王宫的(3舍克白银)，唯有伤者获取3舍克白银。]

数词"6""3"、时间副词"karū(以往)""kinun(现在)"在相对照的语义成分间形成比较指称关系。

Bf41. takku LÚ.U$_{19}$.LU-an *ELLAM* kuiški dašuwahhi/ našma ZU$_{9}$=*ŠU* lāki/ karū 1 MA.NA KÙ.BABBAR pišker/ kinun=a 20 GÍN KÙ.BABBAR pāi/ parna=ššē=a šuwāezzi/②
(如果某人全程使一个自由人致盲，或击落他的牙齿，以往人们赔付 1 米纳白银。而现在他将赔付 20 舍克白银并为此照看房屋。)

时间副词"karū(以往)""kinun(现在)"在相对照的语义成分间形成比较指称关系。

Bf42. kuedani=ma=ššan URU-ri auriyaš EN-aš EGIR-pa pennai/ nu=za $^{\text{LÚ.MEŠ}}$ŠU.GI $^{\text{LÚ.MEŠ}}$SANGA $^{\text{LÚ.MEŠ}}$GUDU$_{12}$ $^{\text{MUNUS.MEŠ}}$AMA.DINGIR kappūiddu/ nu=šmaš kiššan memau/ kēdani=wa=ššan URU-ri naššu *ŠA* DINGIR kuit <(ki)> ^{É}karimmi našma tamēdaš DINGIR^{LIM}-aš kuitki ^{É}karimmi/ kinun=at katta mutān/ n=at arha harkan/ $^{\text{LÚ.MEŠ}}$SANGA=at=za $^{\text{MUNUS.MEŠ}}$šiwanzanniš $^{\text{LÚ.MEŠ}}$GUDU$_{12}$ EGIR-an *ŪL* kappūanza/ kinun=at EGIR-an kappuwatten/ n=at EGIR-pa iyandu/ n=at mahhan karū wedan ēšta/ n=at EGIR-pa *QATAMMA* wedandu/③
[不管哨所督官驶回哪座城，都让他清点司仪、祭司、涂膏者和母神女祭司。让他

① KBo6.2i13-15;CTH271(*The Laws of the Hittites*《赫梯法典》).

② KBo6.3i16-17;CTH271(*The Laws of the Hittites*《赫梯法典》).

③ KUB31.84ii26-35;CTH261I(*Instructions of Arnuwanda I for the Frontier Post Governors*《阿努旺达一世给边境驻防官的训诫》).

对他们这样说："在这座城，一些神灵的神庙或另一些神灵的神庙现在被疏忽了，它们已荒芜了。（你们）祭司、母神女祭司和涂膏者，神庙已不被看护了。现在你们要重新看护它。"让他们重新建造它，就像之前它被建造那样，让他们像那样重新建造它。]

时间副词"karū（以往）""kinun（现在）"、复数与格不定代词"tamēdaš（另一些）"、连接方式状语的连词"mahhan（像一样）"、副词"*QATAMMA*（一样）"在相对照的语义成分间形成比较指称关系。

Bf43. takku ateš ZABAR *ŠA* 1 MA.NA KI.LÁ.BI/ *ANA* ITU.1.KAM 1 GÍN KÙ.BABBAR kuššaneš = šit/ takku URUDUateš *ŠA* 1/2 MA.NA KI.LÁ.BI/ *ANA* ITU.1.KAM 1/2 GÍN KÙ. BABBAR kuššaniš = šit/ takku tapulli *ŠA* 1 MA. NA KI. LÁ. BI/ *ANA* ITU. 1. KAM 1/2 GÍN KÙ. BABBAR kuššaniš = šit/①
（如果一把青铜斧重1米纳，它的租金为每月1舍克白银。如果一把红铜斧重1/2米纳，它的租金为每月1/2舍克白银。如果一把凿重1米纳，它的租金为每月1/2舍克白银。）

各数词在成倍对比关系中形成比较指称关系。

Bf44. takku hūššelliyaz purut kuiški dāiyazi/ mašiyan dāiyazzi/ anda = še = ya apēniššūwan pāi/②
[如果某人从坑中盗走泥料，不管他盗走了多少，（除被盗走的数量外），他还将赔付（和被盗走数量）同样数量的泥板。]

副词"anda（此外）"、形容词"apēniššūwan（同样）"在相对照的语义成分间形成比较指称关系。

Bf45. n = ašta mān É-ri 4 LÚMEŠ [andan]/ nu 2 LÚMEŠ *ŠA* É.GAL*LIM* KIN-an a[niyandu]/ 2 LÚMEŠ = ma = aš parnaš KIN-an an[iyandu]/ [m]ān = kán É-ri = ma 2 LÚMEŠ and[an]/ [nu] 1 LÚ *ŠA* [É]. GAL*LIM* KIN-an an[iyandu]/ [1 LÚ-a]š = ma parna = ⸢šma⸣š KIN-an ˚anni˚ [yaddu]/ [man] = ašta É-ri = ma 1 LÚ andan/ nu *INA* UD. 4. KAM *ŠA* É. GAL*LIM* KIN-an aniyaddu/ *INA* UD. 4. KAM = ma KIN *ŠA* É*TI* = *ŠU* aniyaddu/ MUNUS.MEŠwannum˚mi˚uš KIN-an išhāi/ man = a = šan kuwapi URU-riya EGIR-pa [ārti]/ nu LÚMEŠ GIŠTUKUL LÚ.MEŠŠU. GI anda halza⸢i⸣/

① KBo6. 26i1-5；CTH271（*The Laws of the Hittites*《赫梯法典》）.

② KBo6. 11i18-19；CTH271（*The Laws of the Hittites*《赫梯法典》）.

[nu] = šmaš kiššan memi/ [^{LÚ}] hattalwalliš maršanteš/ [LÚ^{M}]^{EŠ} *ŠA* É=*YA* maršanteš/ [nu = šm] aš GEŠTIN-an daškanzi/ [šumeš] ˚me˚nahhanda wātar [lāh]ūwanzi/①

(如果房屋里有4个人，那么让2个人去为宫殿务工，而让另2个人为他们的房屋务工。如果房屋里只有2个人，那么让1个人为宫殿务工，而让另1个人为他们的房屋务工。如果房屋里只有1个人，那么让他为宫殿务工4天，让他为他的房屋务工4天。让你们也把工作委派给未成家的女人。如果你们某时返回城市，让你们召唤土库尔义务者和长者，让你们这样对他们说："哨兵贪腐了吗？我的房屋内的人员贪腐了吗？他们为他们自己获取了酒吗？他们为你们倾洒酒了吗？")

数词"4"和"2"间、"2"和"1"间的成倍对比在相对照的语义成分间形成比较指称关系。

Bf46. mān DUMU^{MEŠ} ^{URU}Hatti $^{\text{LÚ.MEŠ}}$*ILKI* wēr/ nu *ABI* LUGAL arūwanzi/ nu taraškanzi/ kūšann=a *ŪL* kuiški iēzzi/ nu=wa=nnaš=za memmanzi/ $^{\text{LÚ.MEŠ}}$*ILKI*=wa šumeš/ nu *ABI* LUGAL tuliya anda tiyat/ nu anda šittaret/ ītten/ mahhan areš=šmeš šumešš=a apēniššan ēšten/②

[当赫梯人，即负有撒含义务者到来，他们向国王的父亲致敬，并说道："没有人支付佣金，他们拒绝我们，称：'你们是负有撒含义务者。'"国王的父亲步入议事会，并签署了(命令)："你们走吧，你们要像你们的同僚那样履行(撒含义务)。"]

连接状语的连词"mahhan(像一样)"、形容词"apēniššan(那样的)"在相对照的语义成分间形成比较指称关系。

Bf47. [(m)]ān ^{d}UTU$^{\check{S}I}$=ma lahhi ukila *ŪL* pāimi/ nu tuzziya kuin DUMU LUGAL našma *BE*[*L* GAL] watarnahmi/ nu tuzzin lahhi apāš pēhutezzi/ nu=šši=kán kuit ^{d}UTU$^{\check{S}I}$ u[kila tuzzin] kiššari tehhi/ n=an tuzziš hūmanza ištamaškeddu/ nu *ŠA* ^{d}UTU$^{\check{S}I}$[(i)šhiūl mahhan/ apell=a *QATAMMA*] iššatten/ nu hūmanza hūda hardu/ nu ^{LÚ}KÚR karši zahhiyaddum[at]/③

① KBo16. 54iii5-23; CTH266(*Instructions for Supervisors*《给督工的训诫》)(此篇赫梯语文献原文转写参考了米勒的成果，MILLER J L. Royal Hittite instructions and related administrative texts[M]. Atlanta: the Society of Biblical Literature, 2013.).

② KBo6. 3iii19-23; CTH271(*The Laws of the Hittites*《赫梯法典》).

③ KUB13. 21ii32-38; CTH259(*Tudhaliya I's Instructions and Oath Imposition for All the Men*《图塔利亚一世给所有人的训诫和宣誓》).

[但如果我主我本人没有亲赴征战，我派遣到军队中的宫廷侍者或高级官员将率领军队征战。因为我主我本人把军队放在他手中，让所有军队都服从他。就像我主的指挥那样，让你们也发挥出像那样的（指挥），让所有人都准备就绪，让你们坚定地与敌人厮杀。]

后置词“mahhan（像一样）”、副词“*QATAMMA*（一样）”在相对照的语义成分间形成比较指称关系。

Bf48. nu=za šummeš mahhan tuekkašš=a *ANA* DAM[MEŠ]=*KUNU* DUMU[MEŠ]=*KUNU* É[MEŠ]=*KUNU* genzu harteni/ LUGAL-uwaš šakliya genzu *QATAMMA* harten/ n=at SIG_5-in māniyahhišketten/[①]
（就像你们爱护你们的亲人、你们的妻子、你们的孩子和你们的房屋那样，你们也要像那样亲近国王的权威，你们要妥善地运用它。）

副词“*QATAMMA*（一样）”与连词“mahhan”引领的方式状语从句形成比较指称关系。

Bf49. tákku *ÚNUTE*[MEŠ] kuiški našma GU_4 UDU ANŠE.KUR.RA ANŠE wemiyazi/ n=an EGIR-pa EN-i=šši pēnnai/ n=an pēhutezzi/ mān EN-in=ššin=ma *ŪL* wemiyazi/ nu=za kūtruwāezzi/ EGIR-zian=ma=at EN=*ŠU* wemiyazi/ nu=šši=kán kuit harkán/ n=at šakuwaššar arha pēdai/ mān=za *ŪL*=ma kūtruwāezzi/ EGIR-zian=ma=at EN=*ŠU* wemiyazi/ n=aš [LÚ]NÍ.ZU kišari/ 3=*ŠU* šarnikzi/[②]
[如果某人发现了农具，一头牛、一只羊、一匹马或一匹驴，他将驱赶它回到它的主人那里。他（主人）将牵走它。但如果他没有找到它的主人，他将寻求见证。之后它的主人找到了他们，他（主人）将带走从他（主人）那里被保管的物品。但如果他（某人）没有寻求见证，之后它的主人找到了他们，他（某人）就被当成了贼。他（某人）将做3倍赔偿。]

“农具，一头牛、一只羊、一匹马或一匹驴”与“3倍”间的数词成倍对比在相对照的语义成分间形成比较指称关系。

Bf50. $DINA_7$[HI.A] KUR[TI] kue hannišketēni/ n=at SIG_5-in hannišketten/ n=at=

---

① KUB13.20i30-31；CTH259（*Tudhaliya I's Instructions and Oath Imposition for All the Men*《图塔利亚一世给所有人的训诫和宣誓》）.

② KBo6.4 iv4-11；CTH271（*The Laws of the Hittites*《赫梯法典》）.

za=kán apēl *ŠA* É=*ŠU* *ŠA* ŠEŠ = *ŠU* DAM=*ŠU* haššannašši pankunašši ^{LÚ}kaenanti ^{LÚ}arešši ˚*ŠA*˚ NINDA KAŠ māniyahhiyatti/ ˚lē˚ kuiški iyazi/ nu šarāzzi DI-šar lē katterrahtēni/ katterra=ma hanneššar lē šarāzziyahteni/ kuitma DI-šar šumel *ŪL* tarahhūwaš/ n=at LUGAL=*YA* *ŠA* *BELI*=*KUNU* menahhanda udatten/ n=at LUGAL-uš apāšila punušzi/[①]

[由你们审理的地区案件，你们要妥善审理它。他治理它是为了他的房产、他的兄弟、他的妻子、他的亲族、他的氏族、他的姻亲和他的朋友，为了面包和啤酒，没有人能(这样)做。你们别把重大的案件当作微小的，也别把微小的案件当作重大的。当出现了你们不能处理的案件，就让你们把它带到你们的主人、国王的面前，国王他本人将亲自调查它。]

形容词"šarāzzi(重大的)"、动词"katterrahtēni(看得微小)"、形容词"katterra(微小的)"、动词"šarāzziyahteni(看得重大)"间形成比较指称关系。

Bf51. tákku URU-ri A.ŠÀ$^{HI.A}$-an iwāru kuiški harzi/ tákku=šše A.ŠÀ$^{HI.A}$-aš mekkiš píyanza/ luzzi karpīezzi/ tákku=šše A.ŠÀ$^{HI.A}$-ša tēpuš píyanza/ luzzi natta karpīezzi/[②]

(如果在乡村，某人持有的田地为继承所得，如果较大的田地被给予了他，他将履行鲁兹义务。如果较小的田地被给予了他，他将不履行鲁兹义务。)

形容词"mekkiš(大的)"与"tēpuš(小的)"间形成比较指称关系。

赫梯语比较指称中形成指称关系的语义项目间存在相互参照、对照和对比的语义关系。这种指称关系通过表示数量关系的形容词、表示数量关系的名词词组和肯定全称形容词体现数量关系上的比较指称，通过相同比较形容词以及方式状语连词和相同比较副词的搭配使用体现等价关系的比较指称，通过特指析取不定代词的单独使用、特指析取不定代词和指示代词的搭配使用、特指析取形容词的使用、近指指示代词的交替使用以及特指析取形容词的交替使用体现非此即彼关系的比较指称，通过表现空间方位关系的形容词、副词、后置词和前动词表现空间位置关系和运动方向关系的比较指称，通过具有比较级意义的程度副词体现比较级关系的比较指称，通过使用具有对比关系的时间状语副词体现时间先后关系的比较指称，通过具有转折义的否定词体现前后转折对比关系

① KUB13.20i32-37;CTH259(*Tudhaliya I's Instructions and Oath Imposition for All the Men*《图塔利亚一世给所有人的训诫和宣誓》).

② KBo6.2ii38-40;CTH271(*The Laws of the Hittites*《赫梯法典》).

的比较指称，通过追述副词使追述副词引领的追拓内容与先行内容形成比较指称，通过数词间的成倍比较关系形成比较指称，通过使用具有体积对比关系的使成义动词和使用具有体积对比关系的形容词体现体积对比关系的比较指称。多种比较指称方式可能在同一语篇中同时出现。

2.2.1.4 赫梯语指称衔接中的分句指称

珀曼(H. Berman)[①]曾较早探讨了赫梯语关系从句的用法，但涉及的关系从句的类型有限，仅包括了关系从句当中的定语从句类型和定语从句当中关系代词在定语从句中充当主语的用法，探讨的角度仍然是句法成分分析方法在关系从句中的应用，没有从语篇分析的视角观察赫梯语关系从句与关系代词形成的分句指称。宝利[②]曾探讨了赫梯语由关系从句形成的迂回结构句型和迂回结构句型的表达法，仍是对关系从句作句法分析的探讨，没有把关系从句在迂回结构句型中的体现放在语篇关系中对分句指称进行关注。布罗施(C. Brosch)[③]曾分析了赫梯语关系从句中的关系代词与主句中先行词在性和数上的协同一致关系，虽然有限地注意到了句际间的指称关系，但仍侧重于把关系代词和先行词的一致关系放在由关系从句和主句形成的主从复句的句法结构中进行句法分析，没有对分句指称进行深入探讨。加里特(A. Garrett)[④]曾观察对比了吕西亚语和赫梯语中关系从句句法结构，从古代印欧语句法对比的角度发现了古代印欧语关系从句句法结构的某些共同点，没有涉及关系从句在语篇中的分句指称。海克斯坦[⑤]曾探讨了赫梯语中性单数近指指示代词与中性单数关系代词在搭配使用时在性和数上的协同一致关系，关注了由中性单数近指指示代词作先行词并由中性单数关系代词引领的非限定性泛指关系从句的句法结构关系。他虽然注意到了中性单数近指指示代词用作泛指代词指称由性数一致的中性单数关系代词引领的关系从句，但仍侧重从非限定性主从复句句法结构的角度分析，没有

---

① BERMAN H. Relative clauses in Hittite[J]. Relative clause festival, 1972(12): 1-8.

② BOLEY J. The Hittite periphrastic constructions[J]. Per una grammatica ittita, 1992(6): 33-59.

③ BROSCH C. Gemischte und pluralische Koordinationen im Hethitischen und ihr Kongruenzverhalten[J]. AoF, 2013(40): 314-336.

④ GARRETT A. Relative clause syntax in Lycian and Hittite[J]. Sprache, 1994(36): 29ff.

⑤ HACKSTEIN O. Von der Diskurssyntax zur Satzsyntax: Hethitisch kī kuit[J]. Gs Forrer, 2004(9): 345-359.

从分句指称的视角作深入探讨。海尔德(W. H. Held)[①]探讨赫梯语关系从句的年代过早,发现的赫梯语关系从句句法结构很有限,更没有发现分句指称在赫梯语主从复句中的体现。詹森(Th. M. V. Janssen)[②]则从与语篇分析方法不同的语义演算语法的应用角度演算了包括赫梯语在内的重要印欧语的关系从句语义,涉及赫梯语部分的分析很有限。

赫梯语指称衔接中的分句指称是指赫梯语关系代词、中性第三人称附着单数人称代词、指示代词和代副词等词指称语篇中出现的小句或句群,从而建立起分句指称的指称衔接方式。在用来指称的关系代词、中性第三人称附着单数人称代词、指示代词和代副词中,包含了被指称的小句或句群的整体语义。赫梯语指称衔接中的分句指称体现由词汇项目表现的语义单位对句子单位的指称衔接,是不同句法层级间的指称关系。

Bg1. $^{\text{LÚ.MEŠ}}$*MEŠEDI*=ma kue ^{GIŠ}ŠUKUR$^{\text{HI.A}}$ harkanzi/ n=at *ANA* ^{LÚ}šalašha ^{GIŠ}ŠUKUR$^{\text{HI.A}}$ pianzi/ māhhan ^{GIŠ}huluganniš parna=šša paizzi/ ^{LÚ}šalašhaš=ma ^{GIŠ}ŠUKUR$^{\text{HI.A}}$ *ANA* ^{LÚ}Ì.DU$_8$ pāi/ n=at=kán ^{É}hilamni šarā pēdai/ mān ^{GIŠ}hulugannaza=ma nēari/ nu 1 ^{LÚ}*MEŠEDI IŠTU* ^{GIŠ}ŠUKUR *ANA* $^{\text{LÚ.MEŠ}}$*MEŠEDU*$^{\textit{TI}}$*ANA* DUMU^{MEŠ} É.GAL=ya iškidāhhi/ nu ^{URU}Nišili kiššan t[e]z[zi]/ tapūša/[③]
[手持矛的禁卫军们把矛给了马夫。当马车驶到他的营房,马夫便把矛交给守门人,他把它带到门厅。如果(国王)乘马车巡行,一个禁卫军要用矛向禁卫军们和宫廷侍者们示意,并用赫梯语这样说:"(你们)让到一边。"]

由复数关系代词"kue"带起的关系小句"kue^{GIŠ}ŠUKUR$^{\text{HI.A}}$ harkanzi[(他们)手持矛]"由附着复数人称代词"-at(他们)"指称,形成分句指称。指示性副词"kiššan(这样)"与小句"tapūša[(你们)让到一边]"形成分句指称。

Bg2. *UMMA* ^{d}UTU$^{\textit{ŠI}}$/ *ANA* ^{m}Himmuili *QIBIMA*/ *ŠA* ^{LÚ}KÚR kuit uttar hatraeš/ ^{LÚ}KÚR mahhan 30 *SIMDI* ANŠE.KUR.RA$^{\text{HI.A}}$ ^{URU}Panata šinahha daiš/ nu ^{LÚ}KUŠ$_7$ KÙ.GI kuit kurannaš wahanna šanahta/ EGIR-an=ma=an=kán ^{LÚ}KÚR kuenta/ n=at *AŠME*/ *ŠA* ÉRIN^{MEŠ}=ma=mu kuit ANŠE.KUR.RA$^{\text{HI.A}}$ uttar

① HELD W H. The Hittite relative sentence, Baltimore. [Unver? nderter fotomechanischer Nachdruck][M]. New York: New York Press, 1973.

② JANSSEN Th M V. Compositional semantics and relative clause formation in Montague grammar [J]. Formal methods in the study of languages, 1982(1): 237-276.

③ IBoT1. 36iii60-65;CTH262(*Protocol for the Royal Bodyguard*《给王室禁卫军的规章》).

hatrāeš/ nu kāša ÉRIN$^{MEŠ.HI.A}$ ANŠE.KUR.RA$^{HI.A}$ anda aranzi/①
[我主这样说，致西穆依利，你写了关于敌人的事宜，敌人怎样为帕纳塔城的30队战车兵设下埋伏。黄金战士试图逃脱杀戮，敌人便从后方击杀了他。我已听闻它(此事)。你写给我了关于步兵和战车兵的事宜："步兵和战车兵已经到达了。"]

指示性副词"*UMMA*[这样(说)]"指称下文全文的各分句，中性抽象名词"kuit uttar(某项事宜)"指称下文分句，附着单数中性第三人称代词"-at(它)"指称上文分句，两个词项同时指称同一分句。单数中性抽象名词"uttar(事宜)"指称上文分句。

Bg3. mān ^{d}UTU$^{\check{S}I}$=ma kuwapi apašila lahhiyaizzi/ nu [KUR-e] *ŠA* ^{LÚ}K[ÚR]/ apiya=ya hūdaš ēštu/ nu ^{LÚ}KÚR karši/ zahhiyaddu=ma=at/ māhhan=[ma] ^{LÚ}KÚR-aš aki/ kūrur kuiš harzi/ nu kuiš ÉRIN^{MEŠ} ašandul<aš>/ n=aš=kán anda ašandulaš dālahhi kuiš/ arha tarnumaš=[aÉ]RIN^{MEŠ}-az/ n=an ^{d}UTU$^{\check{S}I}$arha tarnahhi/②
[当我主他本人在敌人的某处土地上征战，在那里要让它(一切)准备就绪。你们要与敌人厮杀，你们要与他们厮杀。当持有敌意的敌人死了，我将安置驻守军去驻守。当军队撤离，我、我主也将撤离。]

名词"^{LÚ}KÚR-aš(敌人)"指称上文由关系代词"kuiš"带起的分句，宾格附着人称代词"-aš(他们)"指称由关系代词"kuiš"带起的分句。

Bg4. *ANA* ^{LÚ}*BELMADGAL*$_{9}$^{TI}=ma=aš=kán kuedani anda ^{LÚ}SIG$_{5}$ lahhimaš *ŪL* pānza/ ^{LÚ}*BELMADG*[(*AL*$_{9}$ *TU*$_{4}$=man)] [...]/ mahhan ištamašzi/ n=an ēpdu/ n=an *INA* É.GAL^{LIM} uppau/ dāi=ma=z [(lē)/ n=an arh]a lē tarnāi/ mān=kán ^{LÚ}SIG$_{5}$ našma appezziš antuwahhaš [...] [(lahhaz KASKAL-az EG)I]R-pa hūwai/ ^{LÚ}DUGUD=*ŠU*=man UGULA *LIM*=ya lē munnaizzi/ *INA* [(É.GAL^{LIM}=ya=an) h]ūdak tekkuššanuddu/③
[一个被委派给驻防长官的职员没有奔赴征战，而(这个)驻防长官(委派了他)。当他听闻(此事)，便让他抓捕他。让他把他带到王宫，别安置他，也别让他离开。

① Mst. 75/115; HKM26(*From the King to Himmuili*《国王给西穆依利的指示》).

② KUB26. 17i4-8; CTH261 Ⅱ(*Instructions for Military Officers and Frontier Post Governors*《给军官和边境驻防官的训诫》).

③ KUB13. 21ii4-12; CTH259(*Tudhaliya I's Instructions and Oath Imposition for All the Men*《图塔利亚一世给所有人的训诫和宣誓》).

如果一个职员或一个下级军人从征战之路上逃离，那么他的指挥官和千人长不能隐瞒，让他在王宫里立即揭发他。]

主动态直陈式单数第三人称动词词尾"ištamašzi(他听闻)"指称上文由单数与格关系代词"kuedani"带起的分句。

Bg5. ARAD É NA$_4$ ARAD DUMU. LUGAL *BĒL ŠŪPPATI* kuēš LÚ$^{MEŠ GIŠ}$TUKUL ištarna A. ŠÀ$^{HI.A}$-an harkanzi/ luzzi karpianzi/[①]
(在负有土库尔义务者之中拥有土地的石室男奴、王子的男奴、佩戴芦苇者，他也承担卢奇义务。)

名词词组"ARAD É NA$_4$ ARAD DUMU.LUGAL *BĒL ŠŪPPATI*(石室男奴、王子的男奴、佩戴芦苇者)"和主动态直陈式动词人称词尾"karpianzi(他承担)"各自指称由关系代词"kuēš"带起的分句。

Bg6. [(namma=šmaš šum)eš k]uiēš *BELU*$^{HI.A}$ KARAŠ$^{HI.A}$/ [(*ŪL* =ya kuiēš *B*)*ELU*$^{HI.A}$K]ARAŠ$^{HI.A}$/ ku[i]šš=a GAL-iš/ [(kuiš=ma *ŪL* / nu *ANA*)^{d}U]TU^{ŠI} kuitki nakkešzi/ [(šummeš=ma *ŪL* wa)]rreššatteni/ našma=[(šši šummeš) k]uiēš MÁŠ LUGAL/ nu=šši=ká[(n h)]ūdak *ŪL* ērten[i/ (nu=šši=k)]án parā autteni/ nu=šmaš apāš mem[(i)]aš GAM *NIŠ* DINGIR^{LIM}GAR-ru/[②]
[并且你们这些田地头领和那些不是田地头领的人，身为高级官员的人和不是高级官员的人，如果某事对我主变得艰难，而你们没有援助；你们当中谁是他的王族，你们没有立即去到他那里，并且忽视他，就让它(那事)被置于神灵的誓言下。]

单数通性主格指示代词"apāš[那(事)]"指称上文分句。

Bg7. mahhan=ma SIG$_5$-ri/ n=ašt[(a ^{LÚ})]ŠU. I ištarniyaš KÁ. GAL^{TI} katta tiyēzzi/ nu halzāi/ [(mi)]ššā miššā/ nu m[ahhan] ÌR (TI)^{MEŠ} $^{LÚ.MEŠ}$*BELU*^{TI} ištamašša[(nz)]i/ nu šašduš š[arā] danzi/ n=aš *ANA* $^{LÚ.MEŠ}$ŠU. I pianzi/[③]
[当(它)完成，清扫者走下来进入内门，并呼喊："拿来，拿来。"当长官的仆役听闻，他们便抬起他们的床，并把它们交给清扫者。]

---

① KBo6. 2iii5-6; CTH271(*The Laws of the Hittites*《赫梯法典》).

② KUB21. 42i4-10; CTH255. 1(*Tudhaliya Ⅳ's Instructions and Loyalty Oath Imposition for Lords, Princes, and Courtiers*《图塔利亚四世给官员、王子和内臣的训诫和效忠宣誓》).

③ KBo5. 11iv18-21; CTH263(*Protocol for the Palace Gatekeeper*《给宫殿守卫的规章》).

小句"SIG$_5$-ri(完成的)"仅有形容词表语,省略了单数中性第三人称代词形式主语,指称下文各小句。

Bg8. mān *INA* É. GAL[LIM] zakkitī artari/ nu=za [LÚ]Ì. DU$_8$ [GIŠ]TUKUL[MEŠ] EGIR-an kiššan kappūezzi/ [LÚ]Ì.DU$_8$ = kán *IŠTU* KA.GAL katta tiyezi/ nu nāšili kiššan tezzi/ halugaš halugaš/①

(当他到达宫殿的门栓处,然后守卫要这样记录土库尔义务者:守卫要从正门走下,并用赫梯语这样说:"通告,通告。")

指示性副词"kiššan(这样)"指称下文各小句。

Bg9. mān=ma tamāi=ma dattēni/ LUGAL-i=ma=at tetten/ nu=šmaš=at *ŪL* waštul/ LUGAL-ša=at [LÚ]arāhzēni=ma uppahhi/ našma=at *ANA* ÌR pihhi/②

[然而,如果你们取走了别的东西,你们向国王汇报了它(这件事),那么它(这件事)对你们而言便不是罪过。而我,国王,将把它送给一个外国人,或把它交给一个仆人。]

附着单数中性第三人称代词"-at(它)"指称上文第一句,附着单数中性第三人称代词"-at(它)"指称上文前两句。

Bg10. namma=az [LÚ.MEŠ]pahhuenaš/ n=at parā tiyanzi/ EGIR-an kappūezzi/ nu [LÚ]Ì. DU$_8$ luwili kiššan tezzi/ uwat/ pahhunit mekki marri LUGAL-it pahšanuwan ēšten/③

[此外,(至于)照看火烛者,他们走上前,然后他就记录(他们)。守卫用卢维语这样说:"来吧,对火烛和国王你们要格外留意。"]

指示性副词"kiššan(这样)"指称下文小句。

Bg11. anda=ma=za šumeš kuiēš [LÚ.MEŠ]AŠGAB *ŠA* É [LÚ]taršipāliyaš *ŠA* É [LÚ]tuppāš *Ù* [LÚ]UGULA 10 [LÚ]taršipāliyaš/ LUGAL-waš [GIŠ]GIGIR[HI.A] tiyauwaš kuiēš anneškattēni/ nu KUŠ. GU$_4$ KUŠ. MÁŠ *ŠA* É [LÚ]MUHALDIM taškatten/ tamāi=

---

① KBo5. 11i1-4;CTH263(*Protocol for the Palace Gatekeeper*《给宫殿守卫的规章》).

② KUB13. 3iii14-17;CTH265(*Instructions and Oath Imposition for Royal Servants Concerning the Purity of the King*《给王室仆役有关国王清洁的训诫和宣誓》).

③ KBo5. 11i21-24;CTH263(*Protocol for the Palace Gatekeeper*《给宫殿守卫的规章》).

ma lē datteni/①

（并且，你们作为马车夫用具库的、仓库的和十马车夫监督者的皮匠，制造了国王的步行马车。你们要从厨房获取牛皮和羊皮，但别取走别的东西。）

复数第二人称代词“šumeš（你们）”指称由复数关系代词“kuiēš”带起的分句。

Bg12. takku šānattēni＝ma/ appezziyan＝ma＝at ištuwāri/ nu＝šmaš *QADU* DAM^MEŠ^＝*KUNU* DUMU^MEŠ^＝*KUNU* idālu hinkan piyanzi/②

［但是如果你们隐瞒了，而之后它（这件事）又被发觉了，那么他们将给你们连同你们的妻子们和你们的儿子们罪恶的宿命。］

附着单数中性第三人称代词“-at（它）”指称上文小句。

Bg13. takku LÚ-ša DUMU.MUNUS nāwi dāi/ n＝an＝za mimmai/ kūšata＝ma kuit piddāit/ n＝aš＝kán šamenzi/③

（如果一个男人在还没占有一个女子前，对她悔婚，那么他将放弃他支付过的礼金。）

附着复数宾格第三人称代词“-aš（它们）”指称上文由关系代词“kuit”带起的分句。

Bg14. kuiš＝kán nakkiyaz＝ma lahhaz hūwāi/ našma＝kán ᵈUTU^ŠI^ tuzzišš＝a *INA* KUR ^LÚ^KÚR anda manikuwanteš/ ^LÚ^KÚR＝ma karū anda wemian harkanzi/ nu＝kán kuiš tuzziaz hūwāi/ našma＝an＝za hantezziaš＝šiš arha tarnai/ n＝at akkandu＝pát/ kuiš＝an munnaizzi/ tekkušnuzzi＝ma＝an *ŪL* / mān＝aš ^LÚ^UGULA *LIM*/ mān＝aš ^LÚ^DUGUD＝pát/ nu apūn kē *NIŠ* DINGIR^MEŠ^ appandu/ n＝an *QADU* DAM＝*ŠU* DUMU^MEŠ^＝*ŠU* harninkandu/④

（任何人从一场重大战役中逃跑，而我主正在敌人的土地上指挥军队，他们早已发现了敌人，谁从军队中逃跑，或他的长官放他逃跑，那就处死他们。谁为他隐

① KUB13.3iii9-13；CTH265（*Instructions and Oath Imposition for Royal Servants Concerning the Purity of the King*《给王室仆役有关国王清洁的训诫和宣誓》）.

② KUB13.3iii18-20；CTH265（*Instructions and Oath Imposition for Royal Servants Concerning the Purity of the King*《给王室仆役有关国王清洁的训诫和宣誓》）.

③ KBo6.5iii11-13；CTH271（*The Laws of the Hittites*《赫梯法典》）.

④ KBo16.24i21-27；CTH251（*Instructions and Oath Imposition for Princes, Lords, and Military Officers*《给王子、官员和军官的训诫和宣誓》）.

瞒，而没有揭发他，不管他是一个千人长或是一个指挥官，那就让这些誓言神灵抓捕他，让他们连同他和他的妻子和他的孩子们一起摧毁。）

附着复数第三人称代词“-at（他们）”指称上文各由关系代词“kuiš”带起的分句，单数第三人称指示代词“apūn［那（人）］”指称上文由关系代词“kuiš”带起的分句。

Bg15. namma NINDA.GUR$_4$.RA UD^{MI} kuiēš ēššanzi/ n=at parkuwaiš ašandu/ warpantiš=at kartanteš ašandu/ išhīniuš=šmaš=kán UMBIN=ya dān ēšdu/ parkuwai=a TÚG$^{HI.A}$ waššan harkandu/ [...] lē ēššanzi/ kuiēš=za DINGIR^{MEŠ}-aš ZI-an NÍ.TE-ann=a [...]/ n=aš apūš ēššandu/ *INA* É ^{LÚ}NINDA.DÙ.DÙ=ma=aš=kán kuedaš andan ēššanzi/ n=at=kán šanhan harnuwan ēšdu/ namma=kán paršūraš pedi ŠAH-aš UR.GI$_7$-aš KÁ-aš lē tiyazi/ UN-aš DINGIR^{MEŠ}-ašš=a ZI-anza tamāiš kuiški/*ŪL* / kī=pát kuit *ŪL* / ZI-anza=ma 1-aš=pát/ ÌR=*ŠU* kuwapi *ANA* EN=*ŠU* peran šarā artari/ n=aš warpanza/ nu parkuwai=a waššan harzi/ nu=šši naššu adanna piškezzi/ našma=šši akuwanna piškezzi/ nu=za apāš EN=*ŠU* azzikkezzi/ akkuškezzi kuit/ n=aš ZI-an arha lānza/ n=at=ši=kán anda damenkišketta/ mān=aš anda=ma kuwapi IGI-wannanza/ n=aš=kán *ŪL* hanhaniyai/ ZI DINGIR^{LIM}=ma tamāiš kuiški/ nu=kán mān ÌR=*ŠU* kuwapi EN=*ŠU* TUKU.TUKU-nuzi/ n=an=kán naššu kunnanzi/ našma=kán KIR$_{14}$=*ŠU* IGI$^{HI.A}$=*ŠU* GEŠTU$^{HI.A}$=*ŠU* idālawahhanzi/ našma=an=kán DAM=*ŠU* DUMU^{MEŠ}=*ŠU* ŠEŠ=*ŠU* NIN=*ŠU* ^{LÚ}kainaš MÁŠ=*ŠU*/ naššu ÌR=*ŠU* našma GÉME=*ŠU* [...]/ n=ašta parranda halzianzi=pát/ n=an *ŪL* kuitki DÙ-anzi/ mān=aš akiya kuwapi/ n=aš *ŪL* 1-aš aki/ MÁŠ=*ŠU*=ma=šši tettian=pát/①

［并且，那些制作日常面包的人，让他们保持洁净，让他们被梳洗，让他们的头发和指甲被修剪，让他们穿着洁净的衣物……才能制作（面包）。让那些（取悦）了诸神心灵和身体的人制作那些（面包）。他们在当中制作面包的烘焙室，让它被清扫和冲洗，并且猪和狗不能踏足厨房的门。人类的心灵和诸神的心灵有任何不同吗？没有，这儿没有任何不同，心灵是同一个。当一个仆人站立在他的主人面前，他要沐浴过并穿了洁净的（衣物）。他将给他吃的，他将给他喝的。他的主人因为吃了喝了，心灵便变得宁静，它便与他连接。如果当他被疏忽了，难道他

① KUB13.4i14-33；CTH264（*Instructions for Priests and Temple Personnel*《给祭司和神庙人员的训诫》）.

不会烦躁吗？神灵的心灵有任何不同吗？如果当一个仆人触怒了他的主人，人们就或处决他，或割下他的鼻、眼、耳。并且，他的妻子、他的儿子、他的兄弟、他的姐妹、他的姻亲，不管他是男仆或女仆，他们只是（对他）呼喊吗？难道他们没有对他做任何事？当他被处决，他不是一个人被处决，他的家族会伴随他。]

附着复数第三人称代词“-at（他们）”、附着单数第三人称代词“-aš（他）”、附着单数第三人称代词“-at（它）”各自指称上文分句，不定代词词组“tamāiš kuiški（任何不同）”指称下文各小句。

Bg16. tákku LÚ-aš GU_4 HI.A ÍD-an zēnuškizzi/ tamāiš=an šuwāizzi/ nu KUN GU_4 ēpzi/ ta ÍD-an zāi/ nu EN GU_4 ÍD-aš pēdāi/ šuwayazi=ma=an kuiš/ nu=za apun=pát dāi/①

[如果一个人与（他的）牛正在渡河，另一个人推倒了他，抓住牛尾渡了河，而河流带走了牛的主人。谁推倒了他，他（牛主人的继承者）将捕捉那个人。]

单数第三人称指示代词“apun[那（人）]”指称上文分句。

Bg17. tákku UN-an kuiški párkunuzzi/ kuptarra ukturiyaš pēdāi/ tákku=at A.ŠÀ-ni našma párni kuelka pēdāi/ alwanzatar DI.KUD LUGAL/②

[如果某人对人实施净化仪式，他将清理灰槽里的余烬。如果他在某人的田地或房屋里清理它们，（这将构成）行使巫术，（即）国王的案件。]

表语名词“alwanzatar（巫术）”省略了单数中性第三人称代词形式主语，指称上文分句。

Bg18. takku ARAD-aš MUNUS-nan dāi/ nu=zza DUMU MEŠ ienzi/ mān É=*ŠUNU* šarranzi/ āššu=ššemet hanti hanti šarranzi/ mekkuš DUMU MEŠ MUNUS-za dāi/ *Ù* 1 DUMU *TIM* ARAD-aš dāi/ takku=za ARAD-iš MUNUS-an *ELLAM*-in dāi/ *DIN*=*ŠUNU* *QATAMMA*=pát/③

（如果一个男奴娶了一个女人，并且他们生育了子女，那么当他们分割他们的房产时，他们也将平分他们的物品。女人将带走大多数孩子，而男奴将带走一个孩子。如果一个男奴娶了一个女自由人，那么他们的案件也是如此。）

名词“*DIN*（案件）”指称小句“takku ARAD-aš MUNUS-nan dāi/ nu=zza

① KBo6. 5iv12-15；CTH271（*The Laws of the Hittites*《赫梯法典》）.

② KBo6. 5iv17-20；CTH271（*The Laws of the Hittites*《赫梯法典》）.

③ KBo6. 2ii3-5；KBo6. 3ii21；CTH271（*The Laws of the Hittites*《赫梯法典》）.

DUMU^{MEŠ}ienzi/ mān É=*ŠUNU* šarranzi(如果一个男奴娶了一个女人，并且他们生育了子女。那么当他们分割他们的房产)”，指示性副词“*QATAMMA*(一样)”指称小句“āššu=ššemet hanti hanti šarranzi/ mekkuš DUMU^{MEŠ} MUNUS-za dāi/ *Ù* 1 DUMU^{TIM} ARAD-aš dāi(他们也将平分他们的物品，女人将带走大多数孩子，而男奴将带走一个孩子)”。

Bg19. tákku ^{GIŠ}APIN-an LÚ *ELLUM* kuiški taēezzi/ EN-š=a=an KAR-zi/ GÚ=*SÚ* ^{GIŠ}appalaš=šaš šarā tittanuzzi/ ta GU$_4$$^{HI.A}$-it akzi/ karū kišan ēššer/ kinun=a 6 GÍN.GÍN KÙ.BABBAR pāi/ párna=še=ya šuwaezzi/ tákku ARDA-ša/ 3 GÍN.GÍN KÙ.BABBAR pāi/①

[如果某个自由人盗走了犁具，而(犁的)主人发现了他，他(主人)就会把他的(某自由人的)颈项放在他的(主人的)犁具上。然后他(某自由人)会因耕牛而死(耕牛拖拽犁具致死)。以往他们(犁具主人们)都是这样(行事)的，而现在他(某自由人)需赔付6舍克白银，并且他(某自由人)要为他(犁具主人)照看房屋。如果(盗者)是一个奴隶，他需赔付3舍克白银。]

指示性副词“kišan(这样)”指称上文小句。

Bg20. tákku LÚ *ELLUM* GÉME^{MEŠ}-uš annanekuš annan=šmann=a wenzi/ *ŪL* harātar/②

[如果一个自由人媾和了女奴，即胞姐妹和她们的母亲，(这)不属冒犯。]

表语名词“*ŪL* harātar(不是冒犯)”省略了单数中性第三人称代词形式主语，指称上文小句。

Bg21. *UMMA* ^{d}UTU^{ŠI} *ANA* ^{m}Kaššū *QIBIMA*/ *ŠA* ^{LÚ}KÚR=mu kuit uttar hatraeš/ ^{LÚ}KÚR=wa ^{URU}Gašašan harzi/ nu=kán kāš=ma ANŠE.KUR.RA$^{HI.A}$ parā nehhun/ nu=za *PANI* ^{LÚ}KÚR mekki pahhaššanuanza ēš/③

(我主对科苏这样说：“你写给我的关于敌人的事宜——‘敌人已占据了科沙沙城’，我已派遣了这些战车兵，你要对敌人高度警戒。”)

带有关系代词的名词“kuit uttar(事宜)”指称下文单句，指示性副词“*UMMA*(这样)”指称下文所有小句。

---

① KBo6.14 i11-14；CTH271(*The Laws of the Hittites*《赫梯法典》).

② KUB29.34iv22-23；CTH271(*The Laws of the Hittites*《赫梯法典》).

③ Mst.75/12；HKM1(*From the King to Kaššu*《国王给科苏的指示》).

赫梯语语篇的指称方式已具备了使用特定代词或代副词对相应小句或句群进行指称的功能。分句指称的使用体现了赫梯语语篇为体现语篇中语义内容的完整性和语言形式的精炼性达到统一的策略，是体现语篇构造复杂性的一种指称方式。通过人称代词指称由关系代词引领的关系小句形成分句指称，通过指示性副词与小句间的指称关系形成分句指称，通过概括性抽象名词指称分句，通过动词词尾的人称意义与关系代词引领的关系小句形成分句指称，通过指示代词指称分句。通过省略形式的人称代词指称分句，通过指示代词指称由关系代词引领的关系小句形成分句指称，通过不定代词指称分句，各种分句指称方式可能在同一语篇中同时出现。被指称的分句可能是单句形式，也可能是多个单句组成的语义连续的句群。

2.2.1.5 赫梯语指称衔接中的泛指指称

希德茨乌(A. V. Sideltsev)①曾探讨了赫梯语不定代词在具体语境中的语义线索，企图把赫梯语不定代词的语义根据具体语境线索进行最大程度的具体化。他虽然注意到了不定代词语义理解的语境线索，但他的侧重点在于发现赫梯语常用不定代词的语义用法并进行归类，属于不定代词在具体句法结构中的语义表达习惯分析，仍没有对不定代词在语篇中的泛指指称直接进行探讨。克曼胡珀(A. Kammenhuber)②曾较早分析了赫梯语非限定系统当中不定代词和动词不定式在句法结构中的句法成分，涉及的不定代词分析有限，更没有涉及不定代词在语篇中的泛指指称。

赫梯语指称衔接中的泛指指称是指赫梯语使用泛指指示代词对语篇中特定成分中的数量意义上不确切的某些部分或模糊指称成分进行指称的衔接方式，主要使用指示代词中的泛指指示代词或数词，是从赫梯语指称衔接中的指示指称中衍生出的特殊指示指称类型。赫梯语泛指指称在语篇中有些有明确的指称成分，有些没有明确的指称成分，只模糊地对类别意义进行指称。

Bh1. anda=ma LÚ^{MEŠ}[...] kuiēš maniyahhiškanzi/ nu mān LUGAL-waš ÉSAG-an kinuzzi/ n=ašma [...] ^{LÚ}SIG$_5$ pēyazi/ n=an kinuddu/ LÚ=ma $^{\text{LÚ.MEŠ}}$hattalwalaš ^{LÚ}APIN.LÁ-aš LUGAL-waš ÉSAG-an *PANI* ZI=*ŠU* lē kuiški kinuzzi/ kuiš kinuzzi=ma/ šumešš=an $^{\text{LÚ.MEŠ}}$URU$^{\textit{LIM}}$ ēpten/ n=an LUGAL-waš āški uwatetten/ mān *ŪL* =ma uwadatēni/ nu ÉSAG-an $^{\text{LÚ.MEŠ}}$URU$^{\textit{LIM}}$

① SIDELTSEV A V. The riddles of Hittite indefinite pronouns[J]. AoF, 2015(42): 62-89.

② KAMMENHUBER A. Studien zum hethitischen Infinitivsystem[J]. MIO, 1956(4): 40-80.

šarninkanzi/ ginut=man kuiš/ n=an šakuwanzi/①

[再者，实施管理的人们。如果(其中某人)要打开王室谷仓，或派遣了一个职员(去打开)，那么就让他打开它(谷仓)。然而，某个人，守门人，或是农夫，没有人能随意打开王室谷仓。谁打开了它，就让你们市民抓捕他，并把他带到国王之门。如果你们不(把他)带来，(你们)市民将赔偿谷仓，而人们将追踪打开了(谷仓)的人。]

否定全称不定代词“lē kuiški(没有谁)”泛指指称名词词组“LÚ=ma $^{\text{LÚ.MEŠ}}$hattalwalaš ^{LÚ}APIN. LÁ-aš (某个人，守门人，或是农夫)”。

Bh2. nu=za $^{\text{LÚ.MEŠ}}$*MEŠEDI ŠA* ^{LÚ}*MEŠEDI* ^{É}hīli pētann appanzi/ nu ^{É}halentūwaza kuiš andurza kuzza/ nu 12 $^{\text{LÚ.MEŠ}}$*MEŠEDI* aranta/ ^{GIŠ}ŠUKUR$^{\text{HI.A}}$=ya harkanzi/ mān 12 $^{\text{LÚ.MEŠ}}$*MEŠEDI*=ma šarā *ŪL* arta/ naššu KASKAL-an kuiški pēyanza/ našma *INA* É=*ŠU* kuiški tarnanza/ ^{GIŠ}ŠUKUR$^{\text{HI.A}}$=ma makkešzi/ nu=kán kue ^{GIŠ}ŠUKUR$^{\text{HI.A}}$ āšzi/ n=at=kán parā pēdanzi/ n=at *ITTI* $^{\text{LÚ.MEŠ}}$Ì. DU_8 tianzi/②

[禁卫军在禁卫军的庭院里各就其位。就在宫殿的内墙处，站着 12 名禁卫军。他们手执矛。如果 12 名禁卫军不在现场，有些被派遣至征途，有些则留在家中。如果矛充盈，任何存放着的矛，他们(不在场的禁卫军)可以将其带走，也可以将其置与守门人。]

复数关系代词“kue(那些)”与下文复数人称代词形成指称关系的同时，对上文复数名词“^{GIŠ}ŠUKUR$^{\text{HI.A}}$”进行泛指指称。

Bh3. anda=ma *ŠA* NINDA. ÉRIN^{MEŠ} uttar kit=pandalaz išhiūl ēštu/ nu mān ÉRIN^{MEŠ}-an lahha nininkanzi/ nu=za=ta ^{LÚ}UGULA *LIM* ^{LÚ}DUGUD-ša [...] NINDA. ÉRIN^{MEŠ}=*ŠU* ZÍD. DA=*ŠU* menahhanda aušdu/ kuiš=za NINDA. ÉRIN^{MEŠ}=*ŠU*=ma *ŪL* harzi/ nu=za=kán *ŪL* [...] zikkezzi/ lahhiyauwaš=za uttar *ŪL* imma šekteni/ šer=āšta kuitki šarran/③

(再者，从此刻起让军粮事宜成为义务。当他们动员军队参战，就让千人长和指挥官视察他的军用面包和军用面粉。谁没有军粮，便不承担……你们难道不知

---

① KUB13. 9iii3-11；CTH258. 1(*Tudhaliya I's Decree on Penal and Administrative Reform*《图塔利亚一世关于刑罚和政务改革的敕令》).

② IBoT1. 36i9-15 CTH262(*Protocol for the Royal Bodyguaral*《给王室禁卫军的规章》).

③ KBo16. 24i41-45；CTH251(*Instructions and Oath Imposition for Princes, Lords, and Military Officers*《给王子、官员和军官的训诫和宣誓》).

道征战的事宜吗？由于此事才发生了僭越。)

单数中性不定代词“kuitki（某事）”泛指指称上文名词词组“*ŠA* NINDA. ÉRIN^{MEŠ} uttar(军粮事宜)”。

Bh4. takku ARAD-iš *ANA* DUMU.NITA *ELLIM* kūšata piddāizzi/ n＝an ^{LÚ}Antiyantan ēpzi/ n＝an＝kán parā *ŪL* kuiški tarnai/[①]

(如果一个男奴给了一个年轻自由人聘礼，把他纳为女婿，没有人能改变他(的身份)。)

否定全称不定代词“*ŪL* kuiški(没有谁)”泛指指称上文隐含语义。

Bh5. takku A.ŠÀ$^{HI.A}$ NÍG.BA LUGAL kuiški harzi/ šahhan luzzi natta karpiyezzi/ LUGAL-uš ^{GIŠ}BANŠUR-az NINDA-an dāi/ ta＝šše pāi/[②]

(如果某人拥有了国王赠与的土地，他将不承担撒舍义务和卢奇义务，国王将从桌上拿取面包并送给他。)

单数通性不定代词“kuiški(某人)”泛指指称享受国王特惠的人。

Bh6. nu＝za hūmandaz waršiyanza ēšlit/ nu＝mu *INA* KUR ^{LÚ}KÚR awan arha lē kuiški piddāi/ nu＝mu＝kán anda lē kuiški dalai/ nu hūmanza hūda hardu/[③]

(让我从他们所有人中摆脱。在敌人的土地上谁也不能从我这里逃走，谁也不能离开我，让所有人都准备就绪)

否定全称不定代词“lē kuiški(没有谁)”泛指指称军队。

Bh7. takku ARAD-iš hūwai/ n＝aš *ANA* KUR ^{URU}Luwiya paizzi/ kuiš＝an EGIR-pa uwatezzi/ nu＝šše 6 GÍN KÙ. BABBAR pāi/ takku ARAD-aš hūwai/ n＝aš kururī KUR-e paizzi/ kuiš＝an EGIR-pa＝ma uwatezzi/ n＝an＝za apāš＝pát dāi/[④]

[如果一个男奴逃跑，走入卢维地区，谁把他带回去，(主人)就给他 6 舍克白银。如果一个男奴逃跑，走入敌国，谁把他带回去，就可以把他据为己有。]

泛指不定代词“kuiš(谁)”泛指指称任何人。

---

① KBo6. 3ii27-28；CTH271(*The Laws of the Hittites*《赫梯法典》).

② KBo6. 2ii43-44；CTH271(*The Laws of the Hittites*《赫梯法典》).

③ KUB21. 47i17-20；CTH268(*Instructions and Oath Imposition for Military Commanders*《给军务指挥官的训诫和宣誓》).

④ KBo6. 3i59-62；CTH271(*The Laws of the Hittites*《赫梯法典》).

Bh8. takku LÚ *ELLUM* É-er lukkezzi/ É-er āppa wetezzi/ andan=a É-ri kuit harakzi/ LÚ.U$_{19}$.LU-ku GU$_{4}$-ku UDU-ku/ ēšza nakkuš/ n=at šarnikza/①
[如果一个自由人烧了房屋，他将重建房屋。房屋内任何物品消失了，是人员，牛或羊，或有（任何）损坏，他将为此赔偿。]

中性泛指不定代词“kuit（任何）”泛指指称任何物品。

Bh9. takku ARAD-iš našma GÉME-aš hūwai/ išhaš = šiš = an kuēl haššī wemiyazi/ LÚ-naš kuššan *ŠA* MU.1.KAM 2 MA.NA KÙ.BABBAR pāi/ MUNUS-ša=ma kuššan *ŠA* MU.1.KAM 50 GÍN KÙ.BABBAR pāi/②
[如果一个男奴或女奴逃跑，他的主人在某人的炉边找到了他。（此人是）男人，则支付一个月的佣金，即 2 米纳白银。女人，也支付一个月的佣金，即 50 舍克白银。]

单数属格非限定关系代词“kuēl（某人的）”泛指指称假设的某人。

Bh10. [mān=ma=ašta ant]uwahhaš LUGAL-un ˚*IŠTU*˚ *DI*˚*NI*˚ karap[zi]/ [...] *ŠA* A.ŠA hanneššar [...] = man memai/ nu katteran šer/ ^{LÚ}MAŠDA damišhaizzi/ [...] uwaeni/ EGIR-an wemiyaweni/ n[u]=šši=ašta šuppa arha danzi/ [n=an *IŠ*] *TU* $^{LÚ.MEŠ}$[...] arha šuwanzi/ n=ašta namma É.GAL *ŪL* šarrattari/ mān=an=za kuwapi=ma appezzian LUGAL-uš EGIR-an kappuwēzzi/ n = aš *ANA* ^{d}UTU^{ŠI} āra ēšdu/ mān = aš appezziann = a naššu ^{LÚ}*MEŠEDI* našma DUMU É.GAL našma ^{LÚ}UGULA *LIM* ^{LÚ}DUGUD/ n = ašta LUGAL-un karapzi/ n=an arha parhanzi/ *KINA*$_{7}$ *IŠTU* É=*ŠU* šarnikzi/③
[如果一个人阻止国王（审理）案件，不管是一块田地的案件或是……他说：“我的……”卑微者，他剥削穷人，他说：“我们将调查，我们将……”然后他们夺去了他的献祭品，并驱使他……他将不能再穿行于王宫。如果在此后某个时候国王重估了他的（案子），让它成为专属于国王的（案件）。此后，如果某人，不管他是禁卫军，宫廷侍者，千人长或是官员干涉了国王，人们将驱逐他，他将用他的房产做相应的赎补。]

时间副词词组“kuwapi=ma appezzian（此后某个时候）”中的泛指时间副词

① KBo6.2iv53-55；CTH271（*The Laws of the Hittites*《赫梯法典》）.

② KBo6.3i63-65；CTH271（*The Laws of the Hittites*《赫梯法典》）.

③ KUB13.7i1-13；CTH258.2（*Tudhaliya I's Decree on Judicial Reform*《图塔利亚一世关于司法改革的敕令》）（此篇赫梯语文献原文转写参考了米勒的成果，MILLER J L. Royal Hittite instructions and related administrative texts[M]. Atlanta：the Society of Biblical Literature，2013.）.

“kuwapi(某个时候)”泛指指称某个时间点。

Bh11. namma = ya kuiēš NUMUN LUGAL^{UTTI} NUMUN ^{m}*MURŠI* DINGIR^{LIM} NUMUN ^{m}NIR.GÁL NUMUN ^{m}Hattuši DINGIR^{LIM}/ ŠEŠ^{MEŠ} ^{d}UTU^{ŠI} = ya kuiēš *IŠTU* MUNUS. LUGAL haššanteš/ nu šummaš *BELU*$^{HI.A}$ apāt kuwatka kuiški memai/ DUMU^{MEŠ} EN^{MEŠ} = ya = wa = nnaš anda *ŪL* imma NUMUN EN = *YA*/ nu = wa = nnaš kēdani GIM-an šer linganušker/ kēdani = ya = wa = nnaš *QATTAMA* šer linganuškanzi/ nu = wa = nnaš kāš EN-aš = pát/ n = at = ši GAM *NIŠ* DINGIR^{LIM} GAR-ru/ ^{d}UTU^{ŠI} PAB-ašten/ katta = ma NUMUN ^{d}UTU^{ŠI} pahhašten/ tamēda = ma lē kuiški aušzi/ kuiš = ma = za tamai EN^{UTTA} ilaliyazi/ n = at GAM *NIŠ* DINGIR^{LIM} GAR-ru/ našma = šmaš ŠEŠ ^{d}UTU^{ŠI} haššanza našma DUMU ^{MUNUS}Naptirti kuiški apāt memai/ ammukk = a = wa = za *ŪL* DUMU EN = *KA*/ nu = wa ammuk PAB-ašten/ n = at kuiš ištamašzi/ n = at munnaizzi/ n = at *INA* É. GAL^{LIM}*ŪL* memai/ n = at = ši *NIŠ* DINGIR^{LIM} GAM GAR-ru/ našma = kán *ŠA* ^{d}UTU^{ŠI} HUL-lu ŠEŠ ^{d}UTU^{ŠI} kuiški MUNUS. LUGAL haššanza našma ŠEŠ DUMU^{MEŠ} ^{MUNUS}Naptirti kuiški našma *BELU* kuiški kuedanikki GAM-an harzi/ n = at šakki/ kēdani = ma = za = kán *ANA NIŠ* DINGIR^{LIM} pariyan *ŪL* memai/ n = at = ši apadda = ya GAM *NIŠ* DINGIR^{LIM} GAR-ru/ našma = šmaš EGIR-ziaz ištamašzi kuiški kuitki/ *INA* É. GAL^{LIM} = ma = at *ŪL* memai/ nu = šši apadda = ya *NIŠ* DINGIR^{LIM} GAM-an GAR-ru/ *AŠŠUM* EN^{UTTI} ^{d}UTU^{ŠI}pahhašten/ katta = ma NUMUN ^{d}UTU^{ŠI} pahhašten/ tamēda = ma lē autteni/ tamāi = šmaš EN^{UTTA} lē ilaliyatteni/ kuiš = ma = za ilaliyazi/ n = šši kattan *NIŠ* DINGIR^{LIM} kittaru/①

[并且,那些王权的后代们,穆西里的后代、穆瓦塔里的后代、哈图西里的后代、我主的被女王生育的兄弟们,如果某人以某种方式告诉你们官员:“我们当中的权贵的儿子难道不是我的主人的后代?就像我们当中的人向这个(人)宣誓,他们也要向那个(人)宣誓:这就是我们的主人。”那就让它把他置于神灵的誓言下。让你们守护我主,之后让你们守护我主的后代。谁也不能寻求别人,谁寄望别的王权,就让它被置于神灵的誓言下。如果我主的(被女王)生育的兄弟,或宫妾的某个儿子这样对你们说:“难道我不是权贵的儿子吗?你们来支持我吧。”谁听到了此话,却隐瞒了它,没有在宫廷里汇报它,就让它把他置于神灵的誓言下。或者我主的被女王生育的某个邪恶兄弟,或宫妾的儿子的某个兄弟,或某个官员企

① KUB21. 42i11-40; CTH255. 1(*Tudhaliya IV's Instructions and Loyalty Oath Imposition for Lords, Princes, and Courtiers*《图塔利亚四世给官员、王子和内臣的训诫和效忠宣誓》).

图与某人一起加害我主，而他知晓此事，却没有按照这条誓言去汇报，为此把它置于神灵的誓言下。或者之后你们当中有谁听闻了任何事，却没有在宫廷里汇报，那么就让它因此被置于神灵的誓言下。让你们拥戴我主我的统治，之后让你们拥戴我主的后代，你们不能寻求别人，你们不能为你们自己寄望别的统治。谁寄望了，就让它把他置于神灵的誓言下。）

泛指副词“kuwatka（某种方式）”泛指指称某种方式手段，不定代词“kuiški（某人）”、否定全称不定代词“lē kuiški（没有谁）”、泛指不定代词单数主格“kuiš（任何人）”、不定代词单数与格“kuedanikki（与某人）”泛指指称人物，单数中性不定代词“kuitki（某事）”泛指指称事件。

Bh12. tákku MUNUS-an kuiški píttenuzzi / EGIR-anda = ma = šmaš = kán šardiyaš paizzi / tákku 2 LÚ^{MEŠ} našma 3 LÚ^{MEŠ} akkánzi / šarnikzil NU. GÁL/ zik = wa UR. BAR. RA kišat /①

［如果某人掳走了一个女人，救助者们跟随着他们。如果两个人或三个人被杀死了，将没有（对被杀的两个人或三个人的）赔偿。“你已变为了一头狼。”］

不定代词“kuiški（某人）”泛指指称不确切人物，包含数词的名词词组“2 LÚ^{MEŠ} našma 3 LÚ^{MEŠ}（两个或三个人）”、泛指指称名词“šardiyaš（救助者们）”。

Bh13. tákku UN-an kuiški párkunuzzi/ kuptarra ukturiyaš pēdāi/ tákku = at A. ŠÀ-ni našma párni kuelka pēdāi/ alwanzatar DI. KUD LUGAL/②

［如果某人对人实施净化仪式，他将清理灰槽里的余烬。如果他在某人的田地或房屋里清理它们，（这将构成）行使巫术，（即）国王的案件。］

单数属格不定代词“kuelka（某人的）”泛指指称不确切人物。

Bh14. ^{LÚ}hipparaš luzzi karpīezzi/ nu ^{LÚ}hippari hāppar lē kuiški ezzi/ DUMU = *ŠU* A. ŠÀ = *ŠU* ^{GIŠ}KIRI$_6$ .GEŠTIN = *ŠU* lē kuiški wāši/ kuiš = za ^{LÚ}hippari hāppar ezzi/ n = aš = kán hāpparaz šemenzi/ ^{LÚ}hipparaš kuit happarāit/ ta = z āppa dāi/③

［一个赫帕人履行了鲁兹义务，无人可以与赫帕人做交易，无人可以购买他的孩子、他的田地和他的葡萄园。谁与赫帕人做了交易，谁就要罚失交易款。赫帕人出售了任何（物品），他（赫帕人）都将取回。］

---

① KBo6. 2ii29-30; CTH271（*The Laws of the Hittites*《赫梯法典》）.

② KBo6. 5iv17-20; CTH271（*The Laws of the Hittites*《赫梯法典》）.

③ KBo6. 2ii 49-52; CTH271（*The Laws of the Hittites*《赫梯法典》）.

否定全称不定代词"lē kuiški(没有谁)"、泛指不定代词"kuiš [任何(人)]"泛指指称人物，单数中性泛指不定代词"kuit[任何(物品)]"泛指指称某物。

Bh15. nu=za $^{LÚ.MEŠ}$*MEŠEDI ŠA* ^{LÚ}*MEŠEDI* ^{É}hīli pētann appanzi/ nu ^{É}halentūwaza kuiš andurza kuzza/ nu 12 $^{LÚ.MEŠ}$*MEŠEDI* aranta/ ^{GIŠ}ŠUKUR$^{HI.A}$=ya harkanzi/ mān 12 $^{LÚ.MEŠ}$*MEŠEDI*=ma šarā *ŪL* arta/ naššu KASKAL-an kuiški pēyanza/ našma *INA* É=*ŠU* kuiški tarnanza/ ^{GIŠ}ŠUKUR$^{HI.A}$ = ma makkešzi/ nu=kán kue ^{GIŠ}ŠUKUR$^{HI.A}$ āšzi/ n=at=kán parā pēdanzi/ n=at *ITTI* $^{LÚ.MEŠ}$Ì.DU$_8$ tianzi/①
(禁卫军在禁卫军的庭院里各就其位。就在宫殿的内墙处，站着12名禁卫军。他们手执矛。如果12名禁卫军不在现场，某些被派遣至征途，某些则留在家中。如果矛充盈，那些存放着的矛，他们(不在场的禁卫军)可以将其带走，也可以将其置与守门人。)

同样的不定代词交替出现时，表示整体中的某些和另一些。"kuiški[某些(人)]"和"kuiški[另一些(人)]"泛指指称"12 $^{LÚ.MEŠ}$*MEŠEDI*(12名禁卫军)"。

赫梯语泛指指称的指称目标主要有指人泛指指称、指物泛指指称和指事泛指指称。指人泛指指称通过由否定词和指人不定代词组成的否定全称不定代词、各种数和格形式的通性不定代词、非限定不定代词进行泛指指称，指物泛指指称通过各种数和格形式的中性不定代词进行泛指指称，指事泛指指称通过各种数和格形式的中性不定代词、泛指时间副词和泛指方式副词进行泛指指称。

2.2.2 赫梯语指称衔接中的指称链

赫梯语指称衔接呈现出体系性的类别多样性，为赫梯语语篇行文的叙事视角提供了灵活切换的空间。从观察者视角出发的叙事方式中体现的指称衔接体系，是与观察者视角相适应的自洽的系统。当观察视角发生了变化，整套指称体系也会随之发生变化，使赫梯语语篇的指称复杂性有所提升。

Bi1. namma ^{GIŠ}MÚ^{SAR} ^{GIŠ}KIRI$_6$.GEŠTIN$^{HI.A}$ SIG$_5$-in aniyanteš wedanteš ašandu/ namma=kán huppidanuēš PA$_5$$^{HI.A}$-ša šarā šanhanteš ašandu/ namma ^{LÚ}NÍ.ZU-aš uttar nakkiahhan ēšdu/ *ANA* NAM.RA$^{HI.A}$=ma kuwapi NUMUN$^{HI.A}$ anniškanzi/ nu auwariaš EN-aš hūmandašš = a IGI$^{HI.A}$ = *ŠU* šer huyanza ēštu / mān kiššan =

① IBoT1.36i9-15;CTH262(*Protocol for the Royal Bodyguard*《给王室禁卫军的规章》).

ma kuiški memai/ NUMUN =wa=mu pai/ nu=war=at =za=kán ammel A.ŠÀ-nianda aniyami / namma=wa išhuēššar išhuehhi/ nu šer auwariyaš=pát EN-aš IGI$^{HI.A}$-iš huyanza ēštu/ mahhan=kán BURU$_{14}$-anza kišari/ n=ašta apūn A.ŠÀ^{LA} arha warašdu/ harkantašš=a LÚ ^{GIŠ}TUKUL kuiš A.ŠÀ$^{HI.A}$ tannatta=ya kue piētta/ n=e=tta hūman gulaššan ēštu/ mahhan=ma NAM.RA$^{HI.A}$ pianzi/ nu=šši *AŠRA* hūdak hinkandu/ gimrašš=a kuiēš walhūwanteš/ nu=šmaš=šan wetummaš uddanī IGI$^{HI.A}$-wa harak/ n=aš SIG$_5$-in wedanza ēštu/①

[并且，让果园和葡萄园被妥善耕耘和建造，还要让胡皮达努装置和管道得到清理，并且要让侦察兵的讯息得到重视。当他们为移民播种时，让哨所督官的双眼紧盯所有人。如果某人这样说："给我种子，我将在我的田地里播撒它。然后我将堆积起谷堆。"那么就让哨所督官的双眼盯着（他）。当收割季到来，就让他收割那片田地。消失的土库尔义务者的田地份额空置了，你要让它被全部记录。当他们配送移民时，让他们立即分配给他一块地皮。被疏忽的田地，你要用你的双眼盯着它们的建设事宜，让它被精心营建。]

指示性副词"kiššan（这样）"与下文小句形成一条指称链，名词"哨所督官"与下文附着单数第二人称与格代词"你"、命令式动词词尾形式的单数第二人称"让你"形成指称链，第三人称单数不定代词"某人"与下文附着单数第一人称与格人称代词"给我"、附着单数第一人称属格人称代词"我的"、直陈式动词词尾形式的单数第一人称"我"、省略形式的宾格单数第三人称代词"他"、命令式动词词尾形式的单数第三人称"让他"形成指称链，名词"种子"与下文宾格附着人称代词"它"形成指称链。"A. ŠÀ-ni[（某人的）田地]"指上文某人的田地，与下文通性宾格单数远指指示代词"那片"形成指称链。"A. ŠÀ$^{HI.A}$[（消失土库尔义务者的）田地]"与下文命令式系词词尾形式的单数第三人称"让它"、肯定全称指示性副词"全部"形成指称链，"gimrašš[（被疏忽的）田地]"与下文附着复数第三人称与格人称代词"它们的"、附着通性单数第三人称代词"它"形成指称链，因指称不同而形成3条不同指称链。直陈式动词词尾形式的复数第三人称"他们"与下文命令式动词词尾形式的复数第三人称"让他们"形成指称链，名词"移民"与下文附着与格单数第三人称代词"给他"形成指称链。

Bi2. zikka=wa ^{GIŠ}TUKUL/ apašš=a ^{GIŠ}TUKUL/ mān=šamaš *ABI* parna=šma tarnai/ nu=šmaš mānhanda hatriškezzi/ natta=šamaš $^{LÚ.MEŠ}$DUGUD-aš tuppi

① KUB13. 2iii57-71；CTH261(*Instructions of Arnuwanda I for the Frontier Post Governors*《阿努旺达一世给边境驻防官的训诫》).

hazzian harzi/ kāšatta=wa utniya paitteni / nu *ŠA* ^{LÚ}MÁŠDA ēšhar=šet natta šanhiškatteni/①

[“你是一个土库尔义务承担者，他也是一个土库尔义务承担者。当（我的）父亲让你们返回你们的房屋，就像他一直写给你们的那样，难道他不曾为你们官员书写过一块泥板文书吗？”“看啊，你们走入了辖地，但你们没有为穷人的血主持公道。”]

“tuppi[泥板文书（的内容）]”与下文小句形成指称链。

Bi3. māhhann=a GU$_4$$^{\text{HI.A}}$ zalkanuantari/ namma arha [...]/ nu duwān 1 IKU 5 gipeššarr=a duwānn=a 1 IKU A. ŠÀ 5 gipeššarr=a terippiškandu/ namma hameššhanza kišari/ NUMUN$^{\text{HI.A}}$ É.GAL$^{\textit{LIM}}$ SAG. GÉME. ÌR^{MEŠ} *BEL* ^{GIŠ}TUKUL EGIR-an arhut/ nu=kán IGI$^{\text{HI.A}}$-wa harak/ namma kuitman hameššhanza kišari/ nu ^{GIŠ}tiyēšni kattan hanteškandu/②

[当牛群发育了，就让它们犁地。一边是1伊库5基派沙宽度，另一边也是1伊库5基派沙宽度。并且当春季到来，你要看护王宫的、仆役们的和土库尔义务者头领的种子，你要用双眼盯着（它们）。当春季来到，让他们一直在提耶沙果园里备置（果实）。]

“牛群”指称链、“春季”指称链、单数第二人称指称链共3条指称链穿插在文中。

Bi4. mān=kán ^{LÚ}*MEŠEDI* =ma arha mirzi/ n=ašta ^{GIŠ}ŠUKUR luštaniyaz katta pedai/ n=an ^{LÚ}Ì. DU$_8$ wašduli ēpzi/ nu=šši=kán ^{KUŠ}E.SIR arha lāi/ mān ^{LÚ}*MEŠEDI* =ma ^{LÚ}Ì. DU$_8$ appalāizzi/ n=ašta ^{GIŠ}ŠUKUR katta pēdai/ ^{LÚ}Ì. DU$_8$ =ma=an *ŪL* aušzi/ nu ^{LÚ}*MEŠEDI* ^{LÚ}Ì. DU$_8$ wašduli ēpzi/ ^{GIŠ}ŠUKUR=wa *ŪL* kuit ašta/ man=wa=kán šarā=ma kuiš antūwahhaš handāizzi/ nu=war=an kuwapi autti/ n=an *ANA* É. GAL$^{\textit{LIM}}$ tarkummiyanzi/ nu ^{LÚ}Ì. DU$_8$ punuššanzi/ nu ^{GIŠ}ŠUKUR$^{\text{HI.A}}$ apaš nahšaraz uškezzi/③

[如果一个禁卫军逃离，并从后门带走了矛，而守门人为罪行抓捕了他，他将脱下他的鞋。如果一个禁卫军算计了守门人，并带走了一支矛，而守门人没有看到

① KBo22. 1i21-25; CTH272(*Instruction to Dignitaries*《致贵族的训诫文献》).

② KUB13. 1iv37-42; CTH261(*Instructions of Arnuwanda I for the Frontier Post Governors*《阿努旺达一世给边境驻防官的训诫》).

③ IBoT1. 36i53-59; CTH262(*Protocol for the Royal Bodyguard*《给王室禁卫军的规章》).

他，禁卫军将为罪行抓捕守门人，(并说)："因为你没有看到那支矛。如果某人图谋反叛，你怎么能发现他呢?"然后，他们将把他报告给官廷。然后，他们将询问守门人，那个(守门人)将警惕地监视矛。]

抽象名词"wašduli(罪行)"两次出现，各自与上文小句形成指称链。文中主要指称链还包括"禁卫军"指称链、"守门人"指称链、"矛"指称链、"某人"指称链。

Bi5. takku GU$_4$-un ANŠE.KUR.RA ANŠE.GÌR.NUN.NA ANŠE-in kuiški wemezzi / n = an LUGAL - an āška ūnna i / takku utniya = ma weme zzi / n = an LÚ[MEŠ] ŠU. GI-aš hinkanzi/ n=an=za tūrezzi/ man=an išhaš=šiš=a wemezzi/ n= an = za šakuwaššaran dai/ [LÚ]NÍ.ZU-an natta ēpzi/ takku = wa = an LÚ[MEŠ] ŠU. GI-aš natta hikzi/ n=aš [LÚ]NÍ. ZU kišari/①

[如果某人发现了一头牛、一匹马、一匹骡或一匹驴，他将驱赶它到国王之门。如果他是在乡村找到的，他们将把它展示给长者们，并给它套马具。如果它的主人找到了它，将把它全部带走，将不把(他)当作贼抓捕。如果他没有把它展示给长者们，他就成为了一个贼。]

文中主要指称链包括"某人"指称链、"牲畜"指称链。

Bi6. tákku MUNUS-an MUNUS-an kuiški píttenuzzi / EGIR-anda=ma=šmaš=kán šardiyaš paizzi / tákku 2 LÚ[MEŠ] našma 3 LÚ[MEŠ] akkánzi / šarnikzil NU. GÁL/ zik=wa UR.BAR.RA kišat /②

(如果某人掳走了一个女人，救助者们跟随着他们。如果两个人或三个人被杀死了，将没有赔偿。"你已变为了一头狼。")

文中主要指称链包括"某人"指称链、"救助者"指称链。

Bi7. *UMMA* [d]UTU[ŠI] *ANA* [m]Kaššū *QIBIMA*/ kī = mu kuit *ŠA* [m]Marrūwa LÚ [URU]Himmuwa haliyatar hatrāeš/ parā = war = an = kán nehhun/ n = an = mu tuppiyaz hatrāeš/ parā = war = an = kán nehhun/ kinun = aš namma *ŪL* uit/ kinun=an *ANA* LÚ. SIG$_5$ peran huinut/ n=an *MAHAR* [d]UTU[ŠI] liliwahhuwanzi uwateddu/ man *ŪL* =ma/ nu=za apēl waštul zik datti/③

(我主对科苏这样说："你写给我关于西穆瓦城人玛卢瓦降敌的事：'我已遣送了

① KBo6. 2iii58-63;CTH271(*The Laws of the Hittites*《赫梯法典》).

② KBo6. 2ii29-30;CTH271(*The Laws of the Hittites*《赫梯法典》).

③ Mst. 75/45;HKM13(*From the King to Kaššu*《国王给科苏的指示》).

他。'关于他，你在一块泥板上写给我：'我已遣送了他，而现在他还没来。'现在让你把他移交给专员，让他把他旋即带到我主面前。不然，你就去领受他的罪责。"）

文中指称链主要包括"我主"指称链、"科苏"指称链、"玛卢瓦"指称链、"专员"指称链。

Bi8. nu ^{GIŠ}hulukānnaz ^{É}haletūwaš paizzi/ nu māhhan KÁ. GAL＝aš manninkuwahhi/ nu $^{\text{LÚ.MEŠ}}$ALAM. ZU$_9$ ^{TI} ^{LÚ}kītašš＝a *ŠA* $^{\text{LÚ.MEŠ}}$ŠUKUR *ANA* ^{GIŠ}ŠUKUR$^{\text{HI.A}}$ hantezzi EGIR-an huyanteš/ n＝ašta māhhan $^{\text{LÚ.MEŠ}}$ALAM. ZU$_9$ KÁ. GAL-aš anda aranzi/ nu ahā halziyanzi/ ^{LÚ}kītaš＝ma *ŪL* halzāi/①

[（国王）乘马车驶向官殿。当他临近正门，表演者们和歌者奔跑在携带矛的持矛者的前方和后方。当表演者们到达了正门，他们呼喊"阿哈。"而歌者则不呼喊。]

文中指称链主要包括"正门"指称链、"表演者和歌者"指称链。

Bi9. $^{\text{LÚ.MEŠ}}$*MEŠEDI*＝ma kue ^{GIŠ}ŠUKUR$^{\text{HI.A}}$ harkanzi/ n＝at *ANA* ^{LÚ}šalašha ^{GIŠ}ŠUKUR$^{\text{HI.A}}$ pianzi/ māhhan ^{GIŠ}huluganniš parna＝šša paizzi/ ^{LÚ}šalašhaš＝ma ^{GIŠ}ŠUKUR$^{\text{HI.A}}$ *ANA* ^{LÚ}Ì. DU$_8$ pāi/ n＝at＝kán ^{É}hilamni šarā pēdai/ mān ^{GIŠ}hulugannaza＝ma nēari/ nu 1 ^{LÚ}*MEŠEDI IŠTU* ^{GIŠ}ŠUKUR *ANA* $^{\text{LÚ.MEŠ}}$*MEŠEDU* ^{TI}*ANA* DUMU^{MEŠ} É. GAL＝ya iškidāhhi/ nu ^{URU}Nišili kiššan tezzi/ tapūša/②

[手持矛的禁卫军们把矛给了马夫。当马车驶到他的营房，马夫便把矛交给守门人，他把它带到门厅。如果（国王）乘马车巡行，一个禁卫军要用矛向禁卫军们和官廷侍者们示意，并且他用赫梯语这样说："让到一边。"]

文中指称链包括"禁卫军们"指称链、"一个禁卫军"指称链、"矛"指称链、"马夫"指称链、"守门人"指称链，指示性副词"这样"和下文小句形成的指称链。

赫梯语语篇当中已能够看到不同语义单元各自采用多种指称方式编织起不同指称链，每条指称链都保持着指称目标的一致性。不同指称链在语篇中相互穿插、交替出现，体现了指称语义项目在分布形式上的分散性和指称语义上的统一性。不同指称链中的各指称项目在各小句中交互发生语义关系，使语篇中的各条指称链之间形成整体语义关系，语篇中的每条指称链都与另外一条或多条

① IBoT1. 36iii71-75；CTH262（*Protocol for the Royal Bodyguard*《给王室禁卫军的规章》）.

② IBoT1. 36iii60-65；CTH262（*Protocol for the Royal Bodyguard*《给王室禁卫军的规章》）.

指称链发生着或密切频繁或间接单一的语义关系。同一指称链中的各指称项目作为纵向节点彼此形成的同指语义关系被看作经线，不同指称链中的各指称项目作为横向节点在各小句中充当过程参与者形成的过程语义关系被看作纬线。同一指称链的纵向节点和不同指称链的横向节点组成指称矩阵，同指关系经线和过程关系纬线在矩阵中纵横交错形成语义关系网。这面语义关系网中某些网络组织较紧密，而某些网络组织较稀松，形成了语义关系或密切或松散的不同语篇和谐度。赫梯语指称链通常以不定代词、具体名词概括名词或单句、句群作为指称链的同指目标，通过人称代词、物主代词、指示代词、指示性副词、关系代词组织指称链。

2.3　赫梯语语法衔接中的替代

指称衔接中的替代已存在于赫梯语语篇中，它是某些应出现的行使指称衔接功能的成分表现为形式上简化为特定语法词而语义依然与被替代的成分一致的指称衔接方式。赫梯语指称衔接中被替代的词汇主要是具体名词，而替代词主要为指示代词和数词。

Bj1. *UMMA* ^{d}UTU^{ŠI}/ *ANA* ^{m}Pulli *QIBIMA*/ *ŠA* ÉRIN^{MEŠ} = mu kuit uttar hatrāeš/ arha kuiš tarnan harzi/ apēya kuiš šer/ EGIR-an = mu kappūwar kuit hatrāeš/ n = at *AŠME*/ *ŠA* ^{LÚ}KÚR = ya = mu kuit uttar hatrāeš/ apēdani *PANI* ^{LÚ}KÚR mekki pahhaššanuwanza ēš/ kāša = za kuitman arha ariyami/ halki$^{HI.A}$-ušš = a = kán arha hūdāk waraš/①

[我主这样说："致普利，你写给我的关于步兵的事宜：'一个(部队)已经撤离，另一个(部队)仍在执勤。'之后你写给我的(军队)的数量，我已听闻了。你写给我关于敌人的事宜，你对那敌人要保持高度戒备。当我请谕时，你要立即收割谷物。"]

两个同样的泛指不定代词交替出现，"kuiš(一个)"和"kuiš(另一个)"替代名词"ÉRIN^{MEŠ}(部队)"。

Bj2. tuzziya = ma peran mān DUMU LUGAL našma *BEL* GAL kuinki watarnahmi/ nu mahhan *ŠA* ^{d}UTU^{ŠI} išhiūl/ apell = a *QATAMMA* ēššatten/ n =

① Mst. 75/20; HKM21(*From the King to Pulli*《国王给普利的指示》).

an tuzziš hūmanza ištamaškeddu/①

[如果我派遣了任何王子或高级官员到军队前(指挥),就像我主的指挥那样,让你们也发挥出同样的(指挥),让所有军队都服从他。]

指示性副词"*QATAMMA*(同样)"的名词化形式替代名词词组"*ŠA* ^{d}UTU^{ŠI} išhiūl(我主的指挥)"。

Bj3. našma ŠEŠ ^{d}UTU^{ŠI}MUNUS.LUGAL haššanza našma ŠEŠ^{MEŠ} DUMU^{MEŠ} ^{MUNUS}naptirti anda ištamašzi/ nu kī memai/ EGIR-an=wa=mu tiyatten/ apāš=ma apāt memai/ EGIR-an=wa *ŪL* tiyami/ hantiya=wa=šši=kán *ŪL* tiyami/ huhhupašš=a=wa=šši *ŪL* kišhahari/ nu kuiš *INA* É.GAL^{LIM} *ŪL* memai/ kuiš apāt iyazi/ n=an=kán kūš DINGIR^{MEŠ} harganuandu/ namma=šmaš šumēš kuiēš *BELU*$^{HI.A}$ hanteziuš auriuš maniyahhišketteni *IŠTU* KUR ^{URU}Azzi KUR ^{URU}Gašga *IŠTU* KUR ^{URU}Lukkā/ nu ZAG šekkantet ZI-it anda lē kuiški zāhi/ arruša pāuwar šanahzi lē kuiški/ našma=kán wašdulaš UN-aš EGIR-pa anda wezzi/ n=an=za=an=kán anda tarnati/ našma=za=an=kán awan arha tarnatti/ n=aš damēdani KUR-e *ŠA* ^{LÚ}KÚR paizzi/ n=an=kán kūš DINGIR^{MEŠ} harninkandu/ našma=kán *ANA* ^{d}UTU^{ŠI} kuiški watkuwanza/ n=aš=kán *ANA* ZAG kuedanikki anda/ šumēšš=aš āššuš kuedanikki/ nu=šši=kán memian GAM-an arha watarnahzi/ nu apān ZAG-na dāi/ ^{d}UTU^{ŠI}=ma GÙB-la dāi/ n=an=kán kūš DINGIR^{MEŠ} harninkandu/ namma apāt kuit ēššatten/ nu KUR.KUR$^{HI.A}$ BAL dapianda 1-ēt DA-ta naišketten/ nu KUR.KUR$^{HI.A}$ ^{LÚ}KÚR daššanušketten/ KUR.KUR ^{URU}Hatti=ma mališkunutten/ nu apāt memišketteni/ mān=wa=nnaš nakkešzi/ nu=wa=kán apēdani EGIR-anda tiyaweni/ n=at kuiš iyazi/ n=at=ši=ya=at GAM-an *NIŠ* DINGIR^{LIM} GAR-ru/②

[谁听从了被女王生育的我主的兄弟、官妾的儿子的兄弟,他说了这样的话:"让你们站在我身后。"而那(人)说了这(话):"我不会站在后面,我也不会反对他,我也不会成为他的胡胡帕。"谁没有在宫廷里汇报(它),谁这样做了,就让诸神摧毁他。并且,你们官员当中谁指挥着毗邻阿兹国、卡斯卡国、卢科国的边境哨所,谁也不能故意侵犯边境,谁也不能试图走向敌方。或者邪恶的人返回,你便让他入

① KUB13. 21ii29-31;CTH259(*Tudhaliya I's Instructions and Oath Imposition for All the Men*《图塔利亚一世给所有人的训诫和宣誓》).

② KUB21. 42ii2-36;CTH255. 1(*Tudhaliya Ⅳ's Instructions and Loyalty Oath Imposition for Lords, Princes, and Courtiers*《图塔利亚四世给官员、王子和内臣的训诫和效忠宣誓》).

内，或者你让他离去，他去到另一块敌人的领土，那就让这些神灵摧毁他。或者某人从我主这里逃走，他处在某个边境地带，他与你们当中的某人亲善，他便把讯息透露给他。他选择了那(人)一边，而他损害了我主，那就让这些神灵摧毁他。并且，你们做了什么？你们把反叛的国家连结成一体。你们使敌国更强大，而你们使哈图沙的领土削减。你们说了这(话)："如果事件让我们为难，我们就去站在那(人)身后。"谁这样做了，就让它被置于神灵的誓言下。]

单数中性指示代词"kī(这样)""apāt(那样)"各自对相应的直接引语内容进行替代。

Bj4. takku NUMUN-ni šēr NUMUN-an kuiški šūnezzi/ GÚ=*ŠU* ^{GIŠ}APIN-an šer tezzi/ 2 *ŠIMDI* $\text{GU}_4^{\text{HI.A}}$ turiyanzi/ kēl meneš=šit duwān kēll=a meneš=šit duwān nēyanzi/ LÚ-eš aki/ $\text{GU}_4^{\text{HI.A}}$=ya akkanzi/ *Ù* A.ŠÀ$^{\textit{LUM}}$ karū=pát kuiš šūnet/ t=az apāš dāi/ karū kiššan ēššer/①
[如果某人在(别人的)种子上播种，那就把他的颈项放在犁具上。人们将拴套两队耕牛，人们把(一队耕牛)的脸转向一边，(一队耕牛)的脸转向另一边，这个人就被处死了，而耕牛也要被处死。而最先在田地里播种的那人则拥有(收割权)。先前就是这样(处置)的。]

同样的指示代词的单数属格形式交替出现，"kēl[一(队)的]""kēll[另一(队)的]"替代名词词组"2 *ŠIMDI* $\text{GU}_4^{\text{HI.A}}$(两队耕牛)"。

Bj5. našma=za kuiēš EN^{MEŠ} DUMU^{MEŠ} LUGAL=ya/ nu=za *ŠAMAMETI* lē kuiški kuedanikki kišari/ kuiš=ma=za *ŠAMAMETI* kuedanikki kišari/ n=at GAM-an *NIŠ* DINGIR$^{\textit{LIM}}$ GAR-ru/ našma kī kuiški DÙ-zi/ naššu *BELU* našma DUMU LUGAL našma ŠÀ.MÁŠ/ kuiški EME-an BAL-nuzi/ HUL-wēšta=war=aš/ nu=wa=kán ehu/ tamēdani anda tiyaweni/ memai=ma=at kuedani/ n=an=kán hantī *ŪL* tiyazi/ GAM *NIŠ* DINGIR$^{\textit{LIM}}$ GAR-ru/ našma šumēš kuiēš *BELU*$^{\text{HI.A}}$ DUMU^{MEŠ} LUGAL maniyahiškatteni/ nu *ANA* $^{\text{LÚ.MEŠ}}$*MUIRTU* kuēlka šahhanaza HUL-luwešzi/ apāš=ma apāt memai/ *ANA* ^{d}UTU$^{\textit{ŠI}}$=wa memiškemi/ nu=wa=mu *ŪL* ištamašzi/ nu=wa=za zik āššuš halziyattari/ ^{d}UTU$^{\textit{ŠI}}$=ma=wa=kán HUL-wanni GAM maniyahzi/ n=at GAM-an *NIŠ* DINGIR$^{\textit{LIM}}$ GAR-ru/ našma ^{d}UTU$^{\textit{ŠI}}$ kuinki SIG_5-ahmi/ zikk=a=an=za tuēl āššulan halziyaši/ n=at GAM-an *NIŠ* DINGIR$^{\textit{LIM}}$ GAR-ru/ našma šumēš kuiēš *BELU*$^{\text{HI.A}}$ DUMU^{MEŠ}

① KBo6.26i34-40；CTH271(*The Laws of the Hittites*《赫梯法典》).

LUGAL/ nu *ANA* ^{d}UTU$^{\check{S}I}$ kuiški āššuš/ n=aš *ANA* LUGAL-i šakuwaššarit ZI-it artari/ kuišman *ANA* LUGAL pukkanuzi/ n=at GAM-an *NIŠ* DINGIR^{LIM} GAR-ru/ ^{d}UTU$^{\check{S}I}$ kuwapi *ANA PUHRI* halziahhi/ GIM-an [. . .]-li kuiški tiyazi/ n=at GAM-an *NIŠ* DINGIR^{LIM} GAR-ru/①

[你们官员们和王子们，谁也不能向别人效忠。谁向别人效忠，就让它(事)被置于神灵的誓言下。或者某人做了这(事)，不管是官员还是王子或家族成员，谁(像这样)扭曲了讯息："他已变得邪恶，来吧，让我们与别人协作。"谁没有揭露告诉他这番话的人，就让它被置于神灵的誓言下。你们行使管理权的官员们和王子们，(如果)因某人的撇舍义务而使管理者的(工作)变得艰难，而那(人)说了这样的话："我一直向我主汇报它，但他不听从我。你们应当称你们自己是擅长的，而我主却管理得很坏。"那么它要被置于神灵的誓言下。或者我主我提拔了某人，而你却把它称作你自己的好意，那么它要被置于神灵的誓言下。或者你们官员和王子中的某人对我主亲善，他竭诚拥护国王。谁使国王厌恶他，那么它要被置于神灵的誓言下。当我主我召集议事会，某人躲避，那么它要被置于神灵的誓言下。]

单数中性指示代词"kī(这样)""apāt(如此)"各自对相应的直接引语内容进行替代。

Bj6. ta=an EGIR-pa párkunuzi/ mān É-ri=ya kuitki idālawēszi/ n=an EGIR-pa =pát párkunuzi/ kuitta = ya = šši = kán kuit harakzi/ n = at EGIR-pa 1 = *ŠU* šarnikzi/②

[他将使之重新洁净。如果在房屋内某件事出了问题，他将使之洁净如初。任何物品因他而受损，他将为他的(损坏的物品)赔偿它。]

"(损坏的物品)"替代泛指词"kuitta[任何(物品)]"。

Bj7. mān=mman tayazil pišker/ man hūmanteš=pát maršēr/ man=e $^{LÚ.MEŠ}$NÍ.ZU kīšantati/ kāš=man kūn ēpzi/ kāš=a=man kūn ēpzi/③

[如果他们追究盗窃责任，他们所有人就都会变得不诚实，他们就都会变成贼。而(他们中)的这一个将会逮捕另一个，另一个则会逮捕这一个。]

---

① KUB21. 42iii3-31；CTH255. 1(*Tudhaliya IV's Instructions and Loyalty Oath Imposition for Lords, Princes, and Courtiers*《图塔利亚四世给官员、王子和内臣的训诫和效忠宣誓》).

② KBo6. 4iv1-3；CTH271(*The Laws of the Hittites*《赫梯法典》).

③ KUB29. 14iv 3-6；CTH271(*The Laws of the Hittites*《赫梯法典》).

指示代词主格和宾格交替出现，“kāš(一个)”和“kūn(另一个)”替代名词“$^{\text{LÚ.MEŠ}}$NÍ.ZU(贼)”。

Bj8. *UMMA* ^{d}UTU$^{\textit{ŠI}}$ *ANA* ^{m}Kaššū *QIBIMA*/ *ŠA* ^{LÚ}KÚR=mu kuit uttar hatrāeš/ n=at *AŠME*/ nu=tta kāš=ma karū kuit hatrānun/ apel kuiš KUR-e ÉRIN^{MEŠ}/ n=aš=kán namma arha lē uizzi/ apiyaš ēštu/ nu KUR-e *PANI* ^{LÚ}KÚR mekki pahhaššanuwan ēštu/①

(我主对科苏这样说：“你写给我的关于敌人的事宜，它已被禀告(给我)。我先前写给你的这个(事项)：‘别让那人的领地内的军队开动，让它驻扎在那里。’要让领土对敌人保持高度戒备”。)

指示代词“kāš(这个)”替代直接引语内容。

赫梯语的替代关系使语篇中的指称项目呈现出多样化的形态。替代是一种特殊的指称方式，指称与替代的主要区别在于指称词自身并不具有语义，它的语义要通过被指称项来获得，而替代中的替代词自身是具备一定语义的替代项。用作替代项的替代词具有较概括的词义，而被替代项具有较具体的语义。替代的过程是具有概括词义的替代项替代具有较具体语义的被替代项，被替代项可能是语篇上文中已出现过的具体词项、词组、单句或句群，也可能是隐含在情景中的或预设为前提能够推知的某个具体语义项。替代过程中的替代项有交替出现的泛指不定代词，这种不定代词并非自身不包含语义的代词，而是具有量称性的概括词义，表示这一个或那一个。指示代词在替代上文中的单句或句群或具体词项时也具有量称性的概括词义，表示这一些、那一些或这一个、那一个。指示代词以属格形式出现时，替代被替代项的从属语形式。自身具有概括词义的指示性副词替代词组、单句或句群时，表示这一些。数词直接以概括词义替代被替代项的具体词义。

2.4　赫梯语语法衔接中的省略

哥提切利(K. P. Cotticelli)②曾探讨了赫梯语主系表句型和存在句句型当

① Mst. 75/40；HKM3(*From the King to Kaššū*《国王给科苏的指示》).

② COTTICELLI-KURRAS P. Das hethitische Verbum ‘sein’. Syntaktische Untersuchungen(TH 18)[M]. Heidelberg：Heidelberg Press，1991.

中系词的句法成分，侧重分析了赫梯语系词搭配动词分词式表现完成体状态的句型中系词的句法成分，但他没有意识到无系词主系表句型和存在句句型当中体现出的语篇衔接当中的系词省略。海恩霍德（K. S. Heinhold）①和豪福纳②曾探讨了赫梯语单一时间状语从句连词在并行时间状语从句中的略置现象，连词略置是从传统语法的句法成分分析角度探讨的语法现象，虽与语篇分析中的省略相似，但仍非直接意义上的语法衔接当中的连词省略。普赫威尔（J. Puhvel）③曾探讨了赫梯语修饰实体名词的属格成分的省略，涉及的属格成分省略主要包括由人称代词形成的领属性属格成分，未关注由其他实体名词形成的作说明语的属格成分的省略。

赫梯语指称衔接中的省略是指在语篇中某些应出现的行使指称衔接功能的成分表现为形式上的消隐，而语义依然与省略的成分一致的指称衔接方式。赫梯语指称衔接中省略的词汇主要有具体名词、指示代词、动词、否定词和条件连词。

Bk1. našma=za LUGAL MUNUS. LUGAL DUMU^{MEŠ} LUGAL katta DUMU. DUMU^{MEŠ} LUGAL *AŠŠUM BELUTTI=NI Ù AŠŠUM* LUGAL^{UTTI}TI-anni=ya *IŠTU* EGIR *U*$_4$^{MI} *ŪL* ilališgaweni/ našma ^{LÚ}KÚR = *NI* kuedanikki EGIR-an tiyaweni/ našma=kán *ŠA* É. GAL^{LIM}=ma idālun memian kuiški kuedanikki anda ištamašzi/ *INA* É. GAL^{LIM}=kán kuiški kuitki zammurāizzi/④

［我们不会为了我们的统治权和王权，为了长久的生命而谋害国王、女王、王子甚至王孙。并且我们（不会）和某人一起支持我们的敌人，也（没有人）会从某人那里听信针对宫廷的谣言，（没有人）会在宫廷里挑起事件。］

上文否定词“*ŪL*”（不）在下文中延续了否定义，同时省略了否定词。

Bk2. anzašš=a *ANA* ÉRIN^{MEŠ} ^{URU}Kinnara hūmantiya *ŪL* katawatar/ n=an *ŪL* tikkušnummēni/ našma=kán ^{LÚ}araš ^{LÚ}ari kuiški kururaš memian peran pēhutezzi/ našma=nnaš=kán ^{LÚ} *TE*$_4$*MU*=ma kuiški kattan arha wiyazzi/ nu=nnaš HUL-lun memian kuinki hatrāizzi/ n=an eppuweni *ŪL*/ n=an

① HEINHOLD-KRAHMER S. Asyndeton in vorangestellten temporalen Nebensätzen mit der Konjunktion kuwapi?［J］. Fs Hawkins，2010(22)：106-122.

② HOFFNER H A. Asyndeton in Hittite［J］. Fs Košak，2007：385-399.

③ PUHVEL J. Elliptic genitives and hypostatic nouns in Hittite［J］. AJNES，2011(22)：68-72.

④ KUB26. 24ii3-5；CTH260（*Loyalty Oath of Town Commander to Arnuwanda I*，*Ašmunikkal*，*and Tudhaliya*《边镇指挥官给阿努旺达一世、阿斯穆尼卡和图塔利亚的效忠誓言》）.

tašuwahhuweni *ŪL* / n=an *MAHAR* ^{d}UTU$^{\textit{ŠI}}$ *ŪL* uwatummēni/ našma kuiš *ITTI BELU*$^{\text{HI.A}}$=*NI ANA* KUR ^{URU}Hatti=ya menahhanda kurur/ n=an mān karši *ŪL* zahhiyauwašta/ našma=nnaš=aš *ŪL* kattawatar/ namma=kán anzel TI-anni *ŪL ŠA BELU*=*NI* TI-tar nakkī/ namma=kán kē uddār *ANA* DUMU^{MEŠ}=*NI* DUMU.DUMU^{MEŠ}=*NI* peran *ŪL* wedaweni/ namma=kán *BELU*$^{\text{HI.A}}$=*NI* panqawe *QADU* DAM^{MEŠ}=*ŠUNU* DUMU^{MEŠ}=*ŠUNU* DUMU.DUMU^{MEŠ}=*ŠUNU* *ŪL* āššiyanuškaweni/ namma=nnaš DINGIR^{MEŠ} kuwapi šipanduweni/ n=ašta hūdak anda *ŠA BELU*^{MEŠ}=*NI* kī=ya linkiyaš uddār *ŪL* [...]/①

[(如果)他没有向我们、基纳拉的整支军队挑衅,我们便不会揭发他。(如果)某个同僚对另一个同僚(没有)表达敌意的言语,或者某人向我们差遣信使,(没有)给我们撰写一些恶意的言语,我们便不会抓捕他。我们也不会弄瞎他,我们也不会把他带到我主面前。谁对我们的长官们和赫梯国怀有敌意,如果我们没有坚定地与他厮杀,而他没有向我们反击,又或者(我们看待)我们的长官的生命并不比我们的生命更重要,又或者我们没有把这些宣言传承给我们的儿子们和我们的孙子们,又或者我们没有完全拥戴我们的长官并连同他们的妻子们、他们的儿子们和他们的孙子们,我们将随时对诸神献出我们自己。(如果)我们没有立即……给我们的长官的这些誓言。]

文中的条件句连词和否定词进行了省略。

Bk3. māhhann=a GU$_4$$^{\text{HI.A}}$ zalkanuantari/ namma arha [...]/ nu duwān 1 IKU 5 gipeššarr=a duwānn=a 1 IKU A.ŠÀ 5 gipeššarr=a terippiškandu/ namma hamešhanza kišari/ NUMUN$^{\text{HI.A}}$ É.GAL$^{\textit{LIM}}$ SAG.GÉME.ÌR^{MEŠ} *BEL* ^{GIŠ}TUKUL EGIR-an arhut/ nu=kán IGI$^{\text{HI.A}}$-wa harak/ namma kuitman hamešhanza kišari/ nu ^{GIŠ}tiyēšni kattan hanteškandu/②

[当牛群发育了,就让它们犁地。一边是1伊库5基派沙宽度,另一边也是1伊库5基派沙宽度。并且当春季到来,你要看护王宫的、仆役们的和土库尔义务者头领的种子,你要用双眼盯着(它们)。当春季来到,让他们一直在提耶沙果园里备置(果实)。]

文中及物动词省略了宾语代词、宾语名词。

---

① KUB31.44ii4-24;CTH260(*Loyalty Oath of Town Commander to Arnuwanda I, Ašmunikkal, and Tudhaliya*《边镇指挥官给阿努旺达一世、阿斯穆尼卡和图塔利亚的效忠誓言》).

② KUB13.1iv37-42;CTH261(*Instructions of Arnuwanda I for the Frontier Post Governors*《阿努旺达一世给边境驻防官的训诫》).

Bk4. takku GU_4-un ANŠE.KUR.RA ANŠE.GÌR.NUN.NA ANŠE-in kuiški wemezzi/ n=an LUGAL-an āška ūnnai/ takku utniya=ma wemezzi/ n=an LÚ^{MEŠ} ŠU.GI-aš hinkanzi/ n=an=za tūrezzi/ mān=an išhaš=šiš=a wemezzi/ n=an=za šakuwaššaran dāi/ ^{LÚ}NÍ.ZU-an natta ēpzi/ takku=wa=an LÚ^{MEŠ} ŠU.GI-aš natta hikzi/ n=aš ^{LÚ}NÍ.ZU kišari/[①]

[如果某人发现了一头牛、一匹马、一匹骡或一匹驴，他将驱赶它到国王之门。如果他是在乡村找到的，他们将把它展示给长者们，并给它套马具。如果它的主人找到了它，将把它全部带走，将不把(他)当作贼抓捕。如果他没有把它展示给长者们，他就成为了一个贼。]

“^{LÚ}NÍ.ZU-an natta ēpzi[他将不把(他)当作贼抓捕]”中，及物动词后仅有宾补名词“^{LÚ}NÍ.ZU-an(贼)”，省略了直接宾语代词或名词。

Bk5. takku LÚ-aš MUNUS-an HUR.SAG-i ēpzi/ LÚ-naš waštul/ n=aš aki/ takku É-ri=ma ēpzi/ MUNUS-naš waštaiš/ MUNUS-za aki/ takku=uš LÚ-iš wemiyazi/ t=uš kuenzi/ harātar=šet NU.GÁL/[②]

[如果一个男人在山间侵犯了一个女人，这是男人的罪过，他将被处死。如果他在房屋里侵犯了(她)，这是女人的罪过，女人将被处死。如果(女人的)男人发现了他们，并杀死了他们，他没有违法。]

文中及物动词“ēpzi(侵犯)”省略了宾语代词或名词，主语名词“LÚ-iš(男人)”省略了从属成分。

Bk6. anda=ma *ŠA* KISLAH GUD.APIN.LÁ$^{HI.A}$ kuiēš harteni/ nu mān GUD.APIN.LÁ ušniyatteni/ našma=an=za=an=kán kuennatteni/ n=an arha ēzzatteni/ šumaš=man=kán DINGIR^{MEŠ}-aš taišteni/ maklannaz=war=aš BA.ÚŠ/ naššu=wa=za duwarnišket/ naššu=war=aš parašta/ našma=war=an GUD.NÍTA GUL-ahta/ šumaš=man arha ēzzatteni/ EGIR-zian=ma=aš išduwāri/ nu apūn GU_4 šarnikteni=pát/ mān=ma=aš *ŪL* =ma išduwāri/ nu DINGIR^{LIM}-ni paitteni/ takku parkuešteni/ šumel ^{d}LAMMA=*KUNU*/ takku paprešteni=ma/ nu=šmaš=at SAG.DU-aš waštul/[③]

① KBo6.2iii58-63;CTH271(*The Laws of the Hittites*《赫梯法典》).

② KBo6.26iv6-9;CTH271(*The Laws of the Hittites*《赫梯法典》).

③ KUB13.4iv25-33;CTH264(*Instructions for Priests and Temple Personnel*《给祭司和神庙人员的训诫》).

［并且，你们持有打谷场的耕牛的人，如果你们出售了耕牛，或者你们屠宰了它，你们吃了它，而你们把（剩骨）放在神灵面前，（说）："它死于饥馑。"或"它受了伤"或"它逃走了"或"一头公牛刺穿了它"你们吃了（它），之后它被察觉，你们要补偿牛。而如果它没有被觉察，你们要走向神灵。如果你们是无辜的，（这便得益于）你们的守护神。如果你们有罪，它就是你们的极刑的罪行。］

文中省略了宾语名词、谓语动词、宾语代词、作原因状语的主系表结构小句中的主语成分和系词。

Bk7. takku ^{LÚ}DAM.GÀR ^{URU}Hatti kuiški kuenzi/ 1*ME* MA.NA KÙ.BABBAR pāi/ parna=ššē=a šuwāezzi/ takku *INA* KUR ^{URU}Luwiya našma *INA* KUR ^{URU}Palā/ 1*ME* MA.NA KÙ.BABBAR pāi/ āššu=šett=a šarnikzi/ mān *INA* KUR ^{URU}Hatti/ nu=za unattallan=pát arnuzzi/①

［如果某人杀死了一个赫梯商人，他将赔付 100 个米纳的银，并且他将为此照看（他的）房屋。而如果（这件事）（发生）在卢维或帕莱克地区，他将赔付 100 个米纳的银，并偿付他的货物。如果（这件事）（发生）在赫梯地区，他还将带走（埋葬）那个商人。］

文中的地点状语省略了主句，表现了小句省略。

Bk8. takku NUMUN-ni šēr NUMUN-an kuiški šūnezzi/ GÚ=Z*ŠU* ^{GIŠ}APIN-an šer tezzi/ 2 *ŠIMDI* GU$_4$$^{\text{HI.A}}$ turiyanzi/ kēl meneš=šit duwān kēll=a meneš=šit duwān nēyanzi/ LÚ-eš aki/ GU$_4$$^{\text{HI.A}}$=ya akkanzi/ *Ù* A.ŠÀ$^{\textit{LUM}}$ karū=pát kuiš šūnet/ t=az apāš dāi/ karū kiššan ēššer/②

［如果某人在（别人的）种子上播种，那就把他的颈项放在犁具上。人们将拴套两队耕牛，人们把（一队耕牛）的脸转向一边，（一队耕牛）的脸转向另一边。这个人就处死了，而耕牛也要处死。而最先在田地里播种的那人则拥有（收割权），先前就是这样（处置）的。］

"t=az apāš dāi［那人则拥有（收割权）］"中的及物动词省略了直接宾语。

Bk9. EGIR-pa=ma=kán ištarna 1 IKU/ nu 2 LÚ^{MEŠ} ŠUKUR iyantari/ mān=at $^{\text{LÚ.MEŠ}}$DUGUD$^{\textit{TI}}$/ man=at peran tinteš $^{\text{LÚ.MEŠ}}$SIG$_5$$^{\textit{TI}}$/^{TÚG}NÍG.LÁM$^{\text{HI.A}}$=ma=šmaš ^{KUŠ}E.SIRSIG$_5$$^{\textit{TI}}$ hilammili wēššanta/ GAL $^{\text{LÚ.MEŠ}}$ŠUKUR=ya=šmaš NIMGIR.ÉRIN^{MEŠ}

① KBo6.3i10-13；CTH271（*The Laws of the Hittites*《赫梯法典》）.

② KBo6.26i34-40；CTH271（*The Laws of the Hittites*《赫梯法典》）.

=ya katti=šmi iyanta/ ^{GIŠ}GIDRU$^{HI.A}$ harkanzi/①

[在(他们)后方1伊库距离的(队列)中间,两个持矛者行走着。不管他们是官员们或是高级军官们,他们像守门人那样都穿着精美的服装和鞋。持矛者长官和传令官与他们并肩行进,并手持节杖。]

文中省略了代词和名词。

Bk10. *ŠA* GU$_4$.APIN.LÁ 12 GÍN KÙ.BABBAR *ŠIM=ŠU* / *ŠA* 1 GU$_4$.MAH 10 GÍN KÙ.BABBAR *ŠIM=ŠU* / *ŠA* 1 GU$_4$.ÁB.GAL 7 GÍN KÙ.BABBAR *ŠIM=ŠU* / 1 GU$_4$.APIN.LÁ 1 GU$_4$.ÁB iugašš=a 5 GÍN KÙ.BABBAR *ŠIM=ŠU* / nu *ŠA* 1 GU$_4$ šawitištaš 4 GÍN KÙ.BABBAR pāi/ takku GU$_4$.ÁB armahhanti 8 GÍN KÙ.BABBAR/ *ŠA* 1 AMAR 2 GÍN KÙ.BABBAR *ŠIM=ŠU* / 1 ANŠE.KUR.RA.NÍTA 1 ANŠE.KUR.RA MUNUS.AL.LÁ *ŠA* 1 ANŠE.NÍTA 1 ANŠE MUNUS.AL.LÁ *ŠIM=ŠU QATAMMA*=pát/②

[一头耕牛的价格是12舍克白银。一头公牛的价格是10舍克白银。一头成年母牛的价格是7舍克白银。一头一岁耕牛或一头一岁母牛的价格是5舍克白银。他(某人)为一头断奶牛犊的(价格)要付4舍克白银。一头怀孕母牛的(价格)是8舍克白银。一头牛犊的价格是2舍克白银。一匹公马、母马(的)、公驴、母驴的价格相同。]

文中小句主语和表语之间省略了系词,名词词组省略了主要名词"*ŠIM*(价格)",名词词组的从属成分省略了前置词"*ŠA*(的)"。

Bk11. takku LÚ-an *ELLAM* tapešni appanzi/ anda=ššan parna nāwi paizzi/ 12 GÍN KÙ.BABBAR pāi/ takku ARAD-an tapešni appanzi/ anda=ššan parna nāwi paizzi/ 6 GÍN KÙ.BABBAR pāi/③

[如果人们在一个自由人开始走入但还没走入(他人的)房间前就抓捕了他,他将赔付12舍克白银。如果人们在一个男奴开始走入但还没走入(他人的)房间前就抓捕了他,他将赔付6舍克白银。]

文中名词省略了人称从属成分。

Bk12. takku GU$_4$.APIN.LÁ takku ANŠE.KUR.RA tūriyauwaš takku ^{GU}ÁB takku

① IBoT1.36ii47-50;CTH262(*Protocol for the Royal Bodyguard*《给王室禁卫军的规章》).

② KBo6.26ii30-35;CTH271(*The Laws of the Hittites*《赫梯法典》).

③ KBo6.3iv35-37;CTH271(*The Laws of the Hittites*《赫梯法典》).

ANŠE. KUR. RA MUNUS. AL. LÁ hāliyaš harapta/ takku MÁŠ. GAL enanza takku UDU. U$_8$ takku UDU. NÍTA ašauni harapta/ išhaš=šiš=an wemiyazzi/ n=an=za šakuwaššarran=pát dāi/ ^{LÚ}NÍ. ZU-an *ŪL* ēpzi/①
[如果一头耕牛，或一匹套缰的马，或一头母牛，或一匹母马误闯了（他人的）畜栏，或一头驯服的公羊，或一头母羊，或一头阉羊误闯了（他人的）羊圈，它的主人找到了它，将把它全部带走，他将不把（畜栏主人）当作贼抓捕。]

文中名词省略了人称从属成分。“^{LÚ}NÍ. ZU-an *ŪL* ēpzi[他将不把（畜栏主人）当作贼抓捕]”中仅有宾补成分，省略了直接宾语名词。

Bk13. takku LÚ.U$_{19}$.LU-aš iyatniyandaš ^{GIŠ}KIRI$_6$.GEŠTIN UDU$^{\text{HI.A}}$ tarnāi/ tā harnikzi/ takku mianda *ANA* 1 IKU 10 GÍN KÙ.BABBAR pāi/ parna=šše=a šuwāezzi/ takku dannattan=ma/ 3 GÍN KÙ. BABBAR pāi/②
[如果某人驱使羊群闯入一片生长中的葡萄园，并（把它）损毁了，他将为每 1 伊库土地赔付 10 舍克白银，并为此照看房屋。但如果（葡萄园）（是）荒芜的，他将赔付 3 舍克白银。]

文中及物动词省略了直接宾语代词，表语形容词省略了主语名词和系词。

Bk14. namma=za *ŠA* ^{GIŠ}KIRI$_6$$^{\text{HI.A}}$-az SAR$^{\text{HI.A}}$ EGIR-an kappuwan harak/ n=at warpi tiyan ēštu/ *ANA* GU$_4$$^{\text{HI.A}}$ parzahannaš HA.LA 3-iš/ nu apūn HA.LA azzizikandu/ kallaranni=yā=šmaš lē kuiški pāi/③
[并且，你要一直关注花园里的植被，让它们被放置在篱内。给帕尔扎哈纳牛群 3 倍的饲料量，让它们一直食用那样的饲料量。谁也不能给它们过度的（饲料量）。]

文中形容词省略了名词“HA.LA（饲料）”。

Bk15. 1 DUMU É. GAL=ma paizzi/ nu=šši ^{LÚ}ŠÀ. TAM ^{GIŠ}BAN huittian/ anda=ma = at = kán ^{KUŠ}pardugganni tarnan/ 1 ^{KUŠ}É.MÁ.URU$_5$.URU=ši *IŠTU* ^{GI}GAG.Ú.TAG.GA šuwuntan pai/ n=aš EGIR-anda paizzi/ n=aš=kán $^{\text{LÚ.MEŠ}}$*MEŠEDU*$^{\textit{TI}}$ DUMU^{MEŠ} É.GAL=ya awan arha paizzi/ n=aš paizzi/ *ŠA*

① KBo6. 3iii51-54；CTH271（*The Laws of the Hittites*《赫梯法典》）。

② KBo6. 1i8-11；CTH271（*The Laws of the Hittites*《赫梯法典》）。

③ KUB13. 1iv29-32；CTH261（*Instructions of Arnuwanda I for the Frontier Post Governors*《阿努旺达一世给边境驻防官的训诫》）。

^{GIŠ}huluganni ^{GIŠ}UMBIN GÙB-laz tiyazzi/①
[一个宫廷侍者走着，一个司库官(给)他一把装弦的弓，它被装在一个弓盒里，他还给了他一只装满箭矢的箭筒。然后他便走回去，从禁卫军和宫廷侍者旁经过。他步行着，沿马车车轮左侧行进。]

文中省略了谓语动词。

Bk16. takku GU_4 takku ANŠE.KUR.RA takku ANŠ E.GÌR.NUN.NA-an takku ANŠE-in kuiški tāyezzi/ išhaš=šiš=an ganešzi/ n=an=za šakuwaššaran=pát dāi/ anda=ya=šši=kán 2-ki pāi/ parna=ššē=a šuwāyezzi/②
[如果某人盗走了一头牛，或一匹马，或一匹骡，或一匹驴，它的主人认出了它，他将把它全部带走。除此之外，(贼)将赔偿给他两倍的(牲畜)，并为此照看(他的)房屋。]

文中作直接宾语的主要名词被省略了。

Bk17. *ANA* $^{LÚ.MEŠ}$É.NA_4=ya=kán *AŠŠUM* É.GI_4.A^{TI} andan peškandu/ parā=ma=kán DUMU.NITA DUMU.MUNUS *AŠŠUM* É.GI_4.A^{TI} ^{LÚ}andaiyandanni=ya lē kuiški pāi/ *ŠA* É.NA_4=ya=za A.ŠÀ ^{GIŠ}TIR ^{GIŠ}MÚ.SAR ^{GIŠ}$KIRI_6$.GEŠTIN *NAPŠATU*=ya lē kuiški wāši/ mān=za ^{LÚ}É.NA_4=ma kuiški naššu A.ŠÀ naššu ^{GIŠ}TIR naššu ^{GIŠ}MÚ.SAR naššu ^{GIŠ}$KIRI_6$.GEŠTIN *NAPŠATU*=ya wāši/ [...] anda aniyaz kuiški/③
{让他们把(一些女儿)当作新娘送给墓室看护者们，但谁也别从那里送出一个儿子，或送出一个女儿当新娘，或女婿。谁也别从墓室那里购买农田、林地、花园、葡萄园和侍妾。如果某个墓室看护者购买了农田或林地或花园或葡萄园和侍妾，任何工作都[……]}

文中谓语动词前只存在作宾补成分的名词“É.GI_4.A^{TI}[(使作为)新娘]”，作宾语成分的名词“(一些女儿)”被省略了。

Bk18. nu $^{LÚ.MEŠ}$*MEŠEDU*^{TI} DUMU^{MEŠ} É.GAL=ya EGIR-an arha pittiyanzi/ $^{LÚ.MEŠ}$šālašhiš=ma=ššan GÙB-li *ANA* ANŠE.GÌR.NUN.NA šer arha [...]/ n=

① IBoT1.36ii39-43；CTH262(*Protocol for the Royal Bodyguard*《给王室禁卫军的规章》).

② KBo6.3iii60-62；CTH271(*The Laws of the Hittites*《赫梯法典》).

③ KUB13.8i13-18；CTH252(*Decree of Queen Ašmunikkal Concerning the "Royal Funerary Structure"*《女王阿斯穆尼卡关于王室墓葬的敕令》).

ašta ^{GIŠ}hulugannin EGIR-pa neyanzi/ ^{GIŠ}ŠUKUR$^{\text{HI.A}}$＝ma māhhan *ŠA* $^{\text{LÚ.MEŠ}}$ŠUKUR *Ù ŠA* $^{\text{LÚ.MEŠ}}$limseri wēhzi/ nu hantezzi appezzi kišari/①

[禁卫军们和宫廷侍者们奔行在后方。马夫把骡驱向左边，他们调转马车。当持矛者和乡村千人长手中的矛也调转时，最前面的(人)就变成了最后面的(人)。]

文中的形容词后省略了主要名词。

Bk19. mān GU_4 našma UDU kuiš DINGIR^{LIM}-ni adānna ūnnanza/ šumaš＝ma＝za＝kán naššu GUD.NIGA našma UDU.NIGA arha ēpteni/ šumaš＝ma＝z kuin maklandan markan harteni/ n＝an＝kán anda tarnatteni/ nu apūn GU_4 naššu arha ēzzatteni/ našma＝an＝za＝an＝kán hāli anda tarnatteni/ našma＝an＝za＝an＝kán yuki kattan dāitteni/ našma＝za＝kán UDU ašauni anda tarnatteni/ našma＝an＝za＝an＝kán kuennatteni/ nu＝za ZI$^{\text{HI.A}}$＝*KUNU* SIG_5-in iyatteni/ našma＝an＝kán tamēdani UN-ši wahnumanzi pešteni/ nu＝za＝kán ŠÁM šer datteni/ n＝ašta DINGIR^{LIM}-ni apēl ZI-aš HA.LA KAxU-it parā hūittiatteni/ našma＝an tamēdani pešteni/ nu kiššan anda pēdatteni/ DINGIR^{LIM}＝war＝aš kuit/ nu＝wa *ŪL* kuitki memai/ nu＝wa＝nnaš *ŪL* kuitki iyazi/ nu＝za UN-ann＝a au/ ZI-aš＝ta＝kkán kuiš zūwan IGI$^{\text{HI.A}}$-waz parā pittinuzi/ EGIR-anda mahhan ēššāi/ DINGIR^{MEŠ}-aš＝ma ZI-anza daššuš/ nu ēppūwanzi *ŪL* nuntarnuzi/ ēpzi＝ma kuedani mēhuni/ nu namma arha *ŪL* tarnāi/ nu＝za DINGIR^{MEŠ}-aš ZI-ni mekki nahhanteš ēšten/②

[如果一些牛或羊被驱赶到(神庙)供神灵食用，你们捕捉了肥牛或肥羊，你们献上了(你们)屠宰的瘦小的(牛或羊)，你们把它放入(神庙)。或者你们食用了那头牛，或者把它驱入了牛栏，或者你们给它戴上枷锁，或者你们把羊驱入羊圈，或者你们屠宰它，你们只为你们自己的利益行事。或者你们把它给了另一个人去做交易，而你们收取酬金，你们便从(神灵)口中夺走了神灵的供食。或者你们把它给了别的人，你们会这样争辩："因为他是神灵，他什么也不能说，他对我们什么也不能做。"注意那个人，他让供食从你本人的眼前消失。之后当(此事)发生了，神灵的意志变得坚定，他不急于去捕捉(冒犯者)。当他捕捉了(他)，他不会让(他)离开，你们要对神灵的意志保持高度敬畏。]

文中省略了作状语成分和宾语成分的名词，省略了宾语代词。

① IBoT1.36iii66-70；CTH262(*Protocol for the Royal Bodyguard*《给王室禁卫军的规章》).

② KUB13.5ii17-33；CTH264(*Instructions for Priests and Temple Personnel*《给祭司和神庙人员的训诫》).

Bk20. takku LÚ-aš damēdani $^{\text{A.ŠÀ}}$A.GÀR anda aki/ takku LÚ *ELLAM*/ $^{\text{A.ŠÀ}}$A.GÀR É 1 MA.NA 20 GÍN KÙ. BABBAR=ya pāi/ takku MUNUS-za=ma/ 3 MA.NA KÙ.BABBAR pāi/ takku *ŪL*=ma $^{\text{A.ŠÀ}}$A.GÀR dammel pēdan/ duwan 3 DANNA/ duwann=a 3 DANNA/ nu=kán kuiš kuiš URU-aš anda SIxSÁ-ri/ nu apūš=pát dāi/ takku URU-aš NU. GÁL/ n=aš=kán šamenzi/①

[如果一个人在另一个人的田产上亡故，如果(死者)是一个自由人，(田产主人)将赔付田产、房屋和1米纳20舍克白银。而如果(死者)是一个女人，(田产主人)将赔付3米纳白银。但如果田地是不属于任何人的土地，在那里(人们将测量出)3达纳土地。任何被涵盖在那里的3达纳土地内的乡村，他(死者的继承者)将获取那些(乡村)。如果(那里)没有乡村，他将放弃(索赔)。]

文中作表语成分的名词前省略了主语名词和系词，作直接宾语成分的名词前省略了作主语成分的名词和谓语动词，作谓语的及物动词后省略了宾语成分。

Bk21. anda=ma DINGIR^{MEŠ}-aš kuit KÙ. BABBAR KÙ. SIG$_{17}$ TÙG *ÚNUT* ZABAR šumaš harteni/ nu=za $^{\text{LÚ.MEŠ}}$ÙMMEDA=*KUNU*/ nu=za DINGIR^{MEŠ}-aš KÙ.BABBAR-i KÙ.SIG$_{17}$-i TÙG-i *ÚNUT* ZABAR ēšzi/ NU.GÁL/ kuit=kán DINGIR^{MEŠ}-aš parni anda NU. GÁL/ kuit kuit/ DINGIR$^{\textit{LIM}}$-ni=ma=at ēšzi=pát/ nu=za mekki nahhanteš ēšten/ nu *ANA* LÚ É DINGIR$^{\textit{LIM}}$ KÙ.BABBAR KÙ. SIG$_{17}$ lē=pát ēšzi/ *ANA* NÍ.TE=*ŠU*=za=at=kán anda lē=pát pēdāi/ *ANA* DAM=*ŠU*=ya=an=za=an DUMU=*ŠU* unuwašhan lē iyazi/ mān=ma=šši *IŠTU* É.GAL$^{\textit{LIM}}$*AŠŠUM* NÍG.BA=*ŠU* KÙ.BABBAR KÙ.SIG$_{17}$ TÙG *ÚNUT* ZABAR pianzi/ n=at lamniyan ēšdu/ kāš=war=at=ši LUGAL-uš paiš/ KI. LÁ. BI=*ŠU*=ya=at mašiwan/ n=at iyan=pát ēšdu/ namma kiššann=a iyan ēšdu/ kēdani=war=at=ši *ANA* EZEN$_{4}$ SUM-er/ kutrūšš=a EGIR-an iyanteš ašandu/ SUM-er=wa=at=ši kuwapi/ nu=wa kāš kāšš=a arantat/ namma=at=za=kán ŠÀ É$^{\textit{TI}}$ lē=pát dāliyazi/ parā=pát=za uššaniyaddu/ uššaniyazi=ma=at=za kuwapi/ n=at hawaši lē ušniyazi/ EN^{MEŠ} ^{URU}Hatti arantaru/ nu uškandu/ nu=za kuit wašiyazi/ n=at GIŠ.HUR iyandu/ n=at=kán peran šiyandu/ mahhan=ma=kán LUGAL-uš ^{URU}Hattuši šarā uezzi/ n=at *INA* É. GAL$^{\textit{LIM}}$ parā ēpdu/ n=at=ši šiyandu/ mān=at=za ZI-azz=a=ma happiraizzi/ n=at=ši SAG.DU-aš ÚŠ-tar/ kuiš=ma=za NÍG.BA LUGAL *ŪL* happirāizzi/ *ŠUM* LUGAL=kán kuedani gulšan/ nu=za *QATAMMA*=pát KÙ.BABBAR

① KBo6. 4i9-13; CTH271(*The Laws of the Hittites*《赫梯法典》).

KÙ.SIG$_{17}$ TÚG *ÚNUT* ZABAR happirāizzi/ kuiš＝ma＝an ēpzi/ n＝an munnāizzi/ n＝an LUGAL-an āška *ŪL* uwatezzi/ nu＝šmaš＝at 2-aš＝pát SAG.DU-aš ÚŠ-tar/ 2-uš＝pát＝at akkandu/ DINGIR^{LIM}-naš＝at NU.GÁL/ lē/ nu＝šmaš EGIR-pa wahnumar lē＝pát ēšzi/[①]

[并且,你们保管着诸神的银器、金器、衣物和铜制用具,你们是看管者。它是属于神灵的银器、金器、衣物和铜制用具。没有(任何物品),没有任何物品是属于神庙的。(如果有)任何物品,那么它们都是属于神灵的,你们要高度敬畏。没有任何银器或金器是属于神庙人员的,他不能把它穿戴在身上,他也不能为他的妻子或儿子把它制作成首饰。如果人们把官殿里的银器、金器、衣物和铜制用具当作礼物送给了他,让它被这样定义:"这个国王把它送给了他。"它的重量要被确定,让它得到记录。让它像这样得到记录:"人们为这个节庆把它给了他。"让见证者们被记录:"当人们把它给了他,这个和那个(人)在场。"并且,他不能把它存放在他的房屋里,让他把它出售。当他出售它时,他不能私下出售它。让哈图沙城的官员在场,让他们监督。他出售了任何物品,都让他们记录在木制手写板上,让他们把它封印。当国王驾临哈图沙城,让他在官殿里出示它,让他们为他封印它。如果他随意售卖它,这便是他的极刑的罪行。谁没有出售镌刻着国王(名字)的礼物。像之前提到的,他(私下)售卖了银器、金器、衣物和铜制用具,谁抓捕了他,却隐藏了他,没有把他带往国王之门,这对他们两人都是极刑的罪行,他们两人都要被处决。神灵的(财物)不属于(你们),(它们)不属于(你们)。对他们没有挽回。]

文中主系表结构的条件状语从句中仅有作表语成分的泛指代词,省略了条件状语从句连词和系词。名词词组中仅有对主要名词进行说明的从属语成分,省略了主要名词。对谓语动词进行方式说明的方式状语成分被省略了。

Bk22. ēšhar *INA* KUR ^{URU}KÙ.BABBAR-ti āra/ n＝at *ŪL* /[②]

[在赫梯的土地上,流血事件是被允许的吗?它不被(允许)。]

文中省略了表语形容词。

Bk23. LUGAL-*UTTA*＝wa＝mu kā pedi＝ši pāi/ mān＝wa *ŪL* ＝ma/ nu＝wa

---

① KUB13.5ii34-45;CTH264(*Instructions for Priests and Temple Personnel*《给祭司和神庙人员的训诫》).

② KUB14.3ii8;CTH 19(*Telipinu Edict*《铁列平敕令》).

ŪL uwam[i]/①
(“在这里就地给我王权。如果(你)不(就地在这儿给我王权),那么我就不会来。”)

文中条件状语从句中保留了条件状语连词,省略了条件状语从句的小句主干部分。

Bk24. SIG_5 dān/ nu=kán anda SUD-li/②
[美满已被获取,(它)(已被装)入苏德容器里。]

小句中仅有由表示运动方向的后置词支配与格物品名词形成的位置状语成分,省略了主语成分和谓语动词。

Bk25. tákku GUD.MA H-aš hāli kuiški šamenuzzi/ *DĪN* LUGAL/ happarranzi/③
[如果某人拆解了一头公牛的棚舍,(这便构成了)国王的案件,人们将出售(公牛)。]

小句中仅有谓语动词,与及物动词形成动宾关系的直接宾语被省略了。

Bk26. *UMMA* ^{d}UTU^{ŠI} *ANA* ^{m}Kaššū *QIBIMA*/ uddār=mu kue hatrāeš/ ^{LÚ}KÚR mahhan halkiuš dammešhiškezzi/ ^{URU}Kappušiya mahhan *ŠA* É MUNUS.LUGAL walahta/ nu *ŠA* É MUNUS.LUGAL 1 GU_4 happutri dāir/ *ŠA* ${}^{LÚ.MEŠ}$MAŠ.EN.KAK =ya 30 $GU_4{}^{HI.A}$ 10 LÚ^{MEŠ}=ya pehuter/ n=at *AŠME*/ n=ašta ^{LÚ}KÚR *QATAMMA* kuit KUR-e anda lammar lammar iattari/ mān=an handāši kuwapiki/ mān=an walahši/ *ANA PANI* ^{LÚ}KÚR=ma=z mekki pahhašnuanza ēš/④
[我主对科苏这样说,你写给我的事件:敌人如何摧毁谷物,如何在科普西城袭击女王居所的(财物),他们如何夺取了女王居所的一队耕牛,他们如何运走了30头牛和10个耕夫,我都听闻了。因为此时敌人正向国土进发,你应在某处定位他。你应袭击他,你要对敌人保持高度戒备。]

名词词组中仅有对主要名词进行说明的从属语成分,主要名词被省略了。

---

① KUB14.3i14-15;CTH 181(*From King Hattusili Ⅲ to the King of Ahhiyawa*《哈图希里三世致阿希亚瓦国王的交涉》).

② KUB5.24i21-22;CTH 372(*Hymn and Prayer to the Sungod*《致太阳神的赞美诗和祷文》).

③ KBo6.26ii21-22;CTH271(*The Laws of the Hittites*《赫梯法典》).

④ Mst.75/74;HKM8(*From the King to Kaššu*《国王给科苏的指示》).

Bk27. *UMMA* ^{d}UTU^{ŠI} *ANA* ^{m}Hulla ^{m}Kaššū *Ù ANA* ^{m}Zilapiya *QIBIMA*/ kiššan=mu kuit hatrātten/ kuitman=wa=za wēš ^{URU}Hattuši ešuen/ LÚ^{MEŠ} ^{URU}Kaška=ma=wa ištamaššanzi/ nu=wa GU$_{4}$$^{HI.A}$ EGIR-pa penniyanzi/ KASKAL$^{HI.A}$=ya=wa=za appiškanzi/ n=ašta tuk ^{m}Hullan kuwapi gimmanti parā nehhun/ nu=tta apiya *ŪL* ištamaššer/ nu=tta kinun=pát ištamaššer/ nu=mu kāšma šumeš=pát kuit hatrātten/ ^{m}Pizzumakiš=wa=nnaš kiššan memišta/ ^{LÚ}KÚR=wa ^{URU}Marešta paizzi/ nu=wa=kán kāša ^{m}Pipitahin šapāšiyawanzi parā nehhun/ TÙR$^{HI.A}$=ya=wa kuiēš ^{URU}Marešta manninkuwanteš apūšš=a walhūwani/ nu SIG$_{5}$-in/ nu iyatten *QATAMMA*/ mān halkišš=a handān ēšzi/ nu=za ÉRIN$^{MEŠ.HI.A}$ dāu/ kiššan=ma=mu kuit hatrāeš/ URU-an=wa mahhan dāweni/ nu=wa ^{URU}Kapapahšuwan=ma walhūwani/ ^{URU}Kapapahšuwaš mekki kuit pahhašnuwanza/ nu=mu=kán *ŠA* ^{URU}Kapapahšuwa *ŪL* ZAG-an/ kēzz=a=šši=kán KUR-e tamaššan harkanzi/ nu=tta šinaha tiyan harkanzi/ ^{URU}Taggaštaza imma kuitki A.ŠÀ kueri anda walahši/ nu=tta ZAG-nešzi/ nu marriaš lē kuitki iyaši/ n=šši kuit NU.GÁL kuiški/①

[我主对胡拉、科苏和齐拉皮亚这样说，你们写给我的："我们在哈图沙城时，卡斯卡人听闻了，他们驱走了牛，他们开始占据道路。"当我在冬季派出你胡拉时，他们还没有听闻你，难道现在他们就听闻你了？你们写给我的："皮苏玛基这样对我们说：'敌人正走向玛瑞斯塔城，我已派出皮皮塔西去做侦察。'我们要袭击玛瑞斯塔城内的那些近处的畜栏。"很好，你们就这样做。如果谷物已备妥，就让军队收取（它）。你这样写给我的："我们要怎样夺取城市？我们应当攻打喀帕帕苏瓦城吗？"因为喀帕帕苏瓦城已被高度戒防，喀帕帕苏瓦城的（攻打）对我是不利的。他们要从这一侧把国土环围吗？他们已经为我埋伏在灌木丛里吗？你要从塔戈斯塔城的方向进攻任何（敌人）和耕地。你会成功，你别做任何鲁莽的事，因为无人（服从）他。]

小句中与谓语及物动词形成动宾关系的宾语成分被省略了。名词词组中仅有对主要名词进行说明的从属语成分，主要名词被省略了。小句中仅保留了作主语成分的主格不定代词和作目的状语的附着与格人称代词，谓语动词被省略了。

Bk28. Kuptarr=a=kán ^{GIŠ}ZA.LAM.GAR-az katta udanzi/ šēnann=a/ n=an

① Mst. 75/47；HKM17(*From the King to Hulla*, *Kaššū and Zilapiya*《国王给胡拉、科苏和齐拉皮亚的指示》).

ÍD-i išhunnanzi/①
[他们把余烬从帐篷里带出去,(他们把)塑像(从帐篷里带出去),他们把它扔入河中。]

小句中仅有作直接宾语成分的名词,作施动者的主语成分与直接宾语形成动宾关系的谓语动词、作位置说明的地点状语成分被省略了。

Bk29. nu mān LÚ-iš akkanza/ nu=ššan šeliya anda *ŠA* GIŠ *INBI* ALAM gulšanzi/ mān MUNUS-za=ma akkanza/ nu=ššan ZÍZ-aš šeliya anda *IŠTU* GIŠ *INBI*/②
[如果一个男人死了,他们会在谷堆里用果实削刻出(他的)形象。而如果一个女人死了,(他们会)在麦堆里用果实(削刻出(她的形象)。]

小句中仅保留了作说明语的地点状语成分和方式状语成分,省略了人称主语成分、谓语动词和直接宾语名词"ALAM gulšanzi[他们削刻出(她的)形象)]"。

Bk30. haššannaš DUMU-an idalu lē kuiški iyazi/ nu = šši = šan GÍR-an takkešzi/③
[无人可以对一个王子作恶,(无人可以)把匕首刺向他。]

对表现施动语义的谓语动词动作的发生状态进行规界的否定词被省略了。

Bk31. nu=za LÚ.MEŠ *MEŠEDI* *ŠA* LÚ *MEŠEDI* É hīli pētann appanzi/ nu É halentūwaza kuiš andurza kuzza/ nu 12 LÚ.MEŠ *MEŠEDI* aranta/ GIŠ ŠUKUR HI.A = ya harkanzi/ mān 12 LÚ.MEŠ *MEŠEDI*=ma šarā *ŪL* arta/ naššu KASKAL-an kuiški pēyanza/ našma *INA* É=*ŠU* kuiški tarnanza/ GIŠ ŠUKUR HI.A = ma makkešzi/ nu = kán kue GIŠ ŠUKUR HI.A āšzi/ n=at= kán parā pēdanzi/ n=at *ITTI* LÚ.MEŠ Ì.DU_8 tianzi/④
[禁卫军在禁卫军的庭院里各就其位。就在宫殿的内墙处,站着12名禁卫军。他们手执矛。如果12名禁卫军不在现场,(如果)有些被派遣至征途,(如果)有些则留在家中。(如果)矛充盈,那些存放着的矛,他们(不在场的禁卫军)可以将

① KUB12.58iii14-16;CTH 446(*Purifying a House: A Ritual for the Infernal Deities*《净化一间房屋:给诸冥神的仪式》).

② KUB30.24iii38-41;CTH 481(*Establishing a New Temple for the Goddess of the Night*《为夜之女神营建一座新神庙》)。

③ KBo3.1ii35;CTH 19(*Telipinu Edict*《铁列平敕令》).

④ IBoT1.36i9-15;CTH262(*Protocol for the Royal Bodyguard*《给王室禁卫军的训诫》).

其带走,也可以将其置与守门人。]

文中表现虚拟假设语义的各条件状语从句中,条件状语从句连词“mān(如果)”被省略了。

通过对具体省略方式进行分析,能够看到赫梯语语篇中的省略比较普遍,存在多种省略方式,主要有:主系表结构小句中对主语名词的省略;主语名词短语中保留从属语成分而对主要名词的省略、系词的省略;同时省略主语和系词而保留表语名词、作表语的否定泛指不定代词或肯定泛指不定代词;主语名词词组和表语名词词组保留定语而省略主要名词;主谓结构小句中省略主语名词和谓语动词而保留地点状语成分;主谓宾结构小句中对及物动词后的直接宾语名词或直接宾语代词的省略;省略宾语名词词组中的主要名词而保留定语;对谓语动词的省略;对主语名词的省略;省略主语名词和谓语动词而仅保留宾语名词,同时省略主语名词、谓语及物动词和直接宾语名词而仅保留方式状语成分或否定词;被动态主谓结构小句省略主语名词和谓语动词而仅保留方式状语成分;省略谓语动词而保留主语代词和否定词;主谓宾宾补结构小句中对直接宾语名词的省略;小句中对方式状语成分中的名词或副词的省略;名词词组中从属语成分的省略;对否定词和条件状语连词的省略。

赫梯语的省略在语篇中的应用使赫梯语的语义指称项目的出现得到了简省处理,赫梯语使上文已出现过或由情境背景可推知的语义内容在下文重新出现时采用了省去指称形式而仍然保留语义延续的衔接方法。这种衔接方法使语篇中各语义内容的衔接方式呈现出更灵活、更多样化的选择,使语言形式在延续上文语义内容时呈现出精炼的表达,使语篇整体更加紧凑。赫梯语语篇中普遍存在的省略是一种特殊的衔接手段。当小句中句法结构要求存在的句法成分出现省略时,小句的整体语义内容却依然完整,并未因句法成分的省略而省略语义内容,句法成分的省略反倒成为一种标记形式,它把省略了的句法成分以空位的形式标记出来,这个标记性的空位会在语篇中的其他语义内容中获取能够对应入位的语义部分。语篇中能够推知和已出现过的各种语义内容尝试填入空位,直到最能使省略了句法成分的小句的整体语义体现出完整性的语义内容入位,使省略了句法成分的小句既在句法形式上表现得简省洗练,又在语义内容上体现得完整翔实。在这个过程中,省略这种衔接手段使形式上省略了的语义内容与语篇中其他语义内容形成广泛紧密的衔接关系。

2.5 赫梯语连词的衔接——连接

海恩霍德[①]曾探讨了赫梯语并行时间状语从句连词在并行时间状语从句中的略置现象，从传统语法的句法成分分析角度探讨了连词略置的语法现象，认为连词略置并不消除连词的连接语法意义。他们只涉及了并行时间状语从句连词，关注的连词连接现象单一。梅尔切特[②]曾探讨了赫梯语附着连词在表达转折连接时的语篇连接功能，虽关注了赫梯语连词的语篇连接，但涉及的附着连词种类单一，对已涉及的附着连词的语篇连接功能的发现也不够全面。里肯[③]曾探讨了赫梯语独立句际并列连词的连接作用，但涉及的独立句际并列连词种类单一，并且对独立句际并列连词语篇连接功能的发现也不够全面。

赫梯语的连接词是行使衔接功能的一类特殊语法词，由连接词体现的语篇各成分间的衔接称为连接。赫梯语连接词本身并不直接与某个语篇成分产生衔接，它自身是一个衔接标记，对语篇中不同的成分间进行连接标识。赫梯语连接词的连接类型主要有并列连接、转折连接、析取连接、条件连接、时间连接和因果连接。

Bl1. LÚ^{MEŠ} ^{URU}Hahha = ma EGIR-an huyanteš/ *ŠA* $^{\text{LÚ.MEŠ}}$ŠUKUR = ma = šmaš ^{GIŠ}ŠUKUR$^{\text{HI.A}}$ $^{\text{LÚ.MEŠ}}$ŠUKUR KÙ.SIG$_{17}$ = ya peran $^{\text{KI.MIN}}$huyanteš/ LÚ^{MEŠ} ^{URU}Hahha = ma EGIR-an iyanta/ nu SÌR^{RU}/ māhhan=ma=ašta $^{\text{LÚ.MEŠ}}$ALAM.ZU$_9$ ^{É}hilamnaš KÁ.GAL-aš anda aranzi/ nu ahā halzianzi/ ^{LÚ}kītaš = ma namma *ŪL* halzāi/ māhhan = ma ANŠE.GÌR.NUN.NA$^{\text{HI.A}}$ KÁ.GAL-aš parā karpanzi/ nu $^{\text{LÚ.MEŠ}}$ALAM.ZU$_9$ ^{LÚ}kītašš=a halzāi/ namma=at=kán luštaniyaz katta pānzi/[④]
（哈哈城的人们奔跑在后方，携带矛的持矛者们和持金矛者们则奔跑在他们的前方。哈哈城的人们边在后方行走边吟唱着。当表演者们到达了门厅的正门，他

① HEINHOLD-KRAHMER S. Asyndeton in vorangestellten temporalen Nebensätzen mit der Konjunktion kuwapi? [J]. Fs Hawkins, 2010(22): 106-122.

② MELCHERT H C. Discourse conditioned use of Hittite-ma[J]. Pragmatische Kategorien, 2009(2): 187-195.

③ RIEKEN E. Zur Verwendung der Konjunktion ta in den hethitischen Texten[J]. MSS, 1999(59): 63ff.

④ IBoT1. 36iv1-7; CTH262(*Protocol for the Royal Bodyguard*《给王室禁卫军的规章》).

们呼喊:"阿哈。"而歌者则不再呼喊。但当人们把骡子拽到正门,表演者和歌者都呼喊出来。然后他们便走出后门。)

文中附着连词"-ma(而)"表示对上文已出现内容的接续连接,附着并列连词"-ya(并且)""-a(和)"表示句中词项成分间的并列连接,独立连词"nu(和)"表示小句间的连接,独立时间状语连词"māhhan(当)"带起时间状语小句,接续副词"namma(接而)"具有强化上文已出现内容发展的接续连接作用。

Bl2. māhhan = ma = kán ^{GIŠ}huluganniya [...] parā appanzi/ nu $^{LÚ.MEŠ}$ALAM.ZU$_9$ ^{LÚ}kītašš=a ahā halzianzi/①
(当他们把……从马车中取出,表演者和歌者呼喊:"阿哈。")

时间状语连词和接续连词同时出现,小句并列连词连接小句。

Bl3. tákku *ÚNUTE*^{MEŠ} kuiški našma GU$_4$ UDU ANŠE.KUR.RA ANŠE wemiyazi/ n=an EGIR-pa EN-i=šši pēnnai/ n=an pēhutezzi/ mān EN-in=ššin=ma *ŪL* wemiyazi/ nu=za kūtruwāezzi/ EGIR-zian=ma=at EN=*ŠU* wemiyazi/ nu=šši = kán kuit harkán/ n=at šakuwaššar arha pēdai/ mān=za *ŪL* =ma kūtruwāezzi/ EGIR-zian=ma=at EN=*ŠU* wemiyazi/ n=aš ^{LÚ}NÍ.ZU kišari/ 3 =*ŠU* šarnikzi/②
[如果某人发现了农具,一头牛、一只羊、一匹马或一匹驴,那么他将驱赶它回到它的主人那里,而他(主人)将牵走它。但如果他没有找到它的主人,那么他将寻求见证。而之后它的主人找到了他们,那么他(主人)将带走从他(主人)那里被保管的物品。但如果他(某人)没有寻求见证,而之后它的主人找到了他们。那么他(某人)就被当成了贼,他(某人)将做3倍赔偿。]

条件状语连词"tákku""mān(如果)"表示条件状语小句的连接,转折连词"-ma(但)"表示转折连接,选择连词"našma(或)"对小句中的词项成分或小句进行析取连接。

Bl4. *UMMA* ^{d}UTU^{ŠI} *ANA* ^{m}Hulla ^{m}Kaššū *Ù ANA* ^{m}Zilapiya *QIBIMA*/ kiššan= mu kuit hatrātten/ kuitman=wa=za wēš ^{URU}Hattuši ešuen/ LÚ^{MEŠ} ^{URU}Kaška= ma=wa ištamaššanzi/ nu=wa GU$_4$$^{HI.A}$ EGIR-pa penniyanzi/ KASKAL$^{HI.A}$=ya= wa=za appiškanzi/ n=ašta tuk ^{m}Hullan kuwapi gimmanti parā nehhun/ nu=tta

---

① IBoT1.36iii76-78;CTH262(*Protocol for the Royal Bodyguard*《给王室禁卫军的规章》).

② KBo6.4iv4-11;CTH271(*The Laws of the Hittites*《赫梯法典》).

apiya *ŪL* ištamaššer/ nu=tta kinun=pát ištamaššer/ nu=mu kāšma šumeš=pát kuit hatrātten/ ^{m}Pizzumakiš = wa = nnaš kiššan memišta/ ^{LÚ}KÚR = wa ^{URU}Marešta paizzi/ nu = wa = kán kāša ^{m}Pipitahin šapāšiyawanzi parā nehhun/ TÙR$^{\text{HI.A}}$ = ya = wa kuiēš ^{URU}Marešta manninkuwanteš apūšš = a walhūwani/ nu SIG$_5$-in/ nu iyatten *QATAMMA*/ mān halkišš = a handān ēšzi/ nu=za ÉRIN$^{\text{MEŠ. HI. A}}$ dāu/ kiššan=ma=mu kuit hatraeš/ URU-an=wa mahhan dāweni/ nu=wa ^{URU}Kapapahšuwan=ma walhūwani/ ^{URU}Kapapahšuwaš mekki kuit pahhašnuwanza/ nu=mu=kán *ŠA* ^{URU}Kapapahšuwa *ŪL* ZAG-an/ kēzz=a=šši=kán KUR-e tamaššan harkanzi/ nu=tta šinaha tiyan harkanzi/ ^{URU}Taggaštaza imma kuitki A.ŠÀ kueri anda walahši/ nu=tta ZAG-nešzi/ nu marriaš lē kuitki iyaši/ n=šši kuit NU.GÁL kuiški/①

[我主对胡拉、科苏和齐拉皮亚这样说,你们写给我的:“当我们在哈图沙城时,卡斯卡人听闻了,他们驱走了牛,他们开始占据道路。”当我在冬季派出你胡拉时,他们还没有听闻你,难道现在他们就听闻你了?你们接着写给我的:“皮苏玛基这样对我们说:‘敌人正走向玛瑞斯塔城,我已派出皮皮塔西去做侦察。’我们要袭击玛瑞斯塔城内的那些近处的畜栏。”很好,你们就这样做。如果谷物已备妥,就让军队收取(它)。你这样写给我的:“我们要怎样夺取城市?我们应当攻打喀帕帕苏瓦城吗?”因为喀帕帕苏瓦城已被高度戒防,喀帕帕苏瓦城的(攻打)对我是不利的。他们要从这一侧把国土环围吗?他们已经为我埋伏在灌木丛里吗?你要从塔戈斯塔城的方向进攻任何(敌人)和耕地。你会成功,你别做任何鲁莽的事,因为无人(服从)他。]

时间状语连词“kuitman(当)”“kuwapi(当)”对时间状语小句进行连接,原因状语连词“kuit(因为)”对原因状语小句进行连接。

Bl5. nu $^{\text{LÚ.MEŠ}}$ŠUKUR māhhan ^{É}hilammar arha takšan šārri/ nu kuwapi $^{\text{LÚ.MEŠ}}$ŠUKUR kuiēš ^{GIŠ}ŠUKUR$^{\text{HI.A}}$ tiyanteš kuwapi pānzi/ apeta=az=pát paizzi/ GAL ŠUKUR$^{\text{HI.A}}$ kattan tiyazi/ ^{LÚ}*MEŠEDI*=ma ^{GIŠ}GU.ZA dāi/ n=aš=kán *ANA* DUMU^{MEŠ} É.GAL$^{\textit{TI}}$ GÙB-laz awan arha paizzi/ n = aš paizzi/ ^{GIŠ}UMBIN GÙB-laziyatta/ māhhan=ma ^{GIŠ}hulugannin wahnuwanzi/ nu ^{GIŠ}GU. ZA tittanuzi/②

(当持矛者从中间穿越门厅,持矛者走到摆放着矛的某处。他为此走上前,持矛

① Mst. 75/47;HKM17(*From the King to Hulla, Kaššū and Zilapiya*《国王给胡拉、科苏和齐拉皮亚的指示》).

② IBoT1. 36iv8-13;CTH262(*Protocol for the Royal Bodyguard*《给王室禁卫军的规章》).

者长官与他走在一起。一个禁卫军手持座椅，他沿左侧绕行过宫廷侍者们。他走着，沿车轮左侧行进。当人们调转马车，他便放置座椅。）

独立时间状语连词和附着接续连词同时出现，“māhhan＝ma”主要表示两句中的动作发生时间前后紧密相随。

B16．EGIR-pa＝ma＝kán ištarna 1 IKU/ nu 2 LÚ^{MEŠ} ŠUKUR iyantari/ mān＝at $^{\text{LÚ.MEŠ}}$DUGUD^{TI}/ man＝at peran tinteš $^{\text{LÚ.MEŠ}}$SIG$_5$^{TI}/^{TÚG}NÍG.LÁM$^{\text{HI.A}}$＝ma＝šmaš ^{KUŠ}E.SIRSIG$_5$^{TI} hilammili wēššanta/ GAL $^{\text{LÚ.MEŠ}}$ŠUKUR＝ya＝šmaš NIMGIR.ÉRIN^{MEŠ}＝ya katti＝šmi iyanta/ ^{GIŠ}GIDRU$^{\text{HI.A}}$ harkanzi/①

［在（他们）后方 1 伊库距离的（队列）中间，两个持矛者行走着。不管他们是官员们或是高级军官们，他们像守门人那样都穿着精美的服装和鞋。持矛者长官和传令官与他们并肩行进，并手持节杖。］

两句接续出现选择连词“man”，对两句进行析取连接。

B17．māhhann＝a＝kán GAL *MEŠEDI* UGULA 10 *MEŠEDI*＝ya šarā uwanzi/ nu GAL *MEŠEDI* kuit ^{GIŠ}GIDRU harzi/ n＝aš mahhan *ANA* ^{d}LAMMA ^{GIŠ}ŠUKUR *UŠKEN*/ nu kuiš ^{LÚ}*MEŠEDI* GAL/ nu＝šši＝kán ^{GIŠ}GIDRU arha dāi/ n＝an＝šan ištanāni EGIR-pa dāi/ UGULA 10 *MEŠEDI*＝ma kuin ^{GIŠ}GIDRU-an harzi/ n＝an parā *ANA* ^{LÚ}*MEŠEDI* pai/ n＝an＝ši ^{LÚ}*MEŠEDI* harzi/②

［当禁卫军长官和禁卫军的十人指挥官来到，禁卫军长官手持仗节。当他向矛之守护神鞠躬，不管级别是否高。（另一个禁卫军）从他那儿取走仗节，并把它放在祭坛后方。禁卫军的十人指挥官手持的节杖，他则把它交给（另一个）禁卫军，由（那个）禁卫军为他掌持着它（节杖）。］

时间状语连词“māhhann（当）”表示同时进行的动作。

B18．takku GU$_4$-un ANŠE.KUR.RA ANŠE.GÌR.NUN.NA ANŠE-in kuiški tūrezzi/ n＝aš aki/ našma＝an UR.BAR.RA-aš karāpi/ našma＝aš harakzi/ n＝an šakuwaššaran＝pát pāi/ takku tezzi/ *INA QATI* DINGIR^{LIM} ākkiš/ nu likzi/③

［如果某人给一头牛、一匹马、一匹骡或一匹驴套上马具，然而它死了。或者一头

① IBoT1. 36ii47-50；CTH262（*Protocol for the Royal Bodyguard*《给王室禁卫军的规章》）.

② IBoT1. 36i22-26；CTH262（*Protocol for the Royal Bodyguard*《给王室禁卫军的规章》）.

③ KBo6. 2iv1-3；CTH271（*The Laws of the Hittites*《赫梯法典》）.

狼吞食了它，或者它失踪了，那么他将全额赔付它。而如果他说："它死在神灵手里。"那么他将立誓。]

条件状语连词和选择连词接续出现表示多种假设的析取连接。

Bl9. *UMMA* ᵈUTU*ŠI* *ANA* ᵐKaššū *QIBIMA*/ *ŠA* URUGašipūra kuit GU₄HI.A datta/ n=an=šan *ŠA* ᵐEN-tarauwa maniyahhiya išhuwāitta/ kinun=a=kán *ŠA* ᵐEN-tarauwa maniyahhiyaz ÉRINMEŠ annallin ÉRINMEŠ warrašš=a lē ninikši/ nu=ššan apūn GU₄HI.A EGIR-an ēpdu/ n=aš=kán KIN-az lē šamēzzi/①

(我主对科苏这样说，你牵走了科色普拉城的牛群，并把它指配给了恩塔拉瓦的辖区。现在你别从恩塔拉瓦的辖区征用老兵和仆从军，让他取回那牛群，别让他脱离工作。)

小句并列连词被用于一系列同时发生的过程的连接。各自包含直陈式主动态过去时单数第二人称谓语动词"datta(你牵走了)""išhuwāitta(你指配了)"的两小句因在动词的式、态、时、人称、数和人称指称上的一致性而使用小句并列连词进行连接。各自包含单数第二人称否定命令式谓语动词词组"lē ninikši(你别征用)"、单数第三人称命令式动词词组"EGIR-an ēpdu(让他取回)"、单数第三人称否定命令式动词词组"lē šamēzzi(别让他脱离)"两小句因在数和命令式上的一致性而使用小句并列连词进行连接。小句并列连词在连接小句时有独立和附着两种形式。

Bl10. takku=kán LÚDAM.GÀR URUHatti āššuwaš kuiški anda kuenzi/ 1 *ME* MA.NA KÙ.BABBAR pāi/ āššu=ya 3=*ŠU* šarnikzi/ mān āššu=ma *ŪL* pē harzi/ n=an=kán šullannaza kuiški kuenzi/ 6 MA.NA KÙ.BABBAR pāi/ takku kešširaš=ma waštai/ 2 MA.NA KÙ.BABBAR pāi/②

[如果某人在货物中间(运货途中)杀死了一个赫梯商人，他将赔付 100 米纳银，并按 3 倍偿付货物。而如果他(商人)并不拥有货物，某人由于争吵杀死了他，他将赔付 6 米纳银。而如果(他的)手(出于意外)犯了罪，他将赔付 2 米纳银。]

条件状语连词和小句并列连词接续出现，小句并列连词对各条件状语小句和结果小句进行连接。

Bl11. našma=at=kán mān šarā tiyanda kuwapi datteni/ n=at DINGIRMEŠ-aš

① Mst. 75/21；HKM5(*From the King to Kaššū*《国王给科苏的指示》).

② KBo6. 4i4-8；CTH271(*The Laws of the Hittites*《赫梯法典》).

ZI-ni parā *ŪL* arnutteni/ nu=šmaš=at arha *INA* É^{MEŠ}=*KUNU* pē harteni/ n=at šumel DAM^{MEŠ}=*KUNU* DUMU^{MEŠ}=*KUNU* SAG. GÉME. ÌR^{MEŠ}=*KUNU* arha ēzzāi/ naššu=ma=šmaš ^{LÚ}kaenaš našma āššuwanza kuiški ^{LÚ}*ÚBARÙ* wezzi/ n=at apēdani pešteni/ *ANA* ZI^{TI} DINGIR^{LIM}=ma=at=kán datteni/ n=at=ši parā =pát *ŪL* arnutteni/ n=at takšan šarraš takšan šarran pešteni/ nu=šmaš kī šarrumaš uttar SAG. DU-az GAM-an kittaru/ n=at=kán lē šarratteni/ kuiš=at =kán šarrāi=ma/ n=aš aku EGIR-pa/ wahnumar=ši lē ēšzi/[①]

（如果你们在某处获取了供品，但没有把它们送往神灵本身。你们把它们保存在你们的房屋里，你们的妻子们、你们的儿子和你们的仆人们食用了它们。或你们的一个亲友或某个亲近的访客到来，你们便把它们给了他。那么你们便把它们从神灵那里取走了，你们没有把它们带给他，你们只给了它们当中的一部分。那么你们的这起瓜分事件将被判定为极刑，你们不能瓜分它们。谁瓜分了它们，他将被处决，他将没有挽回。）

选择连词“naššu（或如果）”“našma（或如果）“连接小句表示一系列假设的析取连接。

赫梯语的连接在语篇中能够体现被连接的语义内容间具有的各种语义连接关系类型，体现连接的方式包括：表示小句间并列关系的具有独立形式和附着形式的小句并列连词进行的连接；表示小句间接续关系的附着形式的接续连词或接续副词进行的连接；表示小句间转折关系的附着形式的转折连词进行的连接；表示小句谓语动词间时间关系中的同时关系的独立形式的时间状语连词进行的连接；表示时间前后紧密关系的独立时间状语连词和附着接续连词搭配进行的连接；表示小句间条件关系的独立形式的条件状语连词进行的连接；表示小句间选择关系的独立形式的选择连词进行的连接；表示小句间因果关系的独立形式的原因状语连词进行的连接。接续连词、转折连词只有附着形式，出现在小品词间链条当中，接续副词出现在句首。小句并列连词既有独立形式也有附着形式，独立形式的小句并列连词出现在句首，附着形式的小句并列连词出现在小品词链条当中。时间状语连词、条件状语连词、原因状语连词、选择连词只有独立形式，出现在句首或小句前部。

① KUB13. 4i50-59；CTH264（*Instructions for Priests and Temple Personnel*《给祭司和神庙人员的训诫》）.

2.6 赫梯语小品词的衔接

宝利①曾分析了赫梯语若干小品词在小句中配合作地点状语句法成分的副词以小品词附加语义的方式对小句地点状语成分进行强调说明的用法，认为此类地点小品词在小句中具有强化说明小句表述的过程发生地点的作用，常出现在地点状语从句或表现地点方位的主句中。他虽然发现了赫梯语个别地点小品词的语义作用，但对地点小品词的语义理解是放在小句句法成分分析中进行的，地点小品词被置于小句句法成分中表现地点强调语义。宝利还曾探讨了赫梯语不同小品词在小句中对话题转换进行强调的作用，认为一些赫梯语附着小品词能够在小品词链条的句首位置先行标示出小句信息结构中话题发生的转换，并且探讨了赫梯语个别附着小品词在小句句首位置具有的表现情态语义的语篇功能。他虽然注意到了赫梯语小品词在语篇中的作用，但侧重角度仍是以小句句法成分分析为主，涉及的小品词语篇功能分析也主要局限于小句句首成分表现情态语义的功能和小句信息结构中的话题的转换标示，没有对赫梯语小品词的语篇衔接进行直接探讨。哥提切利和里泽（A. Rizza）②曾分析了赫梯语单个小品词在小句中的语气强调功能，没有涉及小品词的语篇衔接。福森（B. W. Fortson）③曾分析了赫梯语单个小品词用于连续并列小句间时具有标示小句并列关系的语篇功能，并从印欧语分析角度认为这是赫梯语句法结构的一种存古特征。他虽然注意到了小品词在连续并列句中的语篇意义，但涉及的小品词单一，分析的小品词语篇功能在其他多种句型中的表现方式也不够充分。古德格布④曾分析了赫梯语单一小品词在小句信息结构中的话题强调作用，并认为这

① BOLEY J. The sentence particles and the place words in old and middle Hittite (IBS 60)[M]. Innsbruck: Innsbruck Press, 1989; BOLEY J. The 'local' sentences particles in Hittite[J]. Per una grammatica ittita, 1992(3): 1-31; BOLEY J. Dynamics of transformation in Hittite: The Hittite particles-kan,-asta and-san(IBS 97)[M]. Innsbruck: Innsbruck Press, 2000; BOLEY J. The storyteller's art in old Hittite: The use of sentence connectives and discourse particles[J]. RANT, 2004(1): 67-110.

② COTTICELLI-KURRAS P, RIZZA A. Die hethitische Partikel-z(a) im Licht neuer theoretischer Ansätze[J]. Indogermanistik und Linguistik, 2011(12): 120-130.

③ FORTSON B W. On the (non-)antiquity of clause-internal-kan in Hittite[J]. Fs Melchert, 2010(5): 27-30.

④ GOEDEGEBUURE P. The original function of the Hittite sentence particle-kan: topic reinforcer or marker of spatial relations? [J]. BiOr, 2007(64): 31-64.

个小品词不仅具有在小句信息结构中强化话题的作用，同时也具有在小句句义上标示出小句中作话题的成分与小句中其他名词性成分间的空间关系的作用，观察视角仍然局限在小句句义和小句句法成分上，没有直接涉及小品词的语篇衔接。豪福纳[1]曾探讨了赫梯语小品词在名词句中的情态强调作用和在其他句型中的语气强调作用，分析视角局限在小句语义和句法成分分析上。乔瑟夫森(F. Josephson)[2]和第克斯托(F. A. Tjerkstra)[3]各自分析了赫梯语小品词在小句中对动词成分的动作语义进行的辅助修饰作用和小品词在小句中与作地点状语的地点副词、谓语动词产生的小句成分关系和小句语义的形成。他们对小品词的分析局限在小句内部的句法成分和小句语义上，没有涉及小品词的语篇衔接。

赫梯语小品词是出现在句首小品词链条当中的具有特定语义功能的一类语法词，这类语法词的词形不发生形态变化，每个小句的小品词链条中几乎都存在一个或多个小品词。小品词的语义功能是语篇性的，通过对语篇成分进行回顾性、接续性和特指强调性标识，实现语篇成分间主题性的和情态性的衔接。

Bm1. *UMMA* ^{d}UTU^{ŠI} *ANA* ^{m}Hulla ^{m}Kaššū *Ù ANA* ^{m}Zilapiya *QIBIMA*/ kiššan=mu kuit hatrātten/ kuitman=wa =za wēš ^{URU}Hattuši ešuen/ LÚ^{MEŠ} ^{URU}Kaška=ma=wa ištamaššanzi/ nu=wa GU$_{4}$$^{\text{HI.A}}$ EGIR-pa penniyanzi/ KASKAL$^{\text{HI.A}}$=ya=wa =za appiškanzi/ n=ašta tuk ^{m}Hullan kuwapi gimmanti parā nehhun/ nu=tta apiya *ŪL* ištamaššer/ nu=tta kinun=pát ištamaššer/ nu=mu kāšma šumeš=pát kuit hatrātten/ ^{m}Pizzumakiš=wa =nnaš kiššan memišta/ ^{LÚ}KÚR=wa ^{URU}Marešta paizzi/ nu=wa =kán kāša ^{m}Pipitahin šapāšiyawanzi parā nehhun/ TÙR$^{\text{HI.A}}$=ya=wa kuiēš ^{URU}Marešta manninkuwanteš apūšš=a walhūwani/ nu SIG$_{5}$-in/ nu iyatten *QATAMMA*/ mān halkišš = a handān ēšzi/ nu=za ÉRIN$^{\text{MEŠ.HI.A}}$ dāu/ kiššan=ma=mu kuit hatraeš/ URU-an=wa mahhan dāweni/ nu=wa ^{URU}Kapapahšuwan=ma walhūwani/ ^{URU}Kapapahšuwaš mekki kuit

① HOFFNER H A. On the use of Hittite-za in nominal sentences[J]. JNES, 1969(28): 225-230; HOFFNER H A. The Hittite Particle-PAT[J]. Fs Otten, 1973: 99-117; HOFFNER H A. Studies in the Hittite Particles, II. On Some Use of-kan[J]. Per una grammatica ittita, 1992: 137-151.

② JOSEPHSON F. The function of the sentence particles in old and middle Hittite[M]. Uppsala: Uppsala Press, 1972; JOSEPHSON F. Hittite-apa,-šan, and-kan as actional modifiers [J]. Altorientalische Forschungen, 2010(12): 184-190.

③ TJERKSTRA F A. Principles of the relation between local adverb, verb and sentence particle in Hittite[M]. Groningen: Groningen Press, 1999.

pahhašnuwanza/ nu=mu=kán *ŠA* URUKapapahšuwa *ŪL* ZAG-an/ kēzz=a=šši=kán KUR-e tamaššan harkanzi/ nu=tta šinaha tiyan harkanzi/ URUTaggaštaza imma kuitki A.ŠÀ kueri anda walahši/ nu=tta ZAG-nešzi/ nu marriaš lē kuitki iyaši/ n=šši kuit NU.GÁL kuiški/①

[我主对胡拉、科苏和齐拉皮亚这样说，你们写给我的："我们在哈图沙城时，卡斯卡人听闻了，他们驱走了牛，他们开始占据道路。"当我在冬季派出你胡拉时，他们还没有听闻你，难道现在他们就听闻你了？你们写给我的："皮苏玛基这样对我们说：'敌人正走向玛瑞斯塔城，我已派出皮皮塔西去做侦察。'我们要袭击玛瑞斯塔城内的那些近处的畜栏。"很好，你们就这样做。如果谷物已备妥，就让军队收取（它）。你这样写给我的："我们要怎样夺取城市？我们应当攻打喀帕帕苏瓦城吗？"因为喀帕帕苏瓦城已被高度戒防，喀帕帕苏瓦城的（攻打）对我是不利的。他们要从这一侧把国土环围吗？他们已经为我埋伏在灌木丛里吗？你要从塔戈斯塔城的方向进攻任何（敌人）和耕地。你会成功，你别做任何鲁莽的事，因为无人（服从）他。]

赫梯语直接引语小品词"-wa"在语篇中出现在作直接引语的小句句首小品词链条中。小句句首小品词链条中的小品词"-wa"是语法意义明确且独立使用的小品词，由音义结合的自由语素直接成词，是无法分解的单纯词或单根词，与赫梯语动词"weriya-（呼喊）"和古希腊语动词"ereo（我将说）"具有某种词源联系，是印欧语来源的赫梯语词汇。赫梯语词汇中尚未发现由小品词"-wa"作为黏着语素或自由语素与其他语素成分组成的复合词，其语义未在形成复合词的词素语义融合叠加过程中发生衍生或变异。其独立形式"-wa"也未发生转义活用等衍生一词多义现象的使用法，词义始终保持固定单一。小品词"-wa"的语音形态也是单一固定的，没有形态变化形式。小品词"-wa"从语音形式到具体词汇语义都具有独立单一性，在小句中所处的位置也固定在起领小句的小品词链条上，在标识用作特定语篇的直接引语语段的功能上具有专一性。小品词"-wa"在赫梯语语篇中被运用于叙述者直接引叙他人发言的小句或语段中，在赫梯语语篇中被频繁运用。在直接引语作为特定语篇类型中具有鲜明的一目了然的标记作用，把直接引语语句形成的语篇与引语外部的其他语篇边界明显地加以区隔，形成以小品词引入的由单一小句或小句群形成的有始有终的自成一体的完整语篇。如在上述"kuitman=wa=za wēš URUHattuši ešuen/ LÚMEŠ URUKaška=ma=wa ištamaššanzi/ nu=wa GU_4HI.A EGIR-pa penniyanzi/

① Mst. 75/47；HKM17(*From the King to Hulla*, *Kaššū and Zilapiya*《国王给胡拉、科苏和齐拉皮亚的指示》).

KASKAL$^{HI.A}$=ya=wa =za appiškanzi/（'我们在哈图沙城时，卡斯卡人听闻了，他们驱走了牛，他们开始占据道路'）"语料中，"我主"在陈述中直接引述了"胡拉""科苏"和"齐拉皮亚"的原话。由于小品词"-wa"的存在，使得"胡拉""科苏"和"齐拉皮亚"禀报给"我主"的直接引语语段能够很容易与"我主"的其他陈述语段相互区隔，形成语义完整的一段引语语篇。由于小品词"-wa"在语篇的述说过程中是实际发音的，具有具体语音形态和明确语义，是一种特别标注引语语篇的实际语言形式，这与在直接引语语篇起始之前用若干句引导语介绍引语的陈述方式，如"*UMMA* ^{d}UTU^{ŠI} *ANA* ^{m}Hulla ^{m}Kaššū *Ù ANA* ^{m}Zilapiya *QIBIMA*/ kiššan=mu kuit hatrātten/（我主对胡拉、科苏和齐拉皮亚这样说，你们写给我的）"，以及与现代语言依靠引导语和标点符号介绍直接引语语篇的方式具有根本性的区别。引导语和标点符号都是直接引语语篇外部的辅助元素，本身并非直接引语语篇的一部分。引导语是语言形式，但却并不属于引语语篇，而标点符号则完全不是语言。小品词"-wa"则本身包含在直接引语语篇当中，是引语语篇不可或缺的组成部分，并且是以具体的语言形式标示引语语篇的起始。小品词"-wa"是引语语篇的一部分还表现在它与共处同一个小品词链条的其他词汇排列整合在一起。如在"kuitman=wa=za wēš ^{URU}Hattuši ešuen（我们在哈图沙城时）"中，"kuitman=wa=za"是这句直接引语的小品词链条，"kuitman"是表现时间长度的副词，"-za"是反身代词，小品词"-wa"标识直接引语在小品词链条上居中。又如在"LÚ^{MEŠ} ^{URU}Kaška=ma=wa ištamaššanzi（卡斯卡人听闻了）"中，"LÚ^{MEŠ} ^{URU}Kaška（卡斯卡人）"是主语名词，"-ma"是转折连词，引语小品词"-wa"放置在后。再如在"KASKAL$^{HI.A}$=ya=wa=za appiškanzi（他们开始占据道路）"中，"KASKAL$^{HI.A}$（道路）"是宾语名词，"-ya"是并列连词，"-za"是反身代词，引语小品词"-wa"置于"-za"之前。可见，在引语语句中，小品词"-wa"在小品词链条上不仅可以排列在连词或代词的序列中，也可以与小句的主要成分如主语名词、宾语名词和状语副词排列在一起，是引语小句的一部分。几句引语形成一个完整的引语语篇，每个引语小句当中都包含小品词"-wa"，使小品词成为整个引语语篇的内在组成部分。因此，赫梯语引语小品词"-wa"是引语语篇中的语篇形式标记，显示出赫梯语语篇在引语内容上是存在标识语篇内容和语篇长度的明确的语言形式标记的。上述"^{m}Pizzumakiš=wa=nnaš kiššan memišta/ ^{LÚ}KÚR=wa ^{URU}Marešta paizzi/ nu=wa=kán kāša ^{m}Pipitahin šapāšiyawanzi parā nehhun/TÙR$^{HI.A}$=ya=wa kuieš ^{URU}Marešta manninkuwanteš apūšš=a walhūwani/（皮苏玛基这样对我们说：'敌人正走向玛瑞斯塔城，我已派出皮皮塔西去做侦察。'我们要袭击玛瑞斯塔城内的那些近处的畜栏）"语料中，"我主"直接引述了"胡拉""科苏"和"齐拉皮亚"的汇报陈述。

同时“胡拉”“科苏”和“齐拉皮亚”又在自己的汇报语篇中直接引述了“皮苏玛基”的汇报内容“^{LÚ}KÚR＝wa ^{URU}Marešta paizzi/ nu＝wa ＝kán kāša ^{m}Pipitahin šapāšiyawanzi parā nehhun(‘敌人正走向玛瑞斯塔城，我已派出皮皮塔西去做侦察。’)”。“胡拉”“科苏”和“齐拉皮亚”的汇报语篇把“皮苏玛基”的汇报语篇包含在内，“皮苏玛基”的汇报语篇在“胡拉”“科苏”和“齐拉皮亚”的语篇中又形成了自成一体的独立语篇。从“我主”直接引述的语篇来看，“皮苏玛基”的汇报内容成了引语中的引语，语篇中的语篇。在“胡拉”“科苏”和“齐拉皮亚”的引语语篇内引出“皮苏玛基”的引语语篇时使用了引导语“^{m}Pizzumakiš＝wa ＝nnaš kiššan memišta(‘皮苏玛基这样对我们说：’)”，标示着“皮苏玛基”引语语篇的起始。语篇的最后一个小句的谓语动词“parā nehhun(我已派出)”是第一人称单数过去时形态，而“胡拉”“科苏”和“齐拉皮亚”引语语篇最后一个小句的谓语动词“walhūwani(我们要袭击)”是第一人称复数现在时形态，“胡拉”“科苏”和“齐拉皮亚”是复数主语，“皮苏玛基”是单数主语，因此可知使用第一人称单数过去时形态谓语动词的小句是“皮苏玛基”引语语篇的结尾。这种引语套引语的语篇区分内嵌引语的方式是依靠整体语义和语法意义搭配直接引语作为总体语篇类型采用的语言形式标记共同完成的。上述“URU-an＝wa mahhan dāweni/ nu＝wa ^{URU}Kapapahšuwan＝ma walhūwani(‘我们要怎样夺取城市？我们应当攻打喀帕帕苏瓦城吗？’)”语料中，“我主”直接引述的汇报内容只有两个小句。两个简短小句由第二个小句小品词链条中的并列连词“nu”连接成并列句，第一个小句的宾语“URU-an(城市)”和第二个小句的宾语“^{URU}Kapapahšuwan(喀帕帕苏瓦城)”一致。两句的谓语动词“dāweni(夺取)”和“walhūwani(攻打)”在词汇语义上是近义词，两句表现在谓语动词人称词尾中的主语都是指称一致的复数第一人称。两句的区别在于疑问关注点不同，第一句征询方式，第二句则征询许可。并列连词把这两个句式相同、语义相近的小句连接成并列句，形成一个语义连贯完整且紧凑简短的引语语篇。

Bm2. *IŠTU* NINDA KAŠ GEŠTIN *INA* É DINGIR^{LIM} hūman šarā pē harten/ NINDA. GUR$_4$. RA DINGIR^{LIM}＝za＝kán NINDA. SIG lē kuiški dāliyazi/ KAŠ＝ma＝kán GEŠTIN *IŠTU* GAL-ya šer arha lē kuiški lāhūi/ hūman＝pát DINGIR^{LIM}-ni EGIR-pa maniyahten/ namma＝šmaš *PANI* DINGIR^{LIM} memian memišten/ kuīš＝wa＝kán tuēl DINGIR^{LIM}-az NINDA haršiyaz ^{DUG}išpanduzziaz dāš/ nu＝war＝an＝kán DINGIR^{LIM} EN＝*YA* EGIR-an kiyahhut/ nu＝wa＝za＝

kán apēl É-er GAM-an šarā ēpdu/①

[把所有的面包、啤酒和葡萄酒都带入神庙。谁也不能贪图神灵的面包棍和扁面包，谁也不能倾酒罐中的啤酒和葡萄酒。你们要重新把一切向神灵展示，你们要在神灵面前为你们自己说这些话："谁从神灵你的面包棍和酒罐中取(物)，就让你、神灵、我主折磨他，让他抓住他的房屋上下晃动。"]

小品词"-za""-kán"表示对话题性语义的接续，直接引语小品词"-wa"表示小句的直接引语属性。

Bm3. tákku *ÚNUTE*^{MEŠ} kuiški našma GU$_4$ UDU ANŠE.KUR.RA ANŠE wemiyazi/ n=an EGIR-pa EN-i=šši pēnnai/ n=an pēhutezzi/ mān EN-in=ššin =ma *ŪL* wemiyazi/ nu=za kūtruwāezzi/ EGIR-zian=ma=at EN=*ŠU* wemiyazi/ nu=šši=kán kuit harkán/ n=at šakuwaššar arha pēdai/ mān=za *ŪL* =ma kūtruwāezzi/ EGIR-zian=ma=at EN=*ŠU* wemiyazi/ n=aš ^{LÚ}NÍ.ZU kišari/ 3=*ŠU* šarnikzi/②

[如果某人发现了农具，一头牛、一只羊、一匹马或一匹驴，他将驱赶它回到它的主人那里。他(主人)将牵走它。但如果他没有找到它的主人，他将寻求见证。之后它的主人找到了他们，他(主人)将带走从他(主人)那里被保管的物品。但如果他(某人)没有寻求见证，之后它的主人找到了他们，他(某人)就被当成了贼。他(某人)将做3倍赔偿。]

话题性小品词"-za"和"-kán"对上文内容进行接续标示。

Bm4. *ŪL* tarhan/ n=at GÙB-la=za tienzi/ uktūri=ma=šmaš tiyauwar ZAG-az =pát/ ^{É}arkiwi tapušza ZAG-az tienzi/ nu ^{LÚ}*MEŠEDI* kuiš ^{GIŠ}GU.ZA ^{GIŠ}huluganni ^{GIŠ}UMBIN harzi/ n=ašta anda=ya *ŪL* kuinki tarnai/ parā=ya=kán *ŪL* kuinki tarnai/ n=at=kán parā *ŠA* ^{LÚ}*MEŠEDI* ^{É}hīlaz wiškandari/③

(他们沿左侧行进是不被允许的，他们总是只沿右侧行进，他们将沿通道的右侧行进。在马车车轮上持有座椅的禁卫军不允许任何人出入，他们只能从禁卫军的庭院出去。)

强调小品词"-pát"表示对上文已出现的词项的特指强调，接续小品词

① KUB13.4i60-66;CTH264(*Instructions for Priests and Temple Personnel*《给祭司和神庙人员的训诫》).

② KBo6.4iv4-11;CTH271(*The Laws of the Hittites*《赫梯法典》).

③ IBoT1.36i71-74;CTH262(*Protocol for the Royal Bodyguard*《给王室禁卫军的规章》).

“-ašta”表示对语义关系较紧密的语义项目的标示。

Bm5. *UMMA* ^{d}UTU^{ŠI} *ANA* ^{m}Kaššū *QIBIMA*/ māhhan=ta kāš tuppianza anda wemiyazzi/ nu *MAHAR* ^{d}UTU^{ŠI} liliwahhuwanzi ūnni/ ^{m}Marruwann=a LÚ ^{URU}Gagadduwa uwate/ mān *ŪL*=ma/ nu=šmaš=ššan uwanzi/ apiya pēdi tašuwahhanzi/①

(我主对科苏这样说，当这块泥板到达你那里，让你旋即驶到我主面前，带来戈戈都瓦城人玛尔茹瓦。不然，他们就会向你们现身，在那个地方戳盲你们。)

小品词“-ššan”表示不同情境的转折。

Bm6. takku LÚ-aš DAM=*ŠU* dāi/ n=an parna=šša pēhutezzi/ iwaru=ššet=az anda pēdāi/ takku MUNUS-za apiya aki/ LÚ-naš āššu=šet warnuanzi/ iwaru=šet=az LÚ-aš dāi/ takku=aš attaš=šaš=a É-ri aki/ *Ù* DUMU^{MEŠ}=*ŠU* ašanzi/ iwaru=ššet LÚ-aš natta dāi/②

(如果一个男人拥有了他的妻子，带她去往他的房屋，他将把她的嫁妆一并带入。如果这个女人死在那里，人们将烧掉男人的物品，而男人将拥有她的嫁妆。而如果她死在她父亲的房屋里，并且他们已有生育，男人将不能拥有她的嫁妆。)

话题性小品词“-az”从已有话题中选择话题。

Bm7. anda=ma *ŠA* KISLAH GUD.APIN.LÁ$^{HI.A}$ kuiēš harteni/ nu mān GUD.APIN.LÁ ušniyatteni/ našma=an=za=an=kán kuennatteni/ n=an arha ēzzatteni/ šumaš=man=kán DINGIR^{MEŠ}-aš tāišteni/ maklannaz=war=aš BA.ÚŠ/ naššu=wa=za duwarnišket/ naššu=war=aš parašta/ našma=war=an GUD.NÍTA GUL-ahta/ šumaš=man arha ēzzatteni/ EGIR-zian=ma=aš išduwāri/ nu apūn GU$_4$ šarnikteni=pát/ mān=ma=aš *ŪL* =ma išduwāri/ nu DINGIR^{LIM}-ni paitteni/ takku parkuešteni/ šumel ^{d}LAMMA=*KUNU*/ takku paprešteni=ma/ nu=šmaš=at SAG.DU-aš waštul/③

[并且，你们持有打谷场的耕牛的人，如果你们出售了耕牛，或者你们屠宰了它，你们吃了它，而你们把(剩骨)放在神灵面前，(说)：“它死于饥馑。”或“它受了伤”

① Mst. 75/10; HKM14(*From the King to Kaššū*《国王给科苏的指示》).

② KBo6. 3ii1-4; CTH271(*The Laws of the Hittites*《赫梯法典》).

③ KUB13. 4iv25-33; CTH264(*Instructions for Priests and Temple Personnel*《给祭司和神庙人员的训诫》).

或"它逃走了"或"一头公牛刺穿了它"你们吃了(它),之后它被察觉,你们要补偿牛。而如果它没有被觉察,你们要走向神灵。如果你们是无辜的,(这便得益于)你们的守护神,如果你们有罪,它就是你们的极刑的罪行。]

直接引语小品词"-wa"和接续小品词"-za"并用,表示在直接引语中对同一话题的接续,并且表示整个由直接引语组成的句群包含了多种选择项。句群中的直接引语小句之间形成选择关系。强调小品词"-pát"表示对上文出现过的话题性名词成分"牛"进行回顾强调。

Bm8. takku ^{LÚ}DAM.GÀR ^{URU}Hatti kuiški kuenzi/ 1*ME* MA.NA KÙ.BABBAR pāi/ parna＝ššē＝a šuwāezzi/ takku *INA* KUR ^{URU}Luwiya našma *INA* KUR ^{URU}Palā/ 1*ME* MA.NA KÙ.BABBAR pāi/ āššu＝šett＝a šarnikzi/ mān *INA* KUR ^{URU}Hatti/ nu＝za unattallan＝pát arnuzzi/①

[如果某人杀死了一个赫梯商人,他将赔付 100 个米纳的银,并且他将为此照看(他的)房屋。而如果(这件事)(发生)在卢维或帕莱克地区,他将赔付 100 个米纳的银,并偿付他的货物。如果(这件事)(发生)在赫梯地区,他还将带走(埋葬)那个商人。]

接续小品词和强调小品词并用,表示对接续话题内容的强调。

Bm9. anda＝ma＝ššan kuiš kūruri parā galankanza/ nu kiššan imma tezzi/ man＝wa ini kūrur arha harakzi/ nu kiššan imma tezzi/ man＝wa ini kūrur lē alpuēšzi/ nu apūn kē *NIŠ* DINGIR^{MEŠ} appandu/ n＝an *QADU* DAM＝*ŠU* DUMU^{MEŠ}＝*ŠU* harninkandu/②

(再者,谁取悦了敌人,并这样说:"也许这一场战役要输。"他甚至这样说:"别让这一场战役变得激烈。"那便让誓言神抓捕他,把他连同他的妻子和他的孩子们一起摧毁。)

选择连词"man"和直接引语小品词搭配并用,使直接引语小句间形成选择关系,表现了直接引语小句之间的析取关系。

Bm10. tákku LÚ-aš $\text{GU}_4^{\text{HI.A}}$ ÍD-an zēnuškizzi/ tamāiš＝an šuwāizzi/ nu KUN GU_4 ēpzi/ ta ÍD-an zāi/ nu EN GU_4 ÍD-aš pēdāi/ šuwayazi＝ma＝an kuiš/ nu＝

---

① KBo6. 3i10-13;CTH271(*The Laws of the Hittites*《赫梯法典》).

② KBo16. 24i46-50;CTH251(*Instructions and Oath Imposition for Princes, Lords, and Military Officers*《给王子、官员和军官的训诫和宣誓》).

za apun=pát dāi/①
[如果一个人与(他的)牛正在渡河,另一个人推倒了他,抓住牛尾渡了河,而河流带走了牛的主人。谁推倒了他,他(牛主人的继承者)将捕捉那个人。]

接续小品词和强调小品词并用,表示对接续话题内容的强调。

Bm11. LUGAL-*UTTA*=wa=mu kā pedi=ši pāi/ mān=wa *ŪL* =ma/ nu=wa *ŪL* uwami/②
("在这里就地给我王权。""如果你不(就地在这儿给我王权)。""那么我就不会来。")

直接引语小品词和条件状语连词、小句并列连词搭配并用,表示在直接引语当中的条件状语引语和结果引语,使直接引语小句表现为条件状语和结果状语。

赫梯语小品词表示语篇话题接续的作用较为显著,小品词在小品词链条中表现接续关系的使用较多,同时也用于表现语篇话题的转折关系和选择关系。强调小品词以附着形式出现在被强调名词成分后,对被强调名词成分在上文中的话题性持续出现进行标注式强调。直接引语小品词具有明确的语篇标示功能,带有直接引语小品词的直接引语句群形成独立的直接引语语篇。直接引语小品词与接续小品词搭配并用、与选择连词搭配并用、与条件状语连词搭配并用、与小句并列连词搭配并用,各自表示话题在直接引语语篇中的接续、直接引语语篇中直接引语小句间的选择关系、直接引语小句作条件状语、直接引语小句作结果状语。接续小品词和强调小品词搭配并用时,表示对用作持续性话题的名词成分的强调。

2.7 赫梯语方式方位语法词的衔接

阿拜特曼(B. J. Arbeitman)③和阿拜特曼(Y. L. Arbeitman)④曾探讨了

① KBo6. 5iv12-15;CTH271(*The Laws of the Hittites*《赫梯法典》).

② KUB14. 3i14-15;CTH 181(*From King Hattusili Ⅲ to the King of Ahhiyawa*《哈图希里三世致阿希亚瓦国王的交涉》).

③ ARBEITMAN B J. Why two preverbs (and only these two) became inseparable in Hittite[J]. JIES, 1974(2): 70-76.

④ ARBEITMAN Y L. An addendum to " why two preverbs (and only those two) became inseparable in Hittite"[J]. JIES, 1978(6): 143-144.

赫梯语两个固定搭配的前动词对主要动词语义的过程方式形成的修饰作用，认识了赫梯语前动词通过语法意义对主要动词语义的补充说明和强调作用。宝利①曾分析了赫梯语和其他古代印欧语中表示地点的地点指示性副词在小句句法结构中的成分用法。布罗施②和古慈(A. Goetze)③各自探讨了赫梯语表示地点的指示性副词和表示运动方向的空间副词组成的句法关系和形成的运动性空间方位语义，以及赫梯语后置词和前动词通过语法意义赋予小句的过程语义某种表现方式和空间方位的具体化语义。这些对赫梯语表示方式方位语义的语法词的已有分析都局限在小句句法成分分析和小句语义分析上，没有从语篇语义的视角关注赫梯语方式方位语法词的语篇衔接作用。

赫梯语方式方位语法词是指语篇中能够表达特定过程方式和空间方位语义的一些语法词，这些语法词具有表现方式方法和空间方位的语义共同性。通过表现空间位置关系使语篇场景中的空间关系形成关联，通过表现相同比较关系等抽象关系使语篇中各语义内容间形成方式关系，由这些方式方位关系体现出语篇事件相互联系的场景空间位置和抽象方式。

Bn1. našma kuit imma kuit hūelpi šumāš $^{\text{LÚ.MEŠ}}$APIN.LÁ DINGIR^{MEŠ}-aš pē harteni/ n＝at hūdāk mēhūnaš mēhuni pē harten/ kuitman＝at UN-aš nāwi ēzzāi/ n＝at＝kán DINGIR^{MEŠ}-aš ZI-ni hūdāk arnušketten/ n＝at DINGIR^{MEŠ} menahhanda lē uškanzi/ mānn＝at ištantanušketteni/ nu＝šmaš＝at waštul/ nu＝šmaš arianzi/ nu＝šmaš DINGIR^{MEŠ} EN^{MEŠ}＝*KUNU* mahhan tapariyanzi/ nu＝šmaš *QATAMMA* ienzi/ *IŠTU* GU$_4$＝ya＝šmaš 10 UDU＝ya zankilanzi/ nu DINGIR^{MEŠ}ZI-an waršanuanzi/④

(你们诸神的耕者带来了任何幼畜，你们要在恰当的时间把它带来。在人吃掉它之前，你们要按照诸神的意志立即把它带来，别让诸神等待。如果你们延迟，它就是你们的罪行。他们会为你们请谕，就像诸神、你们的主人指使你们，他们还会那样做。他们将加负给你们 1 头牛和 10 只羊，它们将取悦诸神的心灵。)

① BOLEY J. Hittite and Indo-European place word syntax[J]. Sprache, 1985(31): 229-241.

② BROSCH C. Beiträge zur hethitischen Raumgrammatik I: Die Verbindung Place Word ＋ arha und ihre Konstruktionen[J]. HitCongr, 2014(8): 124-137.

③ GOETZE A. Postposition and preverb in Hittite[J]. JCS, 1963(17): 98-101.

④ KUB13. 4iv1-11;CTH264(*Instructions for Priests and Temple Personnel*《给祭司和神庙人员的训诫》).

相同比较方式状语连词“mahhan(像)”衔接上文小句内容和下文指示性副词“*QATAMMA*(一样)”。指向前置词“*IŠTU*(从)”搭配谓语动词“zankilanzi(使负)”,支配名词词组“GU$_4$=ya=šmaš 10 UDU=ya(1 头牛和 10 只羊)”,产生数上的额外增添的语义,与上文名词“hūelpi(幼畜)”产生衔接关系。

Bn2. LÚ$^{\text{MEŠ URU}}$Hahha=ma karuššianzi/ [...]=ma=kán *ŠA* É.GAL^{LIM}=ma=at=kán KÁ.GAL šarā *ŪL* uwanzi/ mān 2 ^{É}hilammar/ n=at=kán kattera KÁ.GAL^{TI} šarā uwanzi/ šarāzzi=ma=at=kán KÁ.GAL šarā *ŪL* uwanzi/①
(哈哈城的人们沉默着,他们不能登临王宫的主门。如果有两座门厅,他们能登临下方的主门,他们不能登临上方的主门。)

方位前动词“šarā(向上)”支配两个名词“主门”,两座“主门”通过方位后置词显示的位置都在高处,但两座“主门”相互比较仍有上下方的区分。方位后置词的位置说明把两座“主门”方位的共同属性表现出来,使两座“主门”具有衔接关系。

Bn3. EGIR-pa=ma=kán namma ištarna 1 IKU/ nu namma 2 $^{\text{LÚ.MEŠ}}$*LIMSERI* katta iyanta/ ^{GIŠ}ŠUKUR$^{\text{HI.A}}$ harkanzi/ mān=at $^{\text{LÚ.MEŠ}}$DUGUD^{TI}/ mān=at peran tiyanteš $^{\text{LÚ.MEŠ}}$SIG$_5$^{TI}/ ^{TÚG}NÍG.LÁM$^{\text{HI.A}}$=ma=šmaš ^{KUŠ}E.SIR SIG$_5$^{TI} hilammeli wēššanta/ UGULA *LIMSERI*=ya=šmaš NIMGIR.ÉRIN^{MEŠ}=ya katti=šmi=ya iyanta/ ^{GIŠ}GIDRU$^{\text{HI.A}}$ harkanzi/②
[在(他们)后方更远一些的 1 伊库距离的(队列)中间,两个乡村千人长随行,他们持矛。不管他们是官员们或是高级军官们,他们像守门人那样都穿着精美的服装和鞋。乡村千人长的长官和传令官与他们并肩行进,并手持节杖。]

方位副词“EGIR-pa(后)”、方位副词“ištarna(中间)”使文中队列人物在阵列中的位置关系得到说明,使人物位置相互衔接。

Bn4. ^{LÚ}*MEŠEDI*=ma kuiš ^{GIŠ}GU.ZA harzi/ n=aš ^{GIŠ}huluganni ^{GIŠ}UMBIN GÙB-laz *ŠA* ^{GIŠ}ŠUKUR DUMU É.GAL kattan iyannai/ mahhan=ma=aš katta ^{É}kaškatepa ari/ n=aš ^{GIŠ}widūliya EGIR-an tiyazi/ nu=šši=kán mahhan $^{\text{LÚ.MEŠ}}$*MEŠEDI* DUMU^{MEŠ} É.GAL=ya handānta/ nu ^{GIŠ}GU.ZA *ANA* LÚ ^{GIŠ}GU.ZA

① IBoT1.36iv14-17;CTH262(*Protocol for the Royal Bodyguard*《给王室禁卫军的规章》).

② IBoT1.36ii51-55;CTH262(*Protocol for the Royal Bodyguard*《给王室禁卫军的规章》).

parā parā pāi/ apaš = az ^{GIŠ}ŠUKUR dāi/ n = aš = kán *ANA* $^{\text{LÚ.MEŠ}}$*MEŠEDI* anda iyannai/①
（手持座椅的禁卫军沿马车车轮左侧和持矛宫廷侍卫并肩行进。当他到达了门厅，他要行走在马车包厢后方。当禁卫军们和宫廷侍者和他一起列队，他要把座椅交给持椅者。而他则握持一支矛，然后他和禁卫军一起行进。）

方向前动词“kattan（下）”和方向副词“katta（下）”表现出动作发生的方向性，与上文出现同样方向说明的语法词的内容产生衔接。

Bn5. $^{\text{LÚ.MEŠ}}$ŠUKUR.DUGUD = ma = kán LUGAL-i menahhanda ZAG-az aranta/ ^{GIŠ}ŠUKUR$^{\text{HI.A}}$ *ŪL* harkanzi/ nu = šmaš ^{LÚ}ŠUKUR KÙ.SIG$_{17}$ katti = šmi arta/ ^{GIŠ}ŠUKUR KÙ.SIG$_{17}$ GAR.RA = ya harzi/ *ŠA* ^{LÚ}ŠUKUR = ma DUMU É.GAL [...] ^{GIŠ}*IŠTUHHU* ^{GIŠ}hulugannašš = a ^{GIŠ}mukar harzi/ n = aš LUGAL-i peran huyanza/ n = aš paizzi/ ^{GIŠ}huluganni GÙB-laz ^{GIŠ}UMBIN kattan tiyazzi/②
（两个持重矛者面对国王沿右侧站立，他们没有持矛。一个持金矛者和他们站在一起，他手持包金矛。持矛者的宫廷侍者手执鞭和马车的穆克尔装备，他奔跑在国王前方，他沿马车的左侧在车轮边行进。）

方位后置词“menahhanda（对着）”、方向后置词“peran（前）”、方向前动词“kattan（沿着）”表现出陈列人物位置之间的方位衔接关系。

Bn6. *ANA* $^{\text{LÚ.MEŠ}}$É.NA$_4$ = ya = kán *AŠŠUM* É.GI$_4$.A^{TI} andan peškandu/ parā = ma = kán DUMU.NITA DUMU.MUNUS *AŠŠUM* É.GI$_4$.A^{TI} ^{LÚ}andaiyandanni = ya lē kuiški pāi/ *ŠA* É.NA$_4$ = ya = za A.ŠÀ ^{GIŠ}TIR ^{GIŠ}MÚ.SAR ^{GIŠ}KIRI$_6$.GEŠTIN *NAPŠATU* = ya lē kuiški wāši/ mān = za ^{LÚ}É.NA$_4$ = ma kuiški naššu A.ŠÀ naššu ^{GIŠ}TIR naššu ^{GIŠ}MÚ.SAR naššu ^{GIŠ}KIRI$_6$.GEŠTIN *NAPŠATU* = ya wāši/ [...] anda aniyaz kuiški/③
[让他们把（一些女儿）当作新娘送给墓室看护者们，但谁也别从那里送出一个儿子，或送出一个女儿当新娘，或女婿。谁也别从墓室那里购买农田、林地、花园、葡萄园和侍妾。如果某个墓室看护者购买了农田或林地或花园或葡萄园和侍妾，任何工作都（……）]

① IBoT1. 36ii26-31；CTH262（*Protocol for the Royal Bodyguard*《给王室禁卫军的规章》）.

② IBoT1. 36ii9-14；CTH262（*Protocol for the Royal Bodyguard*《给王室禁卫军的规章》）.

③ KUB13. 8i13-18；CTH252（*Decree of Queen Ašmunikkal Concerning the "Royal Funerary Structure"*《女王阿斯穆尼卡关于王室墓葬的敕令》）.

方式前置词“*AŠŠUM*(当作)”衔接发生使成关系的语义项目。

Bn7. nu=wa=kán apēl ZI-an DINGIR^{MEŠ} uwitenš iwar arha lāhhuwaten/[①]
(“诸神啊,倾洒那人的灵魂吧,就像倾洒水一样。”)

相同比较后置词“iwar(像)”衔接具有共同性的语义项目。

Bn8. mān=kán apāš=ma DUMU LUGAL našma *BELU*$_4$ tuzziya peran arha idālu uttar pēhutezzi/ n=ašta ^{d}UTU^{ŠI} zammurāizzi/ šumašš=an ēpten/ n=an *MAHAR* ^{d}UTU^{ŠI} uwatetten/ nu uwami/ ^{d}UTU^{ŠI} uttar ukila punušmi/ *BELU*^{MEŠ} kuiēš ÉRIN^{MEŠ} ANŠE. KUR. RA$^{HI.A}$ auriuš māniyahhiš ketteni/ nu=ššan šakuwaššarit ZI-it kattan tiyan harten/[②]
[如果在军队前(指挥)的那个王子或官员带去了恶意的言语,他贬损我主,你们便要抓捕他。你们要把他带到我主的面前,我将前来,我主我将亲自查问这件事。你们指挥驻防战车兵的官员们,你们要全心全意地服从。]

方位后置词“peran(前)”、方位前置词“*MAHAR*(前)”表现一种隐喻性的方位关系,衔接围绕这种方位关系进行活动的人物。

赫梯语方式方位语法词是表达特定方式、移动方向和特定空间位置关系的一些语法词,这些语法词表达的方式关系、移动方向关系和空间位置关系使包含在这些关系当中的语义项目间形成语义衔接。这些语法词主要包括:方式状语连词、方位前动词、方向前动词、方位副词、方向副词、方位后置词、方向后置词、表达相同比较关系的方式后置词、方式前置词、方位前置词、方向前置词。这些语法词当中表示特定方式关系的语法词包括:表达相同比较关系的方式状语连词、表达相同比较关系的方式后置词、表达使成关系的方式前置词。表示特定移动方向关系的语法词包括:方向前动词、方向副词、方向后置词、方向前置词。表示特定空间位置关系的语法词包括:方位前动词、方位副词、方位后置词、方位前置词。

① KUB13. 3iii1-2;CTH 265(*Instructions and Oath Imposition for Royal Servants Concerning the Purity of the King*《给王室侍从关于国王清洁事宜的训诫与誓言指令》).

② KUB13. 20i26-29;CTH259(*Tudhaliya I's Instructions and Oath Imposition for All the Men*《图塔利亚一世给所有人的训诫和宣誓》).

2.8 赫梯语动词时态、体态与语式范畴的衔接

2.8.1 赫梯语动词时态和体态范畴的衔接

珀提纳多(P. M. Bertinetto)、凯姆比[①]和道斯(A. Daues)[②]分析了赫梯语通过添加动词后缀的方式在动词体范畴中形成持续体的动词形态和语义表现,以及动词持续体的形态和语义与小句句法成分中的时间状语副词的语义搭配关系、动词持续体表现出的体范畴中的动作持续意义与并行时间状语从句句型中时间意义的搭配关系。迪士特海福(D. Disterheft)[③]分析了赫梯语非谓语动词在小句过程语义中的体范畴。豪福纳和梅尔切特[④]对赫梯语通过添加动词后缀形成动词体范畴语法意义的过程进行了分析。以往这些对赫梯语体范畴的探讨都局限于根据传统语法对赫梯语动词的体范畴进行词法形态分析和对动词体范畴进行语法意义分析,完全没有涉及赫梯语动词体范畴的语篇衔接。

赫梯语动词时范畴的衔接较常使用现在时和过去时的连续一致关系,赫梯语动词体范畴的衔接较常使用一般体和持续体的连续一致关系。

Bo1. māhhan = ma = kán LUGAL-uš ^{GIŠ}huluganaz katta tiyēzzi/ nu mān GAL *MEŠEDI* arta/ nu GAL *MEŠEDI* EGIR-anta *UŠKEN*/ nu LUGAL-un EGIR-pa *ANA* GAL DUMU^{MEŠ} É.GAL hikzi/ mān tamaiš = ma kuiški *BELU*^{LUM} handāitta/ kuiš hantezzianni arta/ nu apaš *UŠKEN*/ mān *BELU* GAL = ma *ŪL* kuiški handāittari/ nu kuiš ^{LÚ}*MEŠEDI* = ma arta/ nu apaš *UŠKEN*/ mān = ašta ^{GIŠ}GIGIR-za = ma kuwapi anda paizzi/ n = ašta māhhan LUGAL-uš ^{GIŠ}GIGIR-za katta tiyazi/ GAL *MEŠEDI* LUGAL-i EGIR-anda *ITTI* $^{LÚ.MEŠ}$*MEŠEDI* *UŠKENNU*/ karšuwaš = a kuiš ^{LÚ}*MEŠEDI*/ n = aš *ŠA* ^{GIŠ}GIGIR ZAG-aš

① BERTINETTO P M, Cambi V. Hittite temporal adverbials and the aspectual interpretation of the ške/a-suffix[J]. Fs Gusmani, 2006(18): 193-233.

② DAUES A. Die Funktion der Konstruktion-škeuwan dai/i-/tiye-im Junghethitischen [J]. HitCongr, 2007(6): 195-205.

③ DISTERHEFT D. Non-final verbs in Hittite[J]. ZVS, 1984(97): 221-227.

④ HOFFNER H A, MELCHERT H C. A practical approach to verbal aspect in Hittite[J]. Gs Imparati, 2002(11): 377-390.

^{GIŠ}UMBIN menahhanda UŠKEN/ ^{LÚ}*KARTAPPU*=ma GÙB-laš ^{GIŠ}UMBIN menahhanda UŠKEN/[①]

（当国王从马车走下，如果禁卫军长官站在那里，禁卫军长官要在他身后鞠躬。然后他将把国王交托给宫廷侍者长官。而如果别的某个官员也在列，并站在前列。那么他要鞠躬。但如果没有任何高级官员在列，那么任何一个站在那里的禁卫军将鞠躬。如果国王乘马车去了某处，当国王从马车走下，禁卫军长官与禁卫军们将在国王身后鞠躬。担任御马者的禁卫军对着马车的右侧车轮鞠躬，而战车兵则对着左侧车轮鞠躬。）

单数第三人称主动态动词"katta tiyēzzi（他走下）""hikzi（他交托）""paizzi（他走）"和中动被动态动词"handāittari（他列编）""arta（他站）"都是现在时一般体形式，体现了动词时和体的延续一致性。

Bo2. $^{LÚ.MEŠ}$*MEŠEDI*=ma kuwapi iyanta/ nu 2 $^{LÚ.MEŠ}$*MEŠEDI* peran huyanteš/ ^{GIŠ}ŠUKUR$^{HI.A}$=ya harkanzi/ n=at=kán handānteš/ GÙB-laz DUMU É.GAL iyatta/ nu ^{GIŠ}kalmuš harzi/ n=ašta apašš=a *ANA* 2 $^{LÚ.MEŠ}$*MEŠEDI* handānza/ n=at=kán 3-ēš takšan handānteš/ EGIR-pa=ma=šmaš $^{LÚ.MEŠ}$*MEŠEDI* DUMU É.GAL^{TI} 3 šāriyeš iyanta/ *ŠA* $^{LÚ.MEŠ}$*MEŠEDI* 2 šāriyeš *ŠA* DUMU^{MEŠ} É.GAL=ya 1 šāriyaš/ *ANA* ^{GIŠ}huluganni=ma=at EGIR-pa 1 IKU iyanta/[②]

（当禁卫军行进时，两个禁卫军奔跑在前方，他们持矛，他们列队。一个宫廷侍者沿左侧行走，他手持弯杖，并和那两个禁卫军列队，他们三人便组队在一起。在他们后方，禁卫军和宫廷侍卫组成三列行进，两列禁卫军和一列宫廷侍者。他们在马车后方1伊库距离行进。）

复数第三人称动词"iyanta（他们行进）"和单数第三人称动词"iyatta（他行走）"都是过去时一般体形式，复数第三人称动词"harkanzi（他们持）"和单数第三人称动词"harzi（他持）"都是现在时一般体形式。表示动作状态的动词复数完成体分词形式"huyanteš（他们奔跑）"、动词复数完成体分词形式"handānteš（他们列编）"、动词单数完成体分词形式"handānza（他列编）"都是完成体分词形式，时体形式具有延续一致性。

Bo3. māhhan=ma LUGAL-uš arahza paizzi/ n=ašta 1 DUMU É.GAL ^{É}halentūaz parā wezzi/ nu hattīli tahaya halzai/ tahayan=ma=za hattili ^{LÚ}ŠU.I halziššanzi/

① IBoT1. 36iv18-24; CTH262(*Protocol for the Royal Bodyguard*《给王室禁卫军的规章》).

② IBoT1. 36ii32-38; CTH262(*Protocol for the Royal Bodyguard*《给王室禁卫军的规章》).

nu ^{LÚ}*MEŠEDI* LÚ ^{GIŠ}ŠUKUR KÙ.SIG$_{17}$ ^{LÚ}Ì.DU$_{8}$=ya ^{É}kaškaštipa pānzi/ nu GAL-yaz KÁ.GAL-az ^{URUDU}zakkin karpanzi/ nu ^{GIŠ}IG^{TI} EGIR-pa haššanzi/ LÚ ^{GIŠ}ŠUKUR KÙ.SIG$_{17}$ [...]/ ^{LÚ}ŠU.I=ma ^{GIŠ}galāma harzi/ n=ašta KÁ-uš arha warši/ $^{LÚ.MEŠ}$šalašheš ^{GIŠ}hulugannin wahnuanzi/ $^{LÚ.MEŠ}$*MEŠEDI*=ma ^{É}arkiwi tapušza ZAG-za tienzi/ mān kuedani=ma URU-ri ZAG-az tiyawanzi/①

（当国王走了出去，一个宫廷侍者将从宫殿出来，并用哈梯语呼喊："塔哈扬。"人们也用哈梯语呼喊意为清扫者的"塔哈扬"，然后一个禁卫军、一个持金矛者和一个守门人走向门厅。他们把门栓从正门抬起，并重新打开了门。持金矛者……而清扫者则手持帚，他将清扫门。马夫将调转马车，禁卫军要沿通道的右侧行进，但如果是在某座城他们要沿右侧行进。）

单数第三人称动词"paizzi(他走)""parā wezzi(他出来)""halzai(他呼喊)""harzi(他持)""warši(他扫)"和复数第三人称动词"halziššanzi(他们呼喊)""pānzi(他们走)""karpanzi(他们抬起)""haššanzi(他们开放)""wahnuanzi(他们调转)""tiyawanzi(他们行进)"都是现在时一般体形式，具有延续一致性。

Bo4. É.GAL$^{HI.A}$ kue maniyahhiya anda/ nu=šmaš=šan hūmanteya IGI$^{HI.A}$-wa harak/ A.ŠÀ terippiyaš=a=ššan NUMUN$^{HI.A}$-ašš=a É.GAL$^{HI.A}$*ŠA* SAG.GÉME.ÌR^{MEŠ} halkuiššanaš=a IGI$^{HI.A}$-wa harak/ maniyahhiya=ta=kkán kue É.GAL$^{HI.A}$ É$^{HI.A}$*BELU*^{TI}=ya anda/ n=ašta EGIR-an arha punuške/ naššu damišhān kuiški kuitki harzi/ našma=za dān kuiški kuitki harzi/ našma=za happiran kuiški kuitki harzi/ našma ÉSAG kuiški kinuwan harzi/ našma=za=kán GU$_{4}$ LUGAL kuiški kunan harzi/ našma=kán ÉSAG$^{HI.A}$ kuiški šarā adān harzi/ nu=za GIŠ.HUR$^{HI.A}$ GÙB-laš=ma harninkan harzi/ n=at=za EGIR-an kappūi/ našma=kán *ANA* SAG.GÉME.ÌR^{MEŠ} kuiški kuitki arha dān harzi/ n=an auwariyaš EN-aš ēpdu/ n=an *MAHAR* ^{d}UTU^{ŠI} uppau/ gimmi=ya=ššan *ANA* GU$_{4}$^{MEŠ} LUGAL IGI$^{HI.A}$-wa hardu/ nu gimmandaš BURU$_{14}$-aš KIN-ši EGIR-an arhut/ *ŠA* TU$_{7}$$^{HI.A}$ *AŠRI*$^{HI.A}$ SIG$_{5}$-yahhan ēštu/ e=kán dān ēštu/ É *ŠURIPI* wedan ēštu/②

［你要用双眼盯着在行省内的所有王宫。你要用双眼盯着犁过的田地里的种子和宫廷仆役们的田地份额。你要一直询问你的行省内的王宫和官员宅邸。某人毁坏了任何物品，或某人夺取了任何物品，或某人转卖了任何物品，或某人闯入

① IBoT1. 36i64-70；CTH262（*Protocol for the Royal Bodyguard*《给王室禁卫军的规章》）.

② KUB13. 2iv9-26；CTH261（*Instructions of Arnuwanda I for the Frontier Post Governors*《阿努旺达一世给边境驻防官的训诫》）.

了谷仓，或某人屠宰了王族的牛，或某人消耗了谷仓，或某人非法摧毁了手写板，你就要追查它。如果某人从仆役那里夺取了某物，那就让哨所督官抓捕他，并把他带到我主面前。在冬季，你要用双眼盯着王族的牛群，你要关注冬季和收割季的务农者。让厨房就绪，让（冰块）得以收集，让冰室得以建造。]

由完成体分词和现在时单数第三人称助词组成的动词"damišhān harzi（他毁坏了）""dān harzi（他夺取了）""happiran harzi（他转卖了）""kinuwan harzi（他擅入了）""kunan harzi（他屠宰了）""adān harzi（他消耗了）""harninkan harzi（他摧毁了）"都是现在时完成体形式，具有延续一致性。

Bo5. n=at *ŠA* DINGIR^{LIM} šaklāi lē dašgatten/ wātar *ŠA* NINDA. GUR$_4$. RA UD^{MI} ^{GIŠ}TIR gauriyaza ^{GIŠ}TIR dunnariyaza piddaišketten/ nu *ŠA* DINGIR^{LIM} šaklāi apāt dašketten/ ^{d}UTU^{ŠI} = ya = kán kuin NINDA.GUR$_4$.RA UD^{MI}*ANA* DINGIR^{LIM} piddaiškemi/ nu šummaš $^{LÚ.MEŠ}$SANGA kiššan ēššešten/ GIM-an $^{LÚ.MEŠ}$SANGA ^{LÚ}HAL = ya kariwariwar *PANI* É DINGIR^{LIM} pānzi/ nu *ANA* DINGIR^{LIM} NINDA. GUR$_4$. RA UD^{MI} peran arha danzi/ nu=kán É DINGIR^{LIM} parā šanhanzi/ papparšanzi/ nu=kán NINDA. GUR$_4$. RA UD^{MI} tiyanzi/ GIM-an nekuzza mehur kišari/ nu=kán šašannaš dāi/ nu=kán É DINGIR^{LIM} parā SUD-anzi/ ^{LÚ}SANGA=ma=kán ^{LÚ}HAL=ya *PANI* KÁ-aš šešanzi/ namma=ya kue É^{MEŠ} DINGIR^{MEŠ}/ nu GIM-an kariwariwar ^{LÚ}SANGA ^{LÚ}HAL = ya panzi/ nu = kán É^{MEŠ} DINGIR^{MEŠ} arahzanda wehandu/ namma=at=kán parā šanhandu/ papparaššandu/ n=at=kán parā SUD-anzi/①

[为了神灵的仪轨，你们不能取走它。让你们从戈乌利亚森林和都纳利亚森林运送神灵的水和日常面包。为了神灵的仪轨，让你们总是手持那些。我，我主带给神灵的日常面包，你们祭司要这样制作：当祭司和占卜者清晨走入神庙时，他们要从神灵面前取走（旧的）日常面包，他们要清扫和冲洗神庙，随后他们要把日常面包摆在那里。当夜晚到来，他要放置灯火，而他们要把神庙关闭，祭司和占卜者要睡在门前。并且，不管是什么神庙，当祭司和占卜者在清晨走到（那里），让他们环视神庙外部，并且让他们清扫和冲洗它们，他们要把它们关闭。]

复数第二人称命令式动词"piddaišketten（让你们一直运送）""dašketten（让你们一直握持）"和单数第一人称直陈式动词"piddaiškemi（我一直带给）"都是持续体形式，复数第三人称动词"pānzi（他们走）""danzi（他们取）""šanhanzi（他们扫）""papparšanzi（他们洗）""tiyanzi（他们摆放）""SUD-anzi（他们关闭）"

① KUB31.113；CTH275（*Instructions for Priests and Diviners*《给祭司和占卜者的训诫》）.

"šešanzi(他们睡)"和单数第三人称中动被动态动词"kišari(它变得)"、单数第三人称主动态动词"dāi(他放置)"延续了现在时一般体形式。

Bo6. mān paprātar kuiški iyazi/ LUGAL-aš ZI-an kuiški kartimmiyanuzi/ šumēšš=a kiššan tēteni/ LUGAL-uš=wa=nnaš *ŪL* aušzi/ LUGAL-aš=ma=šmaš DINGIR[MEŠ]-uš karū uškanzi/ nu=šmaš UZ_6-an iyanzi/ nu=šmaš=kán HUR.SAG-an parhanzi/ gaggapan=ma=šmaš iyanzi/ nu=šmaš=kán [NA4]pēruni parhanzi/①

(如果某人造成了污染,某人触怒了国王的心灵,你们会这样说:"国王不会去看我们,然而国王的诸神早已在注视着你们。他们会把你们变成山羊,会把你们赶入群山,把你们变成卡卡帕兽,并把你们赶向山崖。")

单数第三人称动词"iyazi(他造成)""aušzi(他看)"、复数第三人称动词"iyanzi(他们做)""parhanzi(他们驱散)"、复数第二人称动词"tēteni(你们说)"都延续了现在时一般体形式。

Bo7. tákku *ÚNUTE*[MEŠ] kuiški našma GU_4 UDU ANŠE.KUR.RA ANŠE wemiyazi/ n=an EGIR-pa EN-i=šši pēnnai/ n=an pēhutezzi/ mān EN-in=ššin=ma *ŪL* wemiyazi/ nu=za kūtruwāezzi/ EGIR-zian=ma=at EN=*ŠU* wemiyazi/ nu=šši=kán kuit harkán/ n=at šakuwaššar arha pēdai/ mān=za *ŪL*=ma kūtruwāezzi/ EGIR-zian=ma=at EN=*ŠU* wemiyazi/ n=aš [LÚ]NÍ.ZU kišari/ 3=*ŠU* šarnikzi/②

[如果某人发现了农具,一头牛、一只羊、一匹马或一匹驴,他要驱赶它回到它的主人那里。他(主人)会牵走它。但如果他没有找到它的主人,他要寻求见证。之后它的主人找到了他们,他(主人)会带走从他(主人)那里被保管的物品。但如果他(某人)没有寻求见证,之后它的主人找到了他们,他(某人)就被当成了贼。他(某人)要做3倍赔偿。]

单数第三人称动词延续了现在时一般体形式。

Bo8. ta=an EGIR-pa párkunuzi/ mān É-ri=ya kuitki idālawēszi/ n=an EGIR-

① KUB13.3ii7-12;CTH265(*Instructions and Oath Imposition for Royal Servants Concerning the Purity of the King*《给王室仆役有关国王清洁的训诫和宣誓》).

② KBo6.4iv4-11;CTH271(*The Laws of the Hittites*《赫梯法典》).

pa＝pát párkunuzi/ kuitta＝ya＝šši＝kán kuit harakzi/ n＝at EGIR-pa 1＝*ŠU* šarnikzi/①

[他要使之重新洁净。如果在房屋内某件事出了问题，他要使之洁净如初。任何物品因他而受了损，他要使自己为他的(损坏的物品)赔偿它。]

文中动词延续了现在时使动体的形式。

Bo9. takku É-er našma URU-an našma ^{GIŠ}KIRI$_6$ našma wešin kuiški ušneškatta/ tamaiš＝a paizzi/ ta＝kkán peran wahzi/ ta＝ššan happari šer happar iyazi/ waštulaš 1 MA.NA KÙ.BABBAR pāi/ LÚ.U$_{19}$.LU-naz hantezziuš＝pát happariuš wāši/②

(如果某人正在出售房屋、田园、庄园或牧场，而另一个人走去，上前发动攻击，然后完成了交易。他要为此次冒犯偿付1米纳白银，并以最初的价格和那个人做交易。)

文中动词延续了单数第三人称现在时一般体的形式。

Bo10. EGIR-pa＝ma＝kán ištarna 1 IKU/ nu LÚ ŠUKUR KÙ.SIG$_{17}$ ^{GIŠ}ŠUKUR KÙ.SIG$_{17}$ GAR.RA harzi/ ^{LÚ}A.ZU＝ya ^{GIŠ}mūkar harzi/ n＝at takšan iyanta/ nu ^{LÚ}A.ZU hukkiškezzi/③

(在他们后方1伊库距离的队列中间，持金矛者手持包金矛。而一个医者手持穆科装备，他们行进在一起，医者念着咒词。)

单数第三人称现在时动词“harzi(他持)”“hukkiškezzi(他念)”和复数第三人称过去时动词“iyanta(他们行进)”都延续了一般体形式。

Bo11. takku *INA* KÁ É.GAL ^{GIŠ}zahrain kuiški tayēzzi/ 6 GÍN KÙ.BABBAR pāi/ takku *INA* KÁ É.GAL ^{GIŠ}ŠUKUR ZABAR kuiški tayēzzi/ aki＝aš/ takku ZI.KIN.BAR URUDU kuiški tayēzzi/ 1 *PA*.ŠE pāi/ takku gapinuš *ŠA* 1 TÚG kuiški tayēzzi/ 1 TÚG.SÍG pāi/④

(如果某人在王宫门内盗走了一把木椅，他要赔付6舍克白银。如果某人在王宫门内盗走了一支铜矛，那么他要死去。如果某人盗走一枚铜针，他要赔付一帕燕

① KBo6. 4iv1-3; CTH271(*The Laws of the Hittites*《赫梯法典》).

② KBo6. 10iii17-21; CTH271(*The Laws of the Hittites*《赫梯法典》).

③ IBoT1. 36ii44-46; CTH262(*Protocol for the Royal Bodyguard*《给王室禁卫军的规章》).

④ KBo6. 10ii11-16; CTH271(*The Laws of the Hittites*《赫梯法典》).

麦。如果某人盗走一件衣服上的羊毛线，他要赔付一件羊毛衣。）

文中动词延续了单数第三人称现在时一般体的形式。

Bo12. takku ^{GIŠ}IG šullannaz kuiški tayēzzi/ kuit kuit harakzi/ t=at šarnikzi/①
（如果某人因口角盗走了门板，任何物品遗失了，他要偿付它们。）

文中动词延续了单数第三人称现在时一般体的形式。

Bo13. mān *INA* UD.3.KAM našma *INA* UD.KAM ^{LÚ}MAŠKIM.URU$^{\textit{LIM}}$ ^{URU}Hattuššan *ŪL* wehiškezzi/ nu mān *ANA* ^{LÚ}hazanni EGIR-pa kuiški memai/ akkanza=wa=kán ^{URU}Hattuši šer kittari/ nu ^{LÚ}hazannu ^{LÚ}MAŠKIM.URU$^{\textit{LIM}}$ wašduli ēpzi/②
（如果城务专员没有每3天或每……天巡视哈图沙城，如果此后某人对市长说："一具尸体正躺在哈图沙城里。"那么市长将为此罪过抓捕城务专员。）

文中动词延续了单数第三人称现在时一般体的形式。

Bo14. ^{LÚ}hipparaš luzzi karpīezzi/ nu ^{LÚ}hippari hāppar lē kuiški ezzi/ DUMU=*ŠU* A.ŠÀ=*ŠU* ^{GIŠ}KIRI$_6$.GEŠTIN=*ŠU* lē kuiški wāši/ kuiš=za ^{LÚ}hippari hāppar ezzi/ n=aš=kán hāpparaz šemenzi/ ^{LÚ}hipparaš kuit happarāit/ ta=z āppa dāi/③
［一个赫帕人履行了鲁兹义务，无人可以与赫帕人做交易，无人可以购买他的孩子、他的田地和他的葡萄园。谁与赫帕人做了交易，谁就要罚失交易款。赫帕人出售了任何（物品），他（赫帕人）都将取回。］

与单数第三人称过去时一般体动词"happarāit（他交易了）"相应的动名词"hāppar（交易）""hāpparaz（交易）"形成了延续一致关系。

Bo15. takku šuppalaš=šet kuēlqa šēuniahta/ t=at parkunuzi/ n=at arha pennāi/ išuwanalli=ma=kán išuwan dāi/ ari=šši=ma=at *ŪL* tezzi/ ^{LÚ}arašš=a *ŪL* šakki/ šuppalaš=šet pennāi/ n=at aki/ šarnikzil/④
［如果某人的牲畜遇到了病疫，（主人）对它们做了净化，并把它们驱离。他把泥

① KBo6. 10ii17-18；CTH271（*The Laws of the Hittites*《赫梯法典》）.

② KBo13. 58iii7-12；CTH257（*Instructions of Arnuwanda I for the Mayer of Hattusa*《阿努旺达一世给哈图沙市长的训诫》）.

③ KBo6. 2ii49-52；CTH271（*The Laws of the Hittites*《赫梯法典》）.

④ KBo6. 26i22-27；CTH271（*The Laws of the Hittites*《赫梯法典》）.

浆放入浆池，但他没把这件事告诉他的同伴。他的同伴并不知情，驱赶他的牲畜(到了那里)，牲畜们于是死了，这便应做赔偿。]

单数第三人称过去时动词"šeuniahta"和单数第三人称现在时动词延续了一般体。

Bo16. takku antuhšan kuiški kuššaniyēzzi/ n=aš lahha paizzi/ n=aš aki/ takku kuššan piyan/ nu *ŪL* šarnikzi/ takku kuššan=šet *ŪL* piyan/ SAG.DU pai/ kuššann=a 12 GÍN KÙ.BABBAR pai/ *Ù ŠA* MUNUS kuššan 6 GÍN KÙ.BABBAR pai/[①]

(如果某人雇佣了一个人，此人去参战并且死了，如果佣金已付，他不做赔偿。如果他的佣金未付，他要付出一个人力。他要支付的佣金为12舍克白银，支付给女人的佣金为6舍克白银。)

分词"piyan(已付)""*ŪL* piyan(未付)"延续了完成体中性形式。

赫梯语动词具有时和体的范畴，一个动词能够同时体现时和体两种范畴。语篇中的不同动词能够保持同一时范畴而使用不同体范畴，也能保持同一体范畴而使用不同时范畴。或语篇中的不同动词保持相同的时范畴和体范畴，不同动词共同使用同一种时范畴并延续了动词时范畴的时间意义，保持时范畴的一致性，使不同动词能够在同一种时范畴当中形成呼应，形成语篇中动词在时范畴上的衔接。语篇中不同动词共同使用同一种体范畴并延续了动词体范畴的方式意义，保持体范畴的一致性，使不同动词能够在同一种体范畴当中形成呼应，形成语篇中动词在体范畴上的衔接。动词时范畴衔接通常使用现在时和过去时，动词体范畴常使用一般体和完成体，较少使用持续体和使动体。

2.8.2 赫梯语动词语式范畴的衔接

贾斯图斯[②]曾探讨了赫梯语谓语动词采用动词第一人称命令式的小句中谓语动词的第一人称命令式的词法形态和语法意义与小句句法成分语序间的关系，没有涉及赫梯语动词语式范畴在语篇中的衔接。

赫梯语动词语式范畴的衔接较常使用直陈式和命令式的连续一致关系。

---

① KBo6. 3ii48-51;CTH271(*The Laws of the Hittites*《赫梯法典》).

② JUSTUS C F. Word order and the first person imperative[J]. Word-Order Patterns, 2006(6): 165-184.

Bp1. *UMMA* ^{d}UTU^{ŠI} ^{m}Arnuwanda LUGAL.GAL/ mān auriyaš EN^{MEŠ} hantezziuš auriuš [...]/ nu=šmaš išhiūl kiššan ēštu/①
（我主、阿努旺达、大王这样说，当边境驻防长官监视着边境，让他们的义务如这样：）

动词命令式，如单数第三人称系词命令式“ēštu（让它是）”保持语式的延续性。

Bp2. hantezziēš BÀD$^{\text{HI.A}}$-aš URU$^{\text{DIDLI.HI.A}}$-aš haliyaz [...] ašandu/ nu hāli SIG_5-in pahhašnuwan ēštu/②
（要让加强防御的边境卫城处于监视，让监视得以妥善保持。）

复数第三人称系词“ašandu（让它们是）”、单数第三人称系词“ēštu（让它是）”延续了命令式形式。

Bp3. n=ašta kuitman haliyaz $^{\text{LÚ.MEŠ}}$hāliyatallēš katta nāwi uwanzi/ n=ašta URU-az katta $^{\text{LÚ.MEŠ}}$NÍ.ZU kuitman uwandu/③
（当哨兵还未从站哨中撤离，此时让侦察兵从城市撤离。）

命令式动词，如复数第三人称命令式动词“katta uwandu（让他们撤离）”具有延续一致性。

Bp4. n=ašta kuranna SIG_5-in šanhandu/ nu memian EGIR-pa udau/ n=ašta ^{LÚ}EN.NUN katta haliyaz *QATAMMA* weddu/④
（让他们仔细检查隔离区，让他带回消息，也让哨兵从站哨中撤离。）

复数第三人称动词“šanhandu（让他们检查）”、单数第三人称动词“udau（让他带）”“katta weddu（让他撤离）”延续了命令式形式。

Bp5. É.GAL$^{\text{HI.A}}$ kue maniyahhiya anda/ nu=šmaš=šan hūmanteya IGI$^{\text{HI.A}}$-wa

① KUB13. 1i1-3; CTH261(*Instructions of Arnuwanda I for the Frontier Post Governors*《阿努旺达一世给边境驻防官的训诫》).

② KUB13. 1i4-5; CTH261(*Instructions of Arnuwanda I for the Frontier Post Governors*《阿努旺达一世给边境驻防官的训诫》).

③ KUB13. 1i6-8; CTH261(*Instructions of Arnuwanda I for the Frontier Post Governors*《阿努旺达一世给边境驻防官的训诫》).

④ KUB13. 1i9-11; CTH261(*Instructions of Arnuwanda I for the Frontier Post Governors*《阿努旺达一世给边境驻防官的训诫》).

harak/ A.ŠÀ terippiyaš=a=ššan NUMUN$^{HI.A}$-ašš=a É.GAL$^{HI.A}$*ŠA* SAG.GÉME.ÌR^{MEŠ} halkuiššanaš=a IGI$^{HI.A}$-wa harak/ maniyahhiya=ta=kkán kue É.GAL$^{HI.A}$ É$^{HI.A}$ *BELU*^{TI}=ya anda/ n=ašta EGIR-an arha punuške/ naššu damišhān kuiški kuitki harzi/ našma=za dān kuiški kuitki harzi/ našma=za happiran kuiški kuitki harzi/ našma ÉSAG kuiški kinuwan harzi/ našma=za=kán GU$_4$ LUGAL kuiški kunan harzi/ našma=kán ÉSAG$^{HI.A}$ kuiški šarā adān harzi/ nu=za GIŠ.HUR$^{HI.A}$ GÙB-laš=ma harninkan harzi/ n=at=za EGIR-an kappūi/ našma=kán *ANA* SAG.GÉME.ÌR^{MEŠ} kuiški kuitki arha dān harzi/ n=an auwariyaš EN-aš ēpdu/ n=an *MAHAR* ^{d}UTU^{ŠI} uppau/ gimmi=ya=ššan *ANA* GU$_4$^{MEŠ} LUGAL IGI$^{HI.A}$-wa hardu/ nu gimmandaš BURU$_{14}$-aš KIN-ši EGIR-an arhut/ *ŠA* TU$_7$$^{HI.A}$ *AŠRI*$^{HI.A}$ SIG$_5$-yahhan ēštu/ e=kán dān ēštu/ É *ŠURIPI* wedan ēštu/①

[你要用双眼盯着在行省内的所有王官。你要用双眼盯着犁过的田地里的种子和宫廷仆役们的田地份额。你要一直询问你的行省内的王官和官员宅邸。某人毁坏了任何物品，或某人夺取了任何物品，或某人转卖了任何物品，或某人闯入了谷仓，或某人屠宰了王族的牛，或某人消耗了谷仓，或某人非法摧毁了手写板，你就要追查它。如果某人从仆役那里夺取了某物，那就让哨所督官抓捕他，并把他带到我主面前。在冬季，你要用双眼盯着王族的牛群，你要关注冬季和收割季的务农者。让厨房就绪，让(冰块)得以收集，让冰室得以建造。]

单数第二人称动词"punuške(让你一直询问)""arhut(让你关注)""kappūi(让你检查)"和单数第三人称动词"ēpdu(让他抓捕)""uppau(让他带)""hardu(让他保持)""ēštu(让它是)"延续了命令式形式。

Bp6. nu $^{LÚ.MEŠ}$NÍ.ZU *ŠA* KASKAL GÍD.DA auriyēš ēpdu/ n=ašta LÚ^{MEŠ}[...] URU-az katta kuranna šanhuwanzi ūnniyandu/ n=ašta kurannan šanhandu/②
(让侦察兵占据主干道上的各哨所，让……者驶离城市去检查隔离区，让他们都检查隔离区。)

单数第三人称动词"ēpdu(让他占据)"、复数第三人称动词"ūnniyandu(让他们驶)""šanhandu(让他们检查)"延续了命令式形式。

① KUB13.2iv9-26;CTH261(*Instructions of Arnuwanda I for the Frontier Post Governors*《阿努旺达一世给边境驻防官的训诫》).

② KUB13.1i12-14;CTH261(*Instructions of Arnuwanda I for the Frontier Post Governors*《阿努旺达一世给边境驻防官的训诫》).

Bp7. n=at *ŠA* DINGIR^{LIM} šaklāi lē dašgatten/ wātar *ŠA* NINDA. GUR$_4$. RA UD^{MI} ^{GIŠ}TIR gauriyaza ^{GIŠ}TIR dunnariyaza piddaišketten/ nu *ŠA* DINGIR^{LIM} šaklāi apāt dašketten/ ^{d}UTU^{ŠI} = ya = kán kuin NINDA.GUR$_4$.RA UD^{MI} *ANA* DINGIR^{LIM} piddaiškemi/ nu šummaš $^{LÚ.MEŠ}$SANGA kiššan ēššešten/ GIM-an $^{LÚ.MEŠ}$SANGA ^{LÚ}HAL=ya kariwariwar *PANI* É DINGIR^{LIM} pānzi/ nu *ANA* DINGIR^{LIM} NINDA. GUR$_4$. RA UD^{MI} peran arha danzi/ nu=kán É DINGIR^{LIM} parā šanhanzi/ papparšanzi/ nu=kán NINDA. GUR$_4$. RA UD^{MI} tiyanzi/ GIM-an nekuzza mehur kišari/ nu=kán šašannaš dāi/ nu=kán É DINGIR^{LIM} parā SUD-anzi/ ^{LÚ}SANGA=ma=kán ^{LÚ}HAL=ya *PANI* KÁ-aš šešanzi/ namma=ya kue É^{MEŠ} DINGIR^{MEŠ}/ nu GIM-an kariwariwar ^{LÚ}SANGA ^{LÚ}HAL = ya panzi/ nu = kán É^{MEŠ} DINGIR^{MEŠ} arahzanda wehandu/ namma=at=kán parā šanhandu/ papparaššandu/ n=at=kán parā SUD-anzi/①

(为了神灵的仪轨,你们不能取走它。让你们从戈马利亚森林和都纳利亚森林运送神灵的水和日常面包。为了神灵的仪轨,让你们总是手持那些。我、我主带给神灵的日常面包,你们祭司要这样制作:当祭司和占卜者清晨走入神庙时,他们要从神灵面前取走(旧的)日常面包,他们要清扫和冲洗神庙,随后他们要把日常面包摆在那里。当夜晚到来,他要放置灯火,而他们要把神庙关闭,祭司和占卜者要睡在门前。并且,不管是什么神庙,当祭司和占卜者在清晨走到(那里),让他们环视神庙外部,并且让他们清扫和冲洗它们,他们要把它们关闭。)

复数第二人称动词"dašketten(让你们取)""piddaišketten(让你们运送)""ēššešten(让你们制作)"、复数第三人称动词"wehandu(让他们环视)""šanhandu(让他们扫)""papparaššandu(让他们洗)"延续了命令式形式。

Bp8. nu $^{LÚ.MEŠ}$NÍ.ZU kuiš *ŠA* KASKAL GÍD.DA auriyan harzi/ n = at parā wemiyazzi/ nu mān [...] wemiyandu/②

(控制了主干道哨所的侦察兵们要搜寻,让他们搜寻……)

完成体动词"auriyan harzi(他控制了)"、现在时一般体动词"wemiyazzi(他搜寻)"延续了直陈式形式。

Bp9. n = ašta GU$_4$ UDU $^{LÚ.MEŠ}$KIN URU-az katta tarnandu/ māhhan=ma

---

① KUB31. 113;CTH275(*Instructions for Priests and Diviners*《给祭司和占卜者的训诫》).

② KUB13. 1i15-16;CTH261(*Instructions of Arnuwanda I for the Frontier Post Governors*《阿努旺达一世给边境驻防官的训诫》).

nekuzzi/ nu $^{\text{LÚ.MEŠ}}$NÍ.ZU iyandu/ nu auwariēš appandu/ IGI-zi palši=ma kuiēš $^{\text{LÚ.MEŠ}}$NÍ.ZU^{TI} UD-az awiēr/ nu=za $^{\text{LÚ.MEŠ}}$KIN GU_4 UDU ANŠE.KUR.RA$^{\text{HI.A}}$ ANŠE$^{\text{HI.A}}$ peran hūinuwandu/ n=at=kán URU-ri šarā ninkandu/①

（他们要让牛、羊和务工者离开城市。当夜色来临，便让侦察兵行动，让他们占据哨所。在前半天站哨的侦察兵，让他们驱赶务工者，牛、羊、马匹和驴，让他们把它们移送到城市里。）

单数第三人称现在时动词“nekuzzi（入夜）”、复数第三人称过去时动词“awiēr（他们监视）”延续了直陈式语式，复数第三人称动词“tarnandu（让他们离开）”“iyandu（让他们行动）”“appandu（让他们夺取）”“hūinuwandu（让他们驱散）”“ninkandu（让他们送）”延续了命令式语式。

Bp10. n=ašta GIM-an $^{\text{LÚ.MEŠ}}$KIN GU_4 UDU ANŠE.KUR.RA$^{\text{HI.A}}$ ANŠE$^{\text{HI.A}}$ URU-ri šarā tarupta/ nu [...] namma $^{\text{LÚ.MEŠ}}$NÍ.ZU^{TI} kuiēš auwariēš ēpper/ n=at=kán URU-ri šarā pāndu/ nu KÁ.GAL$^{\text{HI.A}\ TI}$ luštaniyēšš=a hatalwandu/ nu zakkiēš pēššiyandu/ namma luštaniyaš ÉRIN^{MEŠ} EGIR-an handāndu/ n = at *ANA* KÁ.GAL^{TI} EGIR-an šēškēddu/ namma = ššan $^{\text{LÚ.MEŠ}}$EN.NU.UN.NA luštaniyaš šarā tarnandu/ nu hāli PA SIG_5-in pahhaššandu/②

（当务工者，牛、羊、马匹和驴在城市里聚集，让占据了哨所的侦察兵前往城市，让他们闭锁主门和翼塔，让他们掷下门栓，让他们在翼塔的后部驻扎军队。让他们睡在主门后，并且他们要让巡守人员登上翼塔，让他们保持仔细监视。）

单数第三人称过去时动词“tarupta（他集中）”、复数第三人称过去时动词“ēpper（他们取得）”延续了直陈式语式，复数第三人称动词延续了命令式语式。

Bp11. māhhan=ma lukkatta/ n=ašta URU-az $^{\text{LÚ.MEŠ}}$NÍ.ZU katta uwandu/ n=ašta kurannuš SIG_5-in šanhandu/ nu auwariēš appandu/ n=ašta URU-az katta *QATAMMA* tarnandu/③

（当黎明来临，就让侦察兵撤离城市。让他们仔细检查隔离区，让他们占据哨所，同样也让他们撤离城市。）

---

① KUB13. 1i17-22;CTH261(*Instructions of Arnuwanda I for the Frontier Post Governors*《阿努旺达一世给边境驻防官的训诫》).

② KUB13. 1i23-28;CTH261(*Instructions of Arnuwanda I for the Frontier Post Governors*《阿努旺达一世给边境驻防官的训诫》).

③ KUB13. 1i29-32;CTH261(*Instructions of Arnuwanda I for the Frontier Post Governors*《阿努旺达一世给边境驻防官的训诫》).

复数第三人称动词延续了命令式语式。

Bp12. auriyaš=za kuiš ÉRIN^{MEŠ}harzi/ n=aš pahhašnuwanza ēšdu/ namma=kán KASKAL$^{\text{HI.A}}$ SIG$_5$-in waršiyandu/ nu ^{LÚ}KÚR-aš ūrkin uškandu/ namma=ššan uwariyaš EN-aš ÉRIN^{MEŠ} auriyaš $^{\text{LÚ.MEŠ}}$NÍ.ZU=ya auwariyaš *INA* UD.3.KAM wakkareškeddu/①
(有卫戍部队的哨所，让它得到保护。并且，让他们仔细巡视道路，让他们监视敌人的行踪。哨所长官要派哨所卫戍部队和哨所侦察兵驻守 3 天。)

复数第三人称动词和单数第三人称动词延续了命令式语式。

Bp13. anda=ma=za $^{\text{LÚ.MEŠ}}$*BELU*^{TI} kuiēš šumeš $^{\text{LÚ.MEŠ}}$*BELMADGALATU*$_4$ ÉRIN^{MEŠ} ANŠE.KUR.RA^{MEŠ} kuiēš maniyahhišketteni/ nu mahhan *BELI* ÉRIN^{MEŠ} ANŠE.KUR.RA^{MEŠ} nininkuwaš mehur tiyezi/ [...] ÉRIN^{MEŠ} ANŠE.KUR.RA^{MEŠ} nininkuwanzi [...]/ *ŪL MAHAR* ^{d}UTU^{ŠI} [...]/ memai/ ÉRIN^{MEŠ}=wa=mu=ššan ANŠE.KUR.RA^{MEŠ} [...]/ ÉRIN^{MEŠ} ANŠE.KUR.RA^{MEŠ} ninikten/ [...] hūdāk arnutten/ [...] nininkuwanzi [...] šakuwaššarit ZI-it [...]/②
[再者，你们官员和驻防长官当中掌管战车兵的人，当这个官员发动战车兵的时刻到来……去发动战车兵。当我主不在场时，他说：“(给)我战车兵。”那么就让你们去发动战车兵。你们要立刻带来……要全心全意动员……]

复数第二人称现在时动词“maniyahhišketteni(你们掌管)”、单数第三人称现在时动词“tiyezi(它到来)”，复数第三人称现在时动词“nininkuwanzi(他们发动)”延续了直陈式语式，复数第二人称动词“ninikten(让你们发动)”“arnutten(让你们带来)”延续了命令式语式。

Bp14. mahhan=ma tuzziš ÉRIN^{MEŠ}ANŠE.KUR.RA$^{\text{HI.A}}$ anda ari/ nu mān ^{d}UTU^{ŠI} lahhi apāšila iyatta/ nu *ŠA* LÚ [...] hūmandaš hūdaš ēšdu/ nu ^{LÚ}KÚR karši zahhiyaddumat/ mān KIN=ma kuitki našma wetummar našma kuiš imma KIN-az/ nu=ššan anda ardumat/ n=an šakuwaššarit ZI-it annišketten/ n=at *ŠA*

---

① KUB13. 1i35-38; CTH261 (*Instructions of Arnuwanda I for the Frontier Post Governors*《阿努旺达一世给边境驻防官的训诫》).

② KUB13. 21i8-18; CTH259 (*Tudhaliya I's Instructions and Oath Imposition for All the Men*《图塔利亚一世给所有人的训诫和宣誓》).

EGIR^{TUM} UD^{MI} pahhaššanuwan KIN ēšdu/①
（当军队、战车兵到来，当我主本人亲赴征战，让所有的……人都迅速（行动），你们要坚定地与敌人厮杀。如果有某种任务、修造（任务）或任何任务，你们要出现。你们要全心全意完成它，让它成为一项长期的强有力的工程。）

中动被动态复数第二人称动词“zahhiyaddumat（让你们作战）”“ardumat（让你们出现）”延续了命令式语式。

Bp15. mān wetummar=ma kuitki našma kuiš imma kuiš aniyaz/ nu=ššan anda ardumat/ n=an šakuwaššarit ZI-it KIN-ešketen/ n=at *ŠA* EGIR.UD^{MI} pahhašnuan KIN ēšdu/ mahhan=ma ^{LÚ}KÚR aki/ našma=kán KIN-az āššanuddāri/ nu tuzziš *MAHAR* ^{d}UTU^{ŠI} wezzi/ n=an ^{d}UTU^{ŠI} arha ariyami/ nu kuiš arha tarnumaš/ n=an ^{d}UTU^{ŠI} arha tarnahhi/ kuišš=a ÉRIN^{MEŠ} ašandulaš=ma/ n=an=kán ^{d}UTU^{ŠI} ašandulanni dālahhi/ mān=ma tuzziš *MAHAR* ^{d}UTU^{ŠI} *ŪL* wezzi/ nu ^{d}UTU^{ŠI} tūwaz mahhan hatrāmi/ nu *QATAMMA* iššatten/②
［当出现了某项修造任务或任何工作，你们要现身。让你们全心全意地完成它，让它成为一项长期的强有力的工程。当敌人被歼灭，或任务已完成，军队来到我主的面前，我主我将询问它（神谕）。有任何（应当）撤离的（军队），我主我将撤离它。有任何（应当）驻守的军队，我主我将布置它进行驻守。但当军队没有来到我主的面前，就像我主我长途撰写（命令）那样，让你们也这样做。］

单数第一人称现在时动词“ariyami（我询问）”“tarnahhi（我撤离）”“dālahhi（我布置）”“hatrāmi（我写）”延续了直陈式语式。

Bp16. mān ^{d}UTU^{ŠI}=ma manninkuwan/ nu auriaš EN-aš *MAHAR* ^{d}UTU^{ŠI} ūnnau/ waštullašš=a EN^{MEŠ}-uš uwateddu/ URU$^{DIDLI.HI.A}$ BÀD=kán kuiēš maniyahhiya anda/ nu=za hurupan EGIR-an kappūwan harkandu/ hantezziēš=ma kuiēš *MADGALATI* URU$^{DIDLI.HI.A}$/ ^{LÚ}KÚR=šan kuedaš hūdāk āršakezzi/ nu mahhan apēdaš URU$^{DIDLI.HI.A}$-aš auwariyaš EN-aš wedai/ n=aš kuitman hūdāk=pát weteddu/ n=aš pahhašnuddu/ n=aš anda hīlaš iwar wahnuddu/③

---

① KUB13. 21ii13-20；CTH259（*Tudhaliya I's Instructions and Oath Imposition for All the Men*《图塔利亚一世给所有人的训诫和宣誓》）.

② KUB13. 20i20-25；CTH259（*Tudhaliya I's Instructions and Oath Imposition for All the Men*《图塔利亚一世给所有人的训诫和宣誓》）.

③ KUB13. 2i20-28；CTH261（*Instructions of Arnuwanda I for the Frontier Post Governors*《阿努旺达一世给边境驻防官的训诫》）.

[如果我主在附近,就让哨所督官去到我主面前,让他带来犯罪的官员。(关于)行省内设防的各卫城,让他们记录胡鲁帕人。敌人能立即抵达的边境哨所所处的各卫城,当哨所督官在那些卫城开展建造时,让他在那时迅速建造,并让他守卫它们,让他像(封锁)一座庭院那样封锁它们。]

单数第三人称现在时动词延续了直陈式语式,单数第三人称动词延续了命令式语式。

Bp17. nu=šmaš kē ^{d}UTU^{ŠI} kue išhiūl išhiškemi/ duggāru=šmaš/ kuit *INA QATI=KUNU* anda tehhun/ n=at=za=kán hūman=pát annišketten/ n=ašta *ŠA* ^{d}UTU^{ŠI} duddumišš=a hūdak lē kuedanikki merzi/①

(我主我附加在你们身上的这些义务,让它对你们显得重要。我放在你们手中的任何事物,你们要彻底完成它,别让我主的善意突然消减。)

单数第一人称现在时动词、过去时动词、单数第三人称现在时动词延续了直陈式语式,单数第三人称动词和复数第二人称动词延续了命令式语式。

Bp18. mahhan=ma lukkatta/ *ŠA* KÁ.GAL$^{HI.A}$ ^{URUDU}zakkiuš karappandu/ [...] =ya DUMU=*KA* našma ÌR=*KA* [...]/ n=ašta mahhan *ANA* KÁ.GAL ^{NA4}KIŠIB wēhzi/ EGIR=*ŠU*=ma kuis *BELU* ^{URU}Hatti naššu ^{LÚ}UGULA *LIM* našma kuiš imma *BELU* handaittari/ n=ašta ^{NA4}KIŠIB *ANA* KÁ.GAL takšan katta uwandu/ nu KÁ.GAL *QATAMMA* hēšandu/ ^{URUDU}zakkiuš=ma EGIR-pa *INA* É=*KA* udandu/ n=ašta *AŠRI*=*ŠU* EGIR-pa ištappandu/②

(当黎明到来,让他们把主门的门栓打开,你要(派遣)你的儿子或你的仆人。当他转而去往主门之印时,在他身后有哈图沙城的官员或千人长或任何官员在场,让他们一起察看主门之印,让他们像那样打开主门。并让他们把门栓带回到你的房屋内,让他们护送(他们)回到他们的处所。)

主动态单数第三人称过去时动词"lukkatta(拂晓)"、单数第三人称现在时动词"wēhzi(他去往)"、中动被动态单数第三人称动词"handaittari(他在场)"延续了直陈式语式。

---

① KBo16.24i51-54;CTH251(*Instructions and Oath Imposition for Princes, Lords, and Military Officers*《给王子、官员和军官的训诫和宣誓》).

② KBo13.58ii18-28;CTH257(*Instructions of Arnuwanda I for the Mayer of Hattusa*《阿努旺达一世给哈图沙市长的训诫》).

Bp19. nu= tta apāt *ÚNUT* hūdak udāu/ *INA* É = *KA* = ma = aš lē ištantaizzi/ man= kán *ŠA* ÉRIN^MEŠ^ = ma kuiški *IŠTU* KIN arha huwāi/ nu = za = kán UD.1.KAM=ya parā lē šamenuš/ nu=šši EGIR-anda hūdāk=pát *ŠUPUR* / n=an EGIR-pa uwadandu/ n=aš=kán KIN-ti lē waggaššiyanza/①
[让他把那工具立刻带给你,但别让他在你的房屋里久留。军队中的某人可能逃避任务,别浪费一天,立即派遣(某人)跟随他,让他们把他带回来,他不能从任务中脱身。]

单数第三人称现在时动词"huwāi(他逃)"、单数通性完成体分词"waggaššiyanza(脱身)"延续了直陈式语式,单数第二人称过去时动词的否定命令式形式"lē šamenuš(你别浪费)"、单数第三人称现在时动词的否定命令式形式"lē ištantaizzi(别让他停留)"、单数第三人称动词"udāu(让他带)"、复数第三人称动词"uwadandu(让他们带)"延续了命令式语式。

Bp20. ^LÚ^huyandaš=a=šmaš uttar auwariyaš išhāš hūmandaš išhiūl iyan ēštu/ n=ašta KUR-ya anda watarnahhan ēštu/ nu kuiš ^LÚ^huyandan wemiškezzi/ n=an appiškeddu/ n=an auwariyaš išhī parā tittanuddu/ auwariyaš=ma išhāš *MAHAR* ^d^UTU^*ŠI*^ uppiškeddu/ nu=za=kán ^LÚ^huyandan KUR-e anda lē = pát dālai/②
(让难民事务成为所有驻防官员的义务,要让它在那地区内被实施。任何人发现了难民,都要抓捕他,并把他交给驻防长官。驻防长官要把他带到我主面前,在那地区内他绝不能释放难民。)

单数第三人称现在时动词延续了直陈式语式,单数第三人称动词延续了命令式语式。

Bp21. anda=ma=za šumeš kuiēš LÚ^MEŠ^ É DINGIR^*LIM*^ / nu=za haliyaš uddanī mekki pahhaššanuwanteš ēšten/ nu nekuz mēhūni hūdāk GAM paitten/ nu ēzzaten/ ekutten/ mānn = a MUNUS-aš uttar kuedanikki [...]/ n = aš = za MUNUS-nī GAM-an šešdu/ namma = ašta kuitman warapdu/ n = aš *INA* É DINGIR^*LIM*^ šēšuwanzi hūdāk šarā weddu/ kuiš = aš kuis LÚ É DINGIR^*LIM*^

① KUB31.112col18-22;CTH257(*Instructions of Arnuwanda I for the Mayer of Hattusa*《阿努旺达一世给哈图沙市长的训诫》).

② KUB26.17ii2-7;CTH261(*Instructions for Military Officers and Frontier Post Governors*《给军官和边境驻防官的训诫》).

LÚ.MEŠSANGA GAL.GAL LÚ.MEŠSANGA TUR.TUR LÚ.MEŠGUDU12 hūmanteš/ kuiš=pát=kán imma kuiš DINGIRMEŠ-aš GIŠkattaluzzi šarreškezzi/ nu 1-aš 1-aš *INA* É DINGIRLIM šarā šēšūwanzi lē = pát karaštari/ namma = kán GE6-az LÚ.MEŠwehiškettalliš danteš ašandu/ nu GE6-an hūmandan wehiškandu/ nu arahza hāli LÚ.MEŠhaliyattališ uškandu/ andurza=ma ÉMEŠ DINGIRMEŠ LÚMEŠ É DINGIRLIM GE6-an hūmandan wehiškandu/ nu = šmaš Ù-aš lē ēšzi/ GE6-ti GE6-ti = ma 1 LÚSANGA.GAL LÚ.MEŠwehišgattallaš peran hūyanza ēšdu/ namma = ma kuiēš LÚ.MEŠSANGA/ nu = za kuiš *ŠA* KÁ É DINGIRLIM ēšdu/ nu = za É DINGIRLIM pahšaru/ ŠÀ É=*ŠU* =ma=za=kán *ITTI* DAM=*ŠU* lē kuiški šešzi/ kuin=ma *INA* É = *ŠU* GAM-an wemianzi/ n = at = ši SAG.DU-aš waštul/ nu ÉMEŠ DINGIRMEŠ mekki marri pahhašten/ nu=šmaš tešhaš lē ēšzi/ namma=šmaš hāli arha šarran ēšdu/ n=ašta kuedani hāli waštul anda kīša/ n=aš aku/ lē=ya=aš=kán wēhtari/①

（并且，你们神庙人员对监哨事宜要高度慎重。在夜间你们要立刻下行，你们要吃喝。如果某人……女人的事宜，就让他和女人睡，让他沐浴，让他立刻上行睡在神庙里。任何神庙人员，所有高级祭司、低级祭司和涂油者，谁穿越了诸神的门槛，这个人或那个人都不能忽略去睡在神庙里。并且，让巡逻兵在夜间巡守，让他们整夜巡逻，让哨兵在外部监哨。在神庙内部，让神庙人员整夜巡逻，他们没有睡眠，每夜让高级祭司带领巡逻兵。并且，祭司中的某人要在神庙之门，让他看守神庙。谁也不能在他自己的房屋里和他的妻子睡，他们发现了谁在他的房屋里，他便有了极刑的罪行。让你们守护神庙，你们没有睡眠。并且，让监哨在你们中间配给，在谁的监哨中发生了罪行，就让他被处决，不能让他逃脱。）

复数第二人称动词、单数第三人称动词、复数第三人称动词、单数第三人称否定命令式动词延续了命令式语式，单数第三人称现在时动词、复数第三人称现在时动词延续了直陈式语式。

Bp22. LÚhipparaš luzzi karpīezzi/ nu LÚhippari hāppar lē kuiški ezzi/ DUMU=*ŠU* A.ŠÀ=*ŠU* GIŠKIRI6.GEŠTIN=*ŠU* lē kuiški wāši/ kuiš=za LÚhippari hāppar ezzi/ n = aš = kán hāpparaz šemenzi/ LÚhipparaš kuit happarāit/ ta=z āppa dāi/②

---

① KUB13.4ii73-iii20；CTH264(*Instructions for Priests and Temple Personnel*《给祭司和神庙人员的训诫》).

② KBo6.2ii49-52；CTH271(*The Laws of the Hittites*《赫梯法典》).

[一个赫帕人履行了鲁兹义务，无人可以与赫帕人做交易，无人可以购买他的孩子、他的田地和他的葡萄园。谁与赫帕人做了交易，谁就要罚失交易款。赫帕人出售了任何(物品)，他(赫帕人)都将取回。]

单数第三人称否定命令式动词延续了命令式语式，单数第三人称现在时动词、单数第三人称过去时动词延续了直陈式语式。

赫梯语动词具有语式范畴，语篇中不同动词使用同一语式范畴并延续语式意义形成动词的语式范畴衔接。语式范畴衔接较常出现直陈式语式和命令式语式，直陈式语式由各种人称和数形式的动词体现；命令式语式动词通常使用单数第二人称、复数第二人称、单数第三人称和复数第三人称。表现状态的命令式语式由各人称和数的命令式系词搭配主要动词的完成体形式形成，表现否定义的命令式语式由否定词搭配各人称和数的直陈式动词形成。

小　结

广泛运用于赫梯语语篇行使衔接功能的赫梯语语法词主要包括代词，如人称代词、物主代词、指示代词、不定代词、关系代词和反身代词，小品词、后置词、连词、指示性副词。赫梯语人称代词和物主代词具有处在各种格位上的第一、二、三人称和单复数，拥有独立形式和出现在小品词链条上的附着形式，主要运用于衔接关系中的人称指称。第三人称单数指物人称代词运用于小句指称。指示代词具有处在各格位上的近指、远指和单复数，主要运用于衔接关系中的指示指称。不定代词具有处在各格位上的否定全称、析取特称、肯定特称和肯定全称，主要运用于衔接关系中的泛指指称和替代。关系代词具有处在各格位上的单复数形式，主要运用于衔接关系中的小句指称。反身代词具有处在小品词链条上的独立形式和附着在人称代词词尾的后缀形式，主要运用于衔接关系中的人称指称。小品词主要包括处于小品词间链条中的直接引语小品词、特指小品词和接续小品词，主要运用于语篇各部分间的语义衔接。后置词主要包括表现空间位置关系的后置词、表现时间关系的后置词、表现比较关系的后置词，运用于衔接语篇各语义成分。连词主要包括表现并列关系的连词、接续关系的连词、时间关系的连词、选择关系的连词、因果关系的连词、转折关系的连词、比较关系的连词，运用于语篇各成分间的语义衔接。指示性副词是具有指示功能的副词类型，主要运用于衔接关系中的指示指称。指示性地点副词、后置词、前动词等对过程语义进行方式手段和空间方位意义的补充说明，这些语法词添加的方式方位附加意义与语篇中其他过程语义中附加的方式方位意义产生语义关联并形成衔接。动词时范畴、体范畴和语式范畴具有自身的词法形态和语法意义，体现过程语义的动词都具有某种时范畴、体范畴和语式范畴的语法意义。动词的这些语法范畴在语篇的各过程语义间形成动词语法意义的关联，形成语场的一致性和持续性，动词语法意义在语篇中的语义持续性上形成默认的衔接。

第三章　赫梯语语篇的词汇衔接

3.1　赫梯语实词词类体系和实词词汇语义大致分类

赫梯语词汇衔接是指实义词词汇系统在语篇各语义成分间建立起的衔接关系。语篇中词汇项目间的语义关系具有偏向性，侧重于语篇中各词汇项目的语义衔接潜能[①]。赫梯语词汇衔接体现衔接关系的方式主要包括利用概括词关系、上义词关系、词项重复关系、同义词关系、近义词关系、对立互补关系、搭配关系建立语篇中各词项间的词汇衔接关系。用于词汇衔接的赫梯语实词词类系统主要包括名词、形容词、动词、副词。赫梯语名词大致划分为具象名词和抽象名词。在具有具体实体指向的具象名词中，具象概括词是具象名词中处于上义词最高阶的名词，赫梯语具象概括词主要包括指人概括词、自然物类概括词、植物类概括词、动物类概括词、人造物品类概括词。指人概括词的下义词划分为表现人体部位组织器官的具象词和表现社会交际关系称谓、家族关系称谓、职业称谓等抽象名词。自然物类概括词的下义词划分为水体如海洋、湖泊、河流、池塘，景观如森林、山川，天体如星、月等具象名词。植物类概括词的下义词划分为谷物、树等具象名词。动物类概括词的下义词划分为牛、羊等具象名词。赫梯语人造物品类概括词划分出的具象下义词较为多样，设施家具如桌、椅、王座，工具如犁、纺锤，服装如巾、袍，建筑如卫城、宫殿、雕像，食品如葡萄酒、啤酒、面包等。赫梯语抽象名词主要包括社群组织概括名词、社群部门概括名词、神灵名词、时间抽象名词。抽象社群组织概括名词主要包括国家、地区、城市等，抽象社群部门概括名词主要包括军队、议事会等，神灵名词主要包括各神灵的专属称谓，时间抽象名词主要包括晨、夜、日、月等。赫梯语抽象名词还包括从形容词和动词转化后形成的抽象名词，如从形容词“生病的”转化形成的抽象名词“疾病”、从动词“发誓”转化形成的抽象名词“誓言”等。赫梯语形容词主要包括表现时空关系的形容词，如“早的”“高的”“近的”等；表现性状的形容词，如“热的”“明耀的”“甜

---

① 罗选民. 词汇衔接在小说语篇中的连贯功能[J]. 外语教学，2003(2)：20-27.

的”；表现心理状态的形容词，如“喜悦的”；表现价值的形容词，如“美的”“善的”。赫梯语形容词还包括表现具象意义的一类形容词，这类形容词由具象名词转化为形容词，如从具象名词“犄角”转化形成的具象形容词“带有犄角的”。赫梯语动词具有一个上义最高阶的概括动词“做”，具体动词表现的具体活动语义能够表现具体肢体动作、空间转移、工具使用、信息交流、创造活动、心理态度、社会经济行为等。赫梯语动词还包括一类从形容词转化形成的具有使成意义或过程意义的动词，如从形容词“喜悦的”转化形成的动词“使喜悦”“变得喜悦”。用于词汇衔接的赫梯语副词主要包括表现具体空间位置和时间的副词。

3.2　赫梯语词汇衔接的复现关系

加特(C. Carter)①曾探讨了赫梯语在时间语义上表示白昼的使用实义名词的多种表达法，这些表达法当中有些是以实义名词的词汇语义本义表达白昼的时间语义，有些则以实义名词词汇语义的引申义和隐喻义表达白昼的时间语义。加特虽然注意到了赫梯语实义名词在表达同一种经验概念时能够选择的实义名词种类和表达方式的多样性，但他局限于对赫梯语个别语义概念的词汇语义表达方式的归类，没有从语篇衔接的视角意识到赫梯语表达同一种经验概念或近似语义概念时，表现出的多样性的实义词词汇语义表达方式体现了词汇衔接中的复现关系。哥提切利②曾探讨了赫梯语借助实义词词汇语义在小句中营造修辞表达的实义名词重名法的用法，认为赫梯语中存在一种同时见于其他古老印欧语的重名修辞表达法，这种修辞法通过表达事物名称的实义名词语义在名称上的多样性在小句中产生重名修辞，他虽然注意到了重名法中涉及的名称性实义名词具有完全同义的词汇语义，但他分析的实义名词局限于表达特有名称的名词并把特称实义名词的同义表达方式仅看作是体现修辞的重名法，没有意识到特称实义名词在词汇语义上的多样表达方式体现出的词汇衔接的复现关系。

赫梯语词汇衔接的复现衔接形式主要有实词的直接重复、实词间语义的上下义关系、同义近义关系、整体与部分关系。

---

① CARTER C. Some unusual Hittite expressions for the time of day[J]. JAOS, 1974(94): 138-139.

② COTTICELLI-KURRAS P. Die Rhetorik als Schnittstelle zwischen Lexikon und Syntax: Das Hendiadyoin in den hethitischen Texten[J]. Fs Dinçol-Dinçol, 2007(15): 137-146.

Cb1. *ŠA* GU$_4$. APIN.LÁ 12 GÍN KÙ. BABBAR *ŠIM*=*ŠU* / *ŠA* 1 GU$_4$. MAH 10 GÍN KÙ. BABBAR *ŠIM*=*ŠU* / *ŠA* 1 GU$_4$. ÁB. GAL 7 GÍN KÙ. BABBAR *ŠIM*=*ŠU* / 1 GU$_4$. APIN. LÁ 1 GU$_4$. ÁB iugašš=a 5 GÍN KÙ. BABBAR *ŠIM*=*ŠU* / nu *ŠA* 1 GU$_4$ šawitištaš 4 GÍN KÙ. BABBAR pāi/ takku GU$_4$. ÁB armahhanti 8 GÍN KÙ. BABBAR/ *ŠA* 1 AMAR 2 GÍN KÙ. BABBAR *ŠIM*=*ŠU* / 1 ANŠE. KUR. RA. NÍTA 1 ANŠE. KUR. RA MUNUS. AL. LÁ *ŠA* 1 ANŠE.NÍTA 1 ANŠE MUNUS. AL. LÁ *ŠIM*=*ŠU QATAMMA*=pát/①

(一头耕牛的价格是12舍克白银，一头公牛的价格是10舍克白银，一头成年母牛的价格是7舍克白银，一头一岁耕牛或一头一岁母牛的价格是5舍克白银，一头断奶牛犊的价格是4舍克白银，一头怀孕母牛的价格是8舍克白银，一头牛犊的价格是2舍克白银，一匹公马、母马、公驴，母驴的价格相同。）

文中复现的语义项目包括各种数值的货币单位“舍克”，以词汇重复方式出现的概括名词“价格”“耕牛”“公牛”“母牛”“牛犊”等“牛”同义词，“公马”“母马”等“马”同义词，“公驴”“母驴”等“驴”同义词。

Cb2. kinun=ma=šmaš šumēš $^{LÚ.MEŠ}$A *ŠA* KUŠ.LÁ uwitenaš nahhanteš ēšten/ nu uwitar ^{GIŠ}šešarulit šešarišketen/ mān=ma uwitenaš papratar kuitki [...]/ našma=kán tēdanan uwitenaš wemiyaten/ nu [...] tēten/②

（现在，你们运水工要对水慎重，你们要用筛子过滤水。如果水里有任何污染物，或者你们在水里发现了头发，你们要汇报。）

文中复现的语义项目包括重复词项“水”，当作近义词使用的“污染物”和“头发”。

Cb3. anda=ma šumēš *BELU*^{MEŠ} TU$_7$ hūmanteš ^{LÚ}SAGI. A LÚ ^{GIŠ}BANŠUR ^{LÚ}MUHALDIM ^{LÚ}NINDA. DÙ. DÙ ^{LÚ}dāwalalaš ^{LÚ}walahhiyalaš ^{LÚ}ZABAR. DAB ^{LÚ}pašandalaš ^{LÚ}*EPIŠ* GA ^{LÚ}kipliyalaš ^{LÚ}šurralaš ^{LÚ}tappālaš ^{LÚ}haršiyalaš ^{LÚ}zuppālaš LUGAL-waš ZI-ni šer ITU-mi ITU-mi linkišketen/ DUG. GIR$_4$-aš GAL-in uwitenit šūništen/ n=an=kán ^{d}UTU-i menahhanda arha lahhuten/ nu kiššan tēten/ kuiš=wa papratar iyazi/ nu=wa LUGAL-i harran wātar pāi/ nu=wa=

① KBo6. 26ii30-35；CTH271(*The Laws of the Hittites*《赫梯法典》).

② KUB13. 3iii36-42；CTH265(*Instructions and Oath Imposition for Royal Servants Concerning the Purity of the King*《给王室仆役有关国王清洁的训诫和宣誓》).

kán apēl ZI-an DINGIR^{MEŠ} uwitenaš iwar arha lāhhuwaten/①

[并且,你们所有厨事人员:持杯者、餐桌侍者、主厨、烘焙师、酿酒师、瓦尔西饮品酿造者、青铜碟掌持者、试菜员、乳品制作者、基普里亚糕点制作者、苏拉糕点制作者、塔帕糕点制作者、厚面包制作者、苏帕器皿掌持者,你们每月都要向国王本人宣誓。你们要用水填满一只陶杯,然后在太阳神面前倾洒它。你们要这样说:"谁造成了污染,并给了国王不洁的水,就请诸神像(倾洒)水一样倾洒那人的灵魂。"]

文中复现的语义项目关系包括一系列厨事人员义的近义词、用作概括义上义词的"厨事人员"与用作下义词的各具体厨事项名称形成的上下义复现关系、重复词项"水"、重复词项"倾洒"、表污染义的同义词。

Cb4. šumeš LÚ$^{\text{MEŠ GIŠ}}$TUKUL tameškatteni/ apēya kattan [⋯] dameškewan daer/ kiššan *AWĀT ABI*=*YA* pahšanutten/ takku šumeš natta šaktēni/ kāni ^{LÚ}ŠU.GI-ešš=a NU.GÁL/ nu=šmaš memai *AWĀT ABI*=*YA*/②

{你们不停地压迫负有土库尔义务者,而之后他们又开始压迫[⋯⋯],你们就是这样遵守我父亲的话吗?如果你们不知道(我父亲的话),难道这里没有长者吗?他可以告诉你们我父亲的话。}

文中复现语义项目是重复词项。

Cb5. $^{\text{LÚ.MEŠ}}$*MEŠEDU*^{TI}=ma=kán DUMU^{MEŠ} É.GAL^{TI} GAL-yaz KÁ.GAL-az katta *ŪL* paiškanda/ n=at=kán lušdaniyaz katta paiškanda/ nu 1 ^{LÚ}*MEŠEDI* kuiš šarkantin widāizzi/ UGULA DUMU^{MEŠ}.KIN-za kuin parā piyēškezzi/ nu=kán GAL-yaz katta apaš paišketta/ *BELU*^{TI}=ya=kán UGULA *LIMTI*=ya GAL-yaz katta paiškanta/③

(禁卫军和宫廷侍者不从正门离去,他们从后门离去。一个禁卫军带来了一个请愿者,信使长官派遣了他,他可以从正门离去,而官员们和千人长官们也可以从正门离去。)

文中复现语义项目包括重复词项"正门"、近义词项"后门"。

---

① KUB13. 3ii20-30; iii1-2; CTH265 (*Instructions and Oath Imposition for Royal Servants Concerning the Purity of the King*《给王室仆役有关国王清洁的训诫和宣誓》).

② KBo22. 1i3-6;CTH272(*Instruction to Dignitaries*《致贵族的训诫文献》).

③ IBoT1. 36i60-63;CTH262(*Protocol for the Royal Bodyguard*《给王室禁卫军的规章》).

Cb6. takku LÚ-an *ELLAM* tapešni appanzi/ anda=ššan parna nāwi paizzi/ 12 GÍN KÙ.BABBAR pāi/ takku ARAD-an tapešni appanzi/ anda=ššan parna nāwi paizzi/ 6 GÍN KÙ.BABBAR pāi/①

[如果人们在一个自由人开始走入但还没有走入(他人的)房间就抓捕了他,他将赔付12舍克白银。如果人们在一个男奴开始走入但还没走入(他人的)房间前就抓捕了他,他将赔付6舍克白银。]

文中复现语义项目是重复词项。

Cb7. takku GU_4. APIN. LÁ takku ANŠE. KUR. RA tūriyauwaš takku [GU]ÁB takku ANŠE. KUR. RA MUNUS. AL. LÁ hāliyaš harapta/ takku MÁŠ. GAL enanza takku UDU. U_8 takku UDU. NÍTA ašauni harapta/ išhaš=šiš=an wemiyazzi/ n=an=za šakuwaššarran=pát dāi/ [LÚ]NÍ. ZU-an *ŪL* ēpzi/②

[如果一头耕牛,或一匹套缰的马,或一头母牛,或一匹母马误闯了(他人的)畜栏,或一头驯服的公羊,或一头母羊,或一头阉羊误闯了(他人的)羊圈,它的主人找到了它,将把它全部带走,他将不把(畜栏主人)当作贼抓捕。]

文中复现语义项目包括形成上下义词关系的"畜栏"和"羊圈""牛"同义词、"羊"同义词、"马"同义词。

Cb8. takku [A.ŠÀ]A. GÀR NÍG. BA LUGAL kuiški harzi/ luzzi ēššai/ mān=an=kán LUGAL-uš=ma arauwahhi/ nu luzzi *ŪL* iyazzi/③

[如果某人拥有了国王赠与的耕田,他将履行卢奇义务。如果国王赦免了他(的义务),那么他将不履行卢奇义务。]

文中复现语义项目是重复词项。

Cb9. takku LÚ-aš *ELLUM* GÉME-ašš=a šeleš/ n=at anda aranzi/ n=an=za *ANA* DAM=*ŠU* dāi/ nu=za É-er *Ù* DUMU[MEŠ] ienzi/ appezziann=at=kán naššu idālawēššanzi/ našma=at=kán harpantari/ nu=za É-er takšan šarranzi/ DUMU[MEŠ] az LÚ-aš dāi/ DUMU[*TIM*] MUNUS-za dāi/④

(如果一个自由人和一个女奴成为恋人,他们走到一起,他娶她为妻,他们置办房

① KBo6. 3iv35-37;CTH271(*The Laws of the Hittites*《赫梯法典》).

② KBo6. 3iii51-54;CTH271(*The Laws of the Hittites*《赫梯法典》).

③ KBo6. 4iv12-14;CTH271(*The Laws of the Hittites*《赫梯法典》).

④ KBo6. 3ii16-20;CTH271(*The Laws of the Hittites*《赫梯法典》).

产并生育子女。而后他们或彼此仇视，或离异，那么他们将共同分割房产。男人将带走大多数孩子，女人将带走一个孩子。）

文中复现语义项目包括男性近义词项、女性近义词项、重复词项。

Cb10. takku LÚ-an našma MUNUS-an šullannaz kuiški kuenzi/ apūn arnuzi/ *Ù* 4 SAG.DU pāi/ LÚ-naku MUNUS-naku/ parna=ššē=a šuwāezzi/①

［如果某人杀死了一个男人或女人，他将带走（埋葬）那人。并且他将交出 4 个人，男人或女人。并且他将为此照看（他的）房屋。］

文中复现语义项目是上下义词关系的"人"和"男人""女人"词组的词项重复。

Cb11. LUGAL-uš=kán ^{É}halentūwaš anda paizzi/ n=ašta ^{LÚ}*MEŠEDI* LÚ ŠUKUR KÙ.SIG$_{17}$ ^{LÚ}Ì.DU$_{8}$ anda uwanzi/ nu=ššan GAL-az ^{É}kaškaštepaz šarā uwanzi/ nu ^{URUDU}zakkin peššianzi/ LÚ ŠUKUR KÙ.SIG$_{17}$ ^{GIŠ}ŠUKUR GAR.RA kuit harzi/ n=at ^{É}hīli katta dāi/②

（国王走入宫殿，一个禁卫军、一个持金矛者和一个守门人来到，他们登上主门，他们投下门栓。因为持金矛者手持包金矛，他把它放置在庭院里。）

"宫殿""主门""门栓""庭院"形成整体与部分的系统义复现关系，"持金矛者"与"包金矛"形成用品与用品使用者的衍生义复现关系。

Cb12. nu LÚ ŠUKUR KÙ.SIG$_{17}$ ^{GIŠ}ŠUKUR GAR.RA kuit harzi/ n=at ^{É}hīli katta dāi/ $^{\text{LÚ.MEŠ}}$*MEŠEDI* kuwapi dunnakešni tiššakanzi/ $^{\text{LÚ.MEŠ}}$*MEŠEDI* = ma kue ^{GIŠ}ŠUKUR$^{\text{HI.A}}$ harkanzi/ n=at=kán parā *ŠA* ^{LÚ}*MEŠEDI* ^{É}hīli pānzi/ nu=za pētan appanzi/ n = at arantari/ ^{GIŠ}ŠUKUR$^{\text{HI.A}}$ = ya harkanzi/ katta = ma = at *ŪL* tianzi/③

（因为持金矛者手持包金矛，他把它放置在庭院里，在那里禁卫军们站立在内室旁。持矛的禁卫军们出发去往禁卫军的庭院。他们各就各位。他们站立着，持矛，他们不把它放下。）

文中复现语义项目是重复词项。

① KBo6.3i1-3；CTH271（*The Laws of the Hittites*《赫梯法典》）.

② IBoT1.36iv25-28；CTH262（*Protocol for the Royal Bodyguard*《给王室禁卫军的规章》）.

③ IBoT1.36iv29-33；CTH262（*Protocol for the Royal Bodyguard*《给王室禁卫军的规章》）.

Cb13. takku GU_4. MAH-an kuiški dāiezzi/ takku GU_4 šaudišza/ natta GU_4. MAH-aš/ takku GU_4 iugaš/ natta GU_4. MAH-aš/ takku GU_4 tāyugaš/ apaš GU_4. MAH-aš/ karū 30 $GU_4^{HI.A}$ pišker/ kinun=a 15 $GU_4^{HI.A}$ pāi/ 5 GU_4 tāyugaš 5 GU_4 iugaš 5 GU_4 šaudišza pāi/ parna=ššē=a šuwayezzi/[①]

(如果某人盗走一头公牛,如果是一头断奶的牛犊,它便不是一头公牛。如果是一头一岁的牛犊,它便不是一头公牛。如果是一头两岁的幼牛,那便是一头公牛。先前人们赔付 30 头牛,而现在他则赔付 15 头牛。他将赔付 5 头两岁牛犊,5 头一岁牛犊和 5 头断奶牛犊,并为此照看房屋。)

文中复现语义项目是重复词项、牛同义词。

Cb14. takku GU_4. MAH kuiški wemiēzi/ t=an parkunuzi/ išhaš=šiš=an ganešzi/ 7 $GU_4^{HI.A}$ pāi/ 2 GU_4 MU 2 3 GU_4 MU 1 2 GU_4 šawitišza pāi/ parna=ššē=a šuwāezzi/[②]

(如果某人发现了一头公牛并阉了它,它的主人认出了它,他将赔付 7 头牛。他将赔付两头两岁的牛,三头一岁的牛犊和两头断奶的牛犊,并为此照看房屋。)

文中复现语义项目是重复词项、牛同义词。

Cb15. takku GU_4. APIN. LÁ kuiški dāiezzi/ karū 15 $GU_4^{HI.A}$ pišker/ kinun=a 10 $GU_4^{HI.A}$ pāi/ 3 GU_4 MU 2 3 GU_4 MU 1 4 GU_4 šāuitešza pāi/ parna=ššē=a šuwāezzi/[③]

(如果某人盗走一头耕牛,先前人们赔付 15 头牛,而现在他赔付 10 头牛。他将赔付 3 头两岁的牛,3 头一岁的牛犊和 4 头断奶牛犊,并为此照看房屋。)

文中复现语义项目是重复词项、"牛"同义词。

Cb16. tákku MUNUS-an kuiški píttenuzzi / EGIR-anda = ma = šmaš = kán šardiyaš paizzi / tákku 2 LÚ.MEŠ našma 3 LÚ.MEŠ akkánzi / šarnikzil NU. GÁL/ zik=wa UR. BAR. RA kišat /[④]

(如果某人掳走了一个女人,救助者们跟随着他们。如果两个人或三个人被杀死了,将没有赔偿。"你已变为了一头狼。")

---

① KBo6. 2iii23-26;CTH271(*The Laws of the Hittites*《赫梯法典》).

② KBo6. 3iii37-39;CTH271(*The Laws of the Hittites*《赫梯法典》).

③ KBo19. 3i19-21;CTH271(*The Laws of the Hittites*《赫梯法典》).

④ KBo6. 2ii29-30;CTH271(*The Laws of the Hittites*《赫梯法典》).

文中词项“两个或三个人”的指称义包含在词项“救助者们”当中，因此词项“救助者们”和词项“两个或三个人”形成具有包含义的整体与部分复现关系。

Cb17. tákku *ANA* NAM.RA$^{HI.A}$ A.ŠÀ^{LAM} *ŠA* LÚ ^{GIŠ}TUKUL *HALQĪM* pianzi/ MU.3.KAM šahhan *ŪL* iyazi/ *INA* MU.4.KAM=ma šahhan ēššūwan dāi/ *ITTI* LÚ^{MEŠ} ^{GIŠ}TUKUL harapzi/①

[如果他们把(负有)土库尔义务者的粮田给了移民，3年内可以不履行撒含义务。但到了第4年他便要开始履行撒含义务，他也被列为土库尔义务者。]

时间词项、“义务”词项形成复现关系。

Cb18. takku SI GU$_4$ našma GÌR GU$_4$ kuiški tuwarnizzi/ apūn=za apāš dāi/ *Ù* GU$_4$ SIG$_5$ *ANA BĒL* GU$_4$ pāi/ takku *BĒL* GU$_4$ tezzi/ ammel=pát=wa=za GU$_4$-un dahhi/ GU$_4$=*ŠU* dāi/ *Ù* 2 GÍN KÙ.BABBAR pāi/②

[如果某人折断了牛角或牛腿，他将获取那头牛，并赔付一头完好的牛给牛主人。如果牛主人说：“我要获取我自己的牛。”他将带走他的牛，而(伤牛者)将赔付2舍克白银。]

文中词项“牛”“牛角”“牛腿”形成整体与部分义的复现关系，“牛”“牛主人”形成从属义的复现关系。

Cb19. takku UDU-un UR.BAR.RA-ni kuiški peššezzi/ išhaš = šiš UZU.Ì dāi/ apāš=a KUŠ UDU dāi/③

[如果某(牧羊人)把一只羊遗弃给了一头狼，它的主人便获取羊肉，而那牧羊人则获得羊皮。]

文中词项“羊”“羊肉”“羊皮”形成整体与部分义的复现关系。

Cb20. tákku LÚ.U$_{19}$.LU^{MEŠ} hannešni appanteš / nu=šmaš šardiyaš kuiški paizzi / n=ašta ^{LÚ}hannetalwaš kartimmiyantari / nu šardiyan walahzi/ n=aš aki / šarnikzil NU.GÁL/④

(如果人们卷入诉讼，某个支持者走向他们，一名诉讼者变得愤怒，击打了支持

① KBo6.10i24-26;CTH271(*The Laws of the Hittites*《赫梯法典》).

② KBo6.3iii70-72;CTH271(*The Laws of the Hittites*《赫梯法典》).

③ KBo6.2iv14-15;CTH271(*The Laws of the Hittites*《赫梯法典》).

④ KBo6.3ii31-33;CTH271(*The Laws of the Hittites*《赫梯法典》).

者。他死了，将没有赔偿。)

文中复现语义项目是重复词项。

Cb21. tákku ARAD-iš *ANA* MUNUS^{TIM} kūšata píddāizzi/ n=an=za *ANA* DAM =*ŠU* dāi/ n=an=kán parā *ŪL* kuiški tarnai/①

[如果一个男奴为一个女人付出了彩礼，并娶她为他的妻子，那么没有人可以改变她(她的社会地位)。]

复现语义项目是近义词词项。

Cb22. tákku LÚ-aš GU$_4$$^{HI.A}$ ÍD-an zēnuškizzi/ tamāiš=an šuwāizzi/ nu KUN GU$_4$ ēpzi/ ta ÍD-an zāi/ nu EN GU$_4$ ÍD-aš pēdāi/ šuwayazi=ma=an kuiš/ nu=za apun=pát dāi/②

[如果一个人与(他的)牛正在渡河，另一个人推倒了他，抓住牛尾渡了河，而河流带走了牛的主人。谁推倒了他，他(牛主人的继承者)将捕捉那个人。]

"牛"和"牛尾"形成整体与部分义的复现关系，概括词"人"和"主人"形成上下义词复现关系。

Cb23. nu=za $^{LÚ.MEŠ}$*MEŠEDI* *ŠA* ^{LÚ}*MEŠEDI* ^{É}hīli pētann appanzi/ nu ^{É}halentūwaza kuiš andurza kuzza/ nu 12 $^{LÚ.MEŠ}$*MEŠEDI* aranta/ ^{GIŠ}ŠUKUR$^{HI.A}$= ya harkanzi/ mān 12 $^{LÚ.MEŠ}$*MEŠEDI*=ma šarā *ŪL* arta/ naššu KASKAL-an kuiški pēyanza/ našma *INA* É=*ŠU* kuiški tarnanza/ ^{GIŠ}ŠUKUR$^{HI.A}$=ma makkešzi/ nu =kán kue ^{GIŠ}ŠUKUR$^{HI.A}$ āšzi/ n=at= kán parā pēdanzi/ n=at *ITTI* $^{LÚ.MEŠ}$Ì.DU$_8$ tianzi/③

(禁卫军在禁卫军的庭院里各就其位。就在宫殿的内墙处，站着12名禁卫军。他们手执矛。如果12名禁卫军不在现场，有些被派遣至征途，有些则留在家中。如果矛充盈，那些存放着的矛，他们(不在场的禁卫军)可以将其带走，也可以将其置与守门人。)

复现语义项目是重复词项。

赫梯语的实词通过词汇语义的重复关系、上下义关系、同近义关系、整体与

① KBo6. 3ii23-24; CTH271(*The Laws of the Hittites*《赫梯法典》).

② KBo6. 5iv12-15; CTH271(*The Laws of the Hittites*《赫梯法典》).

③ IBoT1. 36 i 9-15; CTH262(*Protocol for the Royal Bodyguard*《给王室禁卫军的规章》).

部分的关系、从属关系等复现关系具有的衔接功能，对语篇中的实词语义项进行词汇衔接。形成复现关系的实词以具体名词和定语形容词为主，具体名词以直接重复表现的复现关系使用较多。形成上下义复现关系的具体名词统一在同一概括义的语义类别当中，在呈现上下义复现关系的各词项中具有概括义的词项是上义词，共同具有同一概括义的各具体词项是下义词。用作下义词的各具体词项间因词义相近而形成近义复现关系，具体词项以同指相同或相似事物而形成同义复现关系。用作整体义的词项和用作部分义的具体词项间形成整体与部分的复现关系，具有从属义关系的具体词项间形成从属义的复现关系。

3.3　赫梯语词汇衔接的同现关系

赫梯语词汇衔接的同现关系是由实词间语义的反义关系在同一语篇中出现而形成的一种衔接关系，这种同现关系的衔接形式通过不同词项语义的对立关系体现出来。

Cc1. LÚ^{MEŠ} ^{URU}Hahha＝ma karuššianzi/ [...]＝ma＝kán *ŠA* É.GAL$^{\textit{LIM}}$＝ma＝at＝kán KÁ.GAL šarā *ŪL* uwanzi/ mān 2 ^{É}hilammar/ n＝at＝kán <u>kattera</u> KÁ.GAL$^{\textit{TI}}$ šarā uwanzi/ <u>šarāzzi</u>＝ma＝at＝kán KÁ.GAL šarā *ŪL* uwanzi/①
（哈哈城的人们沉默着，他们不能登临王宫的主门。如果有两座门厅，他们能登临<u>下方</u>的主门，他们不能登临<u>上方</u>的主门。）

词项“上方”与“下方”形成同现关系。

Cc2. kī＝wa gullakuwan/ *UMMA* ^{m}Arnili/ ^{m}Zuliyaš＝wa parā uwanza ēšta/ *UMMA* LUGAL＝*MA*/ ^{m}Zuliyaš＝wa hapā paiddu/ mānn＝aš <u>parkuēšzi</u>/ nu＝za ZI＝*ŠU* parkunuddu/ mānn＝aš <u>paprašzi</u>＝ma/ nu＝war＝aš aku/②
[（我说）：“这真恶心。”阿尼利这样（回答）：“土利亚曾（负责）监视。”国王这样说：“让土利亚走向河流接受审判，如果他是<u>无罪的</u>，就让他净化他的灵魂。但如果他是<u>有罪的</u>，就让他去死。”]

词项“有罪”和“无罪”形成同现关系。

---

① IBoT1. 36iv14-17；CTH262（*Protocol for the Royal Bodyguard*《给王室禁卫军的规章》）.

② KUB13. 3iii27-31；CTH265（*Instructions and Oath Imposition for Royal Servants Concerning the Purity of the King*《给王室仆役有关国王清洁的训诫和宣誓》）.

Cc3. takku LÚ-an *ELLUM* ZU$_{9}$=*ŠU* kuiški lāki/ mān 2 ZU$_{9}$ našma 3 ZU$_{9}$ lāki/ 12 GÍN KÙ.BABBAR pāi/ takku ARAD-iš/ 6 GÍN KÙ. BABBAR pāi/①

[如果某人击落一个自由人的牙齿，如果击落两颗或三颗牙齿，他将赔付 12 舍克白银。如果(伤者是)一个奴隶，他将赔付 6 舍克白银。]

词项“自由人”和“奴隶”形成同现关系。

Cc4. takku PA$_{5}$-an EGIR-an arha kuiški nāi/ 1 GÍN KÙ.BABBAR pāi/ takku PA$_{5}$-an EGIR-ezziaz kuiški šara nāi/ ta larputta/ takku kattann=a dāi/ n=aš apēl/②

[如果某人把灌渠改道，他将赔付 1 舍克白银。如果某人在上游把灌渠改道，他便(为此)受罚。如果他在下游把灌渠改道，(改道的灌渠)便属于他。]

词项“上游”和“下游”形成同现关系。

Cc5. takku GU$_{4}$$^{HI.A}$ A.ŠÀ-ni pānzi/ *BĒL* A.ŠÀ wemiyazi/ U$_{4}$. 1. KAM tūriyazi/ kuitman=ašta MUL^{MEŠ} uwanzi/ n=aš EGIR-pa išhi=šši pennai/③

[如果牛走入了(他人的)地产，地产主人发现了(它们)，他将把它们拴套一天。当星辰出现时，他将驱赶它们回到它的主人那里。]

词项“一天”喻指白昼，词项“星辰”喻指夜晚，两词项形成同现关系。

Cc6. namma=ššan DINGIR^{MEŠ}-aš nahšaraz tiyan ēšdu/ *ANA* DINGIR=ma=ššan nahšaraz mekki kittaru/ mān É DINGIR^{LIM}=ya kuitki zappiyatta/ n=at auriyaš EN-aš ^{LÚ}MAŠKIM.URU^{KI}=ya EGIR-pa SIG$_{5}$-ahhandu/ našma=kán *ANA* ^{d}10 kuiški *BIBRU* našma=kán tamēdani DINGIR^{LIM} kuedani *ÚNUTU*$_{4}$ harkan/ n=at $^{LÚ.MEŠ}$SANGA $^{LÚ.MEŠ}$GUDU$_{12}$ $^{MUNUS.MEŠ}$AMA=ya EGIR-pa iyandu/ namma *ŠA* DINGIR^{LIM} *ÚNUTU*$_{4}$ auwariyaš EN-aš gulašdu/ n=at *MAHAR* ^{d}UTU^{ŠI} uppau/ namma DINGIR^{MEŠ} mehunaš iššandu/ kuedani=ya DINGIR^{LIM}-ni kuit mehur/ n=an apēdani mehuni ēššandu/ kuedani=ma *ANA* DINGIR^{LIM} ^{LÚ}SANGA ^{MUNUS}AMA ^{LÚ}GUDU$_{12}$ NU. GÁL/ n=an EGIR-pa hūdāk iyandu/ *ANA* ^{GIŠ}TIR$^{HI.A}$=ya šuppešnaš nahšarraz kittaru/④

---

① KBo6. 4i18-19;CTH271(*The Laws of the Hittites*《赫梯法典》).

② KBo6. 26i18-21;CTH271(*The Laws of the Hittites*《赫梯法典》).

③ KBo6. 3iv6-8;CTH271(*The Laws of the Hittites*《赫梯法典》).

④ KUB31. 84ii36-46;CTH261I(*Instructions of Arnuwanda I for the Frontier Post Governors*《阿努旺达一世给边境驻防官的训诫》).

(并且,要让对神灵的膜拜得以维持,对神灵的膜拜要更加巩固。如果一些神庙被损坏了,就让哨所督官和区长重新修缮它。如果雷雨神的某只犀角杯或别的某个神灵的祭品被毁掉了,就让祭司、涂膏者和母神女祭司重新创造它。并且,让哨所督官记录神灵的祭品,让他把它带到我主面前。并且,让他们定期膜拜诸神。对哪个神灵是有定期的,就让他们在那个时间膜拜他。对哪个神灵未配有祭司、母神女祭司和涂膏者,就让他们立即重新分别指派一个。要让对林地纯净性的崇敬得以巩固。)

词项“损坏”和“修缮”“毁掉”和“创造”“未配有”和“指派”形成同现关系。

Cc7. mān=at išhanāš=a uttar/ antuwahhaš naššu *BELDINI*=*ŠU* našma=šši kattawanalliš/ apāš=a=kán LUGAL-un karapzi/ n=an=kán *ANA* LUGAL išši=šši anda pāi/ n=ašta apūn antuhšan kunanzi/ nu=za apāš kattawatar šanahzi/ nu apūn UN-an *ANA* LUGAL innarā kunanna pāi/ appezziann=a wemiazzi/ nu niwallan antuhšan kunanna paiš/ n=at=ši āra=pát [...]/ uddanī handān SAG LUGAL [...]/ n=aš mān *BELU* GAL/ našma=aš appezziaš antuwahhaš/ n=aš aku=pát/ LUGAL-uš=za [...]/ natta=at=ši āra [...]/①

[如果(案件)是一桩血案,某人,他的案件对手,或是他的寻仇者干涉了国王,他将把他交给国王审理,而他们将处决那人。而(如果)是他在寻仇,特意把那人交给国王处决,而在此之后(国王)发现了他曾把一个无辜的人交付处决,而这是不被允许的。在被审理的案件中国王的人将……不管他是一个高级官员,或是一个卑微的人,他都将被处死。国王将……(因为)它是不被允许的。]

词项“高级”和“卑微”形成同现关系。

Cc8. kuwapi UD-at LUGAL-waš ZI-za išhizziyazi/ šumešš=a $EN^{MEŠ}$ TU_7 hūmanduš halzihhi/ nu=šmaš I_7-i māniyahmi/ nu kuiš parkuēšzi/ n=aš LUGAL-aš ÌR-iš/ kuiš paprišzi=ma/ n=an=za=an LUGAL-uš *ŪL* ilāliyami/ *QADU*$_4$ DAM=*ŠU*=ši $DUMU^{MEŠ}$=*ŠU* HUL-lu hinkan pēanzi/②

[某天当国王(我)的情绪躁怒时,我将召集你们全部厨事人员。我将主持你们应对河流(审判),谁是无辜的,那他就是国王的仆人。而谁是有罪的,那我国王将

① KUB13. 7i14-24;CTH258. 2(*Tudhaliya I's Decree on Judicial Reform*《图塔利亚一世关于司法改革的敕令》).

② KUB13. 3ii14-19;CTH265(*Instructions and Oath Imposition for Royal Servants Concerning the Purity of the King*《给王室仆役有关国王清洁的训诫和宣誓》).

不再需要他。他们(神灵们)将给他连同他的妻儿一起带去罪恶的病疫。]

词项"无辜"和"有罪"形成同现关系。

Cc9. takku=uš *ANA* KÁ É.GAL uwatezzi/ nu tezzi/ DAM^{TI} lē aki/ nu DAM=*ŠU* huišnuzi/ ^{LÚ}pupunn=a huišnuzi/ ta SAG.DU =*ŠU* waššiēzzi/ takku tezzi/ 2=pát akkandu/ ta hurkin halenzi/ kuenziuš LUGAL-uš/ hūišnuziyaš LUGAL-uš/①

[如果他把他们带到王宫之门,说:"别处死妻子。"并赦免了他的妻子,也赦免了(她的)男伴,他将遮掩她的头。如果他说:"处死他们两个。"人们将滚动车轮,国王要么杀死(他们),要么赦免(他们)。]

词项"处死"和"赦免"形成同现关系。

Cc10. takku LÚ-iš UDU-aš katta waštai/ hūrkel/ aki=aš/ LUGAL-aš āški uwadanzi/ kuenzi=man LUGAL-uš/ huišnuzi=an LUGAL-uš/ LUGAL-i ma=aš *ŪL* tiyezzi/②

(如果一个男人和一只羊作恶,这便是滥交,他将被处死。人们将把他送往国王之门,国王要么处死他,国王要么赦免他,但他不再出现在国王面前。)

词项"处死"和"赦免"形成同现关系。

Cc11. takku LÚ.U$_{19}$.LU-aš iyatniyandaš ^{GIŠ}KIRI$_{6}$.GEŠTIN UDU$^{HI.A}$ tarnāi/ ta harnikzi/ takku mianda *ANA* 1 IKU 10 GÍN KÙ.BABBAR pāi/ parna=šše=a šuwāezzi/ takku dannattan=ma/ 3 GÍN KÙ.BABBAR pāi/③

[如果某人驱使羊群闯入一片生长中的(茂盛的)葡萄园,并(把它)损毁了,他将为每1伊库土地赔付10舍克白银,并为此照看房屋。但如果(葡萄园)是荒芜的,他将赔付3舍克白银。]

词项"荒芜"和"茂盛"形成同现关系。

Cc12. mān=za *ŪL*=ma kūtruwāezzi/ EGIR-zi=an=ma=at EN=*ŠU* wemiyazi/ n=aš ^{LÚ}NÍ.ZU kišari/④

① KBo6. 26iv10-15;CTH271(*The Laws of the Hittites*《赫梯法典》).

② KBo6. 26iii23-25;CTH271(*The Laws of the Hittites*《赫梯法典》).

③ KBo6. 1i8-11;CTH271(*The Laws of the Hittites*《赫梯法典》).

④ KBo6. 4iv9-11;CTH271(*The Laws of the Hittites*《赫梯法典》).

[但如果他(某人)没有寻求见证,之后它的主人找到了他们,他(某人)就被当成了贼。]

文中的词项"主人"指物品的合法所有者,词项"贼"指物品的非法占有者。两个词项相对于物品的持有者身份属性在同一语篇中形成语义对立,词项间体现出同现关系的衔接。

Cc13. tákku ^{GIŠ}APIN-an LÚ *ELLUM* kuiški tāezzi/ EN-š=a=an KAR-zi/ GÚ=*ŠÚ* ^{GIŠ}appalaš=šaš šarā tittanuzzi/ ta GU$_4$$^{\text{HI.A}}$-it akzi/ karū kišan ēššer/ kinun=a 6 GÍN.GÍN KÙ.BABBAR pāi/ párna=še=ya šuwāezzi/ tákku ARAD-ša/ 3 GÍN.GÍN KÙ.BABBAR pāi/①

[如果某个自由人盗走了犁具,而(犁的)主人发现了他,他(主人)就会把他的(某自由人的)颈项放在他的(主人的)犁具上。然后他(某自由人)会因耕牛而死(耕牛拖拽犁具致死)。以往他们(犁具主人们)都是这样(行事)的,而现在他(某自由人)需赔付6舍克白银,并且他(某自由人)要为他(犁具主人)照看房屋。如果(盗者)是一个奴隶,他需赔付3舍克白银。]

词项"自由人"和"奴隶"形成同现关系。

Cc14. handanduš LÚ^{MEŠ}-uš kuiš šarliškizzi/ huwappaš=a=kán LÚ^{MEŠ}-uš GIŠ-ru mān lilakki/②

(一个树立正义的人,他也会像树木那样伐倒邪恶的人。)

词项"伐倒"和"树立""邪恶"和"正义"形成同现关系。

赫梯语同现关系是通过互为反义或对立语义关系的词项形成的衔接关系,同现关系形成于词项间的语义相异性。一个词项与另一个词项互为同现关系依赖于相互间语义形成的对照,两个词项彼此互为语义反面,在语义链的两端同时映射出不同词项的语义区别,由此使词项语义互为参照而具有衔接功能。

3.4　赫梯语词汇衔接的序列关系

希德茨乌③曾在赫梯语文献以具象实义名词表达的由器具名称或货物名

① KBo6. 14i11-14;CTH271(*The Laws of the Hittites*《赫梯法典》).

② CTH 360 i 8-9;CTH 360(*Appu and his Two Sons*《阿普与他的两个儿子》).

③ SIDELTSEV A V. Syntax of lists in middle Hittite[J]. HitCongr, 2010(7): 709-724.

称组成的物品清单和以抽象实义名词表达的以职业名称或官职名称组成的人物清单当中发现了排列成序的实义名词间存在某种句法特征，认为清单当中排列的实义名词表现出了类似于名词句的句法成分关系。他对赫梯语实义名词的分析局限于句法成分角度，并且分析内容仅限于清单中的实义名词，还没有从语篇衔接的视角注意到赫梯语实义词序列在词汇衔接中体现出的序列关系。

赫梯语词汇衔接的序列关系通过实词间的顺序排列体现出来。词项间的序列关系是一种松散地进行语篇衔接的方式，主要包括日期、数列和物品列表的形式。

Cd1. takku *ANA* NAM.RA$^{\text{HI.A}}$ A.ŠÀ$^{\textit{LUM}}$ *ŠA* LÚ ^{GIŠ}TUKUL halkin pianzi/ MU. 3. KAM šahhan *ŪL* iyanzi/ *INA* MU. 4. KAM=ma šahhan ēšš ūwan *ITTI* LÚ^{MEŠ} ^{GIŠ}TUKUL dāi/①

（如果人们把负有土库尔义务者的土地和谷物给了移民，前3年他不履行撒含义务，但第4年他加入了负有土库尔义务者一起履行撒含义务。）

词项“前3年”和“第4年”形成序列关系。

Cd2. karū ÉRIN^{MEŠ} *MANDA* ÉRIN^{MEŠ} *ŠĀLA* ÉRIN^{MEŠ} ^{URU}Tamalkiya ÉRIN^{MEŠ} ^{URU}Hatrā ÉRIN^{MEŠ} ^{URU}Zalpa ÉRIN^{MEŠ} ^{URU}Tašhiniya ÉRIN^{MEŠ} ^{URU}Hemuwa LÚ^{MEŠ} ^{GIŠ}BAN $^{\text{LÚ.MEŠ}}$NAGAR GIŠ$^{\textit{ŠI}}$ $^{\text{LÚ.MEŠ}}$KUŠ$_7$ *Ù* $^{\text{LÚ.MEŠ}}$karuhale=šmešš=a luzzi natta karper/ šahhan natta īššer/②

（先前，来自曼达、撒拉、塔马尔基亚、哈特拉、萨尔帕、塔什尼亚、海姆瓦的军队，弓箭手、木工、战车兵和他们的卡鲁哈里人从不承担卢奇义务，也不履行撒含义务。）

地区名称、职业名称形成序列关系。

Cd3. takku A. ŠÀ-an ZAG-an kuiški paršiya/ 1 aggalan pennāi/ EN A. ŠÀ A. ŠÀ 1 gipeššar karašzi/ t=az dāi/ ZAG-ann=a kuiš paršiya/ 1 UDU 10 NINDA$^{\text{HI.A}}$ 1 DUG KA. GAG pāi/ ta A. ŠÀ$^{\textit{LUM}}$ EGIR-pa šuppiyahhi/③

［如果某人逾越了田垄，移走了一把犁具，田地的主人将（从此人的田地）割出一

① KBo6. 1i21-23; CTH271(*The Laws of the Hittites*《赫梯法典》).

② KBo6. 2iii12-15; CTH271(*The Laws of the Hittites*《赫梯法典》).

③ KBo6. 26i46-49; CTH271(*The Laws of the Hittites*《赫梯法典》).

基派萨的田地，并据为己有。谁逾越了田垄，他将赔付1头羊、10个面包和1罐啤酒，并重新净化田地。]

赔付的物品名称形成序列关系。

Cd4. mān=ma=ašta ZI^{TU} DINGIR^{LIM}=ma kuiš TUKU. TUKU-yanuzi/ n=at=kán DINGIR^{LIM} apēdani=pát 1-edani anda šanahzi/ *ŪL*=at=kán *ANA* DAM=*ŠU* DUMU^{MEŠ}=*ŠU* NUMUN=*ŠU* MÁŠ=*ŠU* ÌR^{MEŠ}=*ŠU* GÉME^{MEŠ}=*ŠU* GU$_4$$^{HI.A}$=*ŠU* UDU^{MEŠ}=*ŠU* halkitt=a anda šanahzi/ n=an=kán hūmandaz harnikzi/ nu=za *ANA* INIM DINGIR^{LIM} mekki marri nahhanteš ēšten/ anda=ma EZEN$_4$ ITU. KAM EZEN$_4$ MU-ti EZEN$_4$ *AYALI* EZEN$_4$ zenandaš EZEN$_4$ hamešhandaš EZEN$_4$ tethešnaš EZEN$_4$ hiyaraš EZEN$_4$ pūdahaš EZEN$_4$ išuwaš EZEN$_4$ šatlaššaš EZEN$_4$ *BIBRI* EZEN$_4$^{MEŠ} šuppayaš $^{LÚ.MEŠ}$SANGA-aš EZEN$_4$^{MEŠ} $^{LÚ.MEŠ}$ŠU. GI EZEN$_4$^{MEŠ} $^{MUNUS.MEŠ}$AMA. DINGIR^{LIM} EZEN$_4$ dahiyaš EZEN$_4$^{MEŠ} $^{LÚ.MEŠ}$upatiyaš EZEN$_4$^{MEŠ} pūlaš EZEN$_4$^{MEŠ} hahrannaš/ našma=aš kuiš imma kuiš EZEN$_4$-aš ^{URU}Hattuši=kán šer/ n=aš mān *IŠTU* GU$_4$$^{HI.A}$ UDU$^{HI.A}$ NINDA KAŠ *Ù IŠTU* GEŠTIN hūmandaz šarā tiyanta *ŪL* ēššatteni/ n=at peškanzi kuiēš/ nu=šmaš šumeš LÚ^{MEŠ} É DINGIR^{LIM} happar dašketteni/ DINGIR^{MEŠ}-aš=ma=at=kán ZI-ni wakšiyanutteni/①

[如果谁触怒了神灵的心灵，难道神灵为此只向他一个人复仇吗？难道神灵没有为此向他的妻子、他的儿子、他的后代、他的家族、他的男仆、他的女仆、他的牛、他的羊和他的谷物复仇吗？他把他连同一切摧毁，让你们对神灵的事宜无比敬畏吧。并且，月份节庆、年份节庆、公鹿节庆、秋日节庆、春季节庆、雷雨节庆、西雅拉节庆、普达哈节庆、伊苏瓦节庆、萨特拉萨节庆、犀角节庆、圣祭司节庆、长者节庆、母神女祭司节庆、达西雅节庆、乌帕提人节庆、普拉节庆、哈拉塔尔节庆和在哈图沙（庆祝）的任何节庆，如果你们没有用所有的牛、羊、面包、啤酒、葡萄酒和供品去操办它们，并且运送它们的那些人，你们神庙人员为你们自身收取了贿赂，那么你们将使它们对神灵的心灵失效。]

家族人物关系名称和家族财物名称形成一组序列，节庆名称形成一组序列，供品名称形成一组序列关系。

Cd5. anda=ma šumēš *BELU*^{MEŠ} TU$_7$ hūmanteš ^{LÚ}SAGI. A LÚ ^{GIŠ}BANŠUR ^{LÚ}MUHALDIM ^{LÚ}NINDA.DÙ.DÙ ^{LÚ}dāwalalaš ^{LÚ}walahhiyalaš ^{LÚ}ZABAR. DAB

① KUB13. 4i34-49；CTH264（*Instructions for Priests and Temple Personnel*《给祭司和神庙人员的训诫》）.

^{LÚ}pašandalaš ^{LÚ}*EPIŠ* GA ^{LÚ}kipliyalaš ^{LÚ}šurralaš ^{LÚ}tappālaš ^{LÚ}haršiyalaš ^{LÚ}zuppālaš LUGAL-waš ZI-ni šer ITU-mi ITU-mi linkišketen/ DUG.GIR$_4$-aš GAL-in uwitenit šūništen/ n=an=kán ^{d}UTU-i menahhanda arha lahhuten/ nu kiššan tēten/ kuiš=wa papratar iyazi/ nu=wa LUGAL-i harran wātar pāi/ nu=wa=kán apēl ZI-an DINGIR^{MEŠ} uwitenaš iwar arha lāhhuwaten/[①]

[并且，你们所有厨事人员：持杯者、餐桌侍者、主厨、烘焙师、酿酒师、瓦尔西饮品酿造者、青铜碟掌持者、试菜员、乳品制作者、基普里亚糕点制作者、苏拉糕点制作者、塔帕糕点制作者、厚面包制作者、苏帕器皿掌持者，你们每月都要向国王本人宣誓。你们要用水填满一只陶杯，然后在太阳神面前倾洒它。你们要这样说："谁造成了污染，并给了国王不洁的水，就请诸神像（倾洒）水一样倾洒那人的灵魂。"]

厨事人员名称形成序列关系。

Cd6. ^{m}Taš ^{LÚ}KUŠ$_7$ ^{URU}Kūluppašūt ^{m}Šarka ^{m}Nunnu ^{m}Mūwa ^{m}Hurmel ^{m}Kūkku ^{m}Zūru 5 $^{LÚ.MEŠ}$*NAŠI SIDITI*$_4$=*ŠU* 1 UDU 1 TÚG 1 ^{TÚG}hištani 3 *KABALLU*$_4$ 3 puššaleš 3 *TAPAL* ^{KUŠ}E.SIR 1 zipattanni Ì.ŠAG DÙG.GA 5 GA.KIN.AG 5 *EMSU* 6 *PA* ZÍD.DA ZÍZ *ANA* NINDA.KASKAL daškezzi/[②]

（塔斯，库鲁帕城的马车夫总要带上萨尔卡、努努、姆瓦、胡迈尔、库库、祖鲁等人的物品：他的5个包裹搬运工、1头羊、1件衣服、1件希斯塔尼大衣、3双靴子、3双普萨利鞋、3双皮鞋、1块齐帕塔尼优质猪油、5份奶酪、5份发酵面团、6捆小麦，用于旅餐。）

人名、物品名称各形成序列关系。

赫梯语序列关系的词汇衔接方式体现了一种松散的衔接关系。处于同一序列中的各词项语义间具有一定的同义近义关系，同一序列组通常由具体名词词项组成。处于同一序列组中的各词项连续排列，序列组中的各词项间并不具有句法组织结构，只具有松散的序列形式关系和语义上的同义近义关系。同一语篇中可能存在多组序列，各组序列的词项间具有语义分类的区别。

① KUB13. 3ii20-30；iii1-2；CTH265（*Instructions and Oath Imposition for Royal Servants Concerning the Purity of the King*《给王室仆役有关国王清洁的训诫和宣誓》）.

② KBo22. 1i7-12；CTH272（*Instruction to Dignitaries*《致贵族的训诫文献》）.

3.5 赫梯语词汇搭配衔接

赫梯语词汇搭配衔接是指通过实词间具有的各种词汇衔接功能体现出的语义系统整体的搭配关系。不同词汇的语义组合形成的场景语义系统关系在语篇当中形成词汇搭配衔接的各词汇项，分享同一套语义场景。

Ce1. ^{LÚ}ari awan katta HUL-uwanni lē kuiški memai/ weš = a = kán kuwapi ÉRIN^{MEŠ} ^{URU}Harranašši *IŠTU* URU$^{DIDLI.HI.A}$ = *NI* arha uwaweni/ nu *ANA* LUGAL MUNUS.LUGAL *ANA* ^{m}Tudhaliya DUMU LUGAL ^{LÚ}tuhukanti katta *ANA* DUMU^{MEŠ} = *ŠU* DUMU.DUMU^{MEŠ} = *ŠU* *Ù* *ANA* SAG.DU^{MEŠ} DUMU^{MEŠ} LUGAL katta *ANA* DUMU^{MEŠ} = *ŠUNU* šer *ANA* *PANI* DINGIR ^{URU}Harranašši kuitman linkuweni/①

（没有谁能恶意地向另一个同僚传谣。当我们、哈拉纳斯城的军队从我们的卫城出发时，我们将一直在哈拉纳斯城神灵面前向国王、女王，向图塔利亚、王子、太子，甚至向他的儿子们和他的孙子们，向王子们的随侍人员们，甚至向他们的儿子们宣誓。）

词项“国王”“女王”“王子”“太子”“儿子们”“孙子们”形成王族成员和家族关系搭配。

Ce2. kinun = ma = šmaš šumēš $^{LÚ.MEŠ}$A *ŠA* KUŠ.LÁ uwitenaš nahhanteš ēšten/ nu uwitar ^{GIŠ}šešarulit šešarišketen/ mān = ma uwitenaš papratar kuitki [...]/ našma = kán tēdanan uwitenaš wemiyaten/ nu [...] tēten/②

（现在，你们运水工要对水慎重，你们要用筛子过滤水。如果水里有任何污染物，或者你们在水里发现了头发，你们要汇报。）

词项“运水工”“水”“筛子”“过滤”“污染物”形成搭配关系。

Ce3. takku GU$_{4}$.APIN.LÁ takku ANŠE.KUR.RA tūriyauwaš takku ^{GU}ÁB takku

① KUB31.42iii8-16；CTH260(*Loyalty Oath of Town Commander to Arnuwanda I, Ašmunikkal, and Tudhaliya*《边镇指挥官给阿努旺达、阿斯穆尼卡和图塔利亚的效忠誓言》).

② KUB13.3iii36-42；CTH265(*Instructions and Oath Imposition for Royal Servants Concerning the Purity of the King*《给王室仆役有关国王清洁的训诫和宣誓》).

ANŠE. KUR. RA MUNUS. AL. LÁ hāliyaš harapta/ takku MÁŠ. GAL enanza takku UDU. U_8 takku UDU. NÍTA ašauni harapta/ išhaš=šiš=an wemiyazzi/ n=an=za šakuwaššarran=pát dāi/ ^{LÚ}NÍ. ZU-an *ŪL* ēpzi/①

[如果一头耕牛，或一匹套缰的马，或一头母牛，或一匹母马误闯了（他人的）畜栏，或一头被驯服的公羊，或一头母羊，或一头阉羊误闯了（他人的）羊圈，它的主人找到了它，将把它全部带走，他将不把（畜栏主人）当作贼抓捕。]

词项“畜栏”和各种牲畜形成搭配关系。

Ce4. takku $^{\text{A.ŠÀ}}$A. GÀR NÍG. BA LUGAL kuiški harzi/ luzzi ēššāi/ mān=an=kán LUGAL-uš=ma arauwahhi/ nu luzzi *ŪL* iyazzi/②

（如果某人拥有了国王赠与的耕田，他将履行卢奇义务。如果国王赦免了他（的义务），那么他将不履行卢奇义务。）

词项“耕田”和作为农业活动的“卢奇义务”形成搭配关系。

Ce5. takku LÚ-aš *ELLUM* GÉME-ašš=a šeleš/ n=at anda aranzi/ n=an=za *ANA* DAM=*ŠU* dāi/ nu=za É-er *Ù* DUMU^{MEŠ} ienzi/ appezziann=at=kán naššu idālawēššanzi/ našma = at = kán harpantari/ nu = za É-er takšan šarranzi/ DUMU^{MEŠ}-az LÚ-aš dāi/ DUMU^{TIM} MUNUS-za dāi/③

（如果一个自由人和一个女奴成为恋人，他们走到一起，他娶她为妻，他们置办房产并生育子女。而后他们或彼此仇视，或离异，那么他们将共同分割房产。男人将带走大多数孩子，女人将带走一个孩子。）

词项“妻”“男人”“房产”“孩子”形成家庭关系语义搭配关系。

Ce6. nu LÚ ŠUKUR KÙ. SIG_{17} ^{GIŠ}ŠUKUR GAR. RA kuit harzi/ n=at ^{É}hīli katta dāi/ $^{\text{LÚ.MEŠ}}$*MEŠEDI* kuwapi dunnakešni tiššakanzi/ $^{\text{LÚ.MEŠ}}$*MEŠEDI* = ma kue ^{GIŠ}ŠUKUR$^{\text{HI.A}}$ harkanzi/ n=at=kán parā *ŠA* ^{LÚ}*MEŠEDI* ^{É}hīli pānzi/ nu=za pētan appanzi/ n = at arantari/ ^{GIŠ}ŠUKUR$^{\text{HI.A}}$ = ya harkanzi/ katta = ma = at *ŪL* tianzi/④

（因为持金矛者手持包金矛，他把它放置在庭院里，在那里禁卫军们站立在内室

① KBo6. 3iii51-54; CTH271(*The Laws of the Hittites*《赫梯法典》).

② KBo6. 4iv12-14; CTH271(*The Laws of the Hittites*《赫梯法典》).

③ KBo6. 3ii16-20; CTH271(*The Laws of the Hittites*《赫梯法典》).

④ IBoT1. 36iv29-33; CTH262(*Protocol for the Royal Bodyguard*《给王室禁卫军的规章》).

旁。持矛的禁卫军们出发去往禁卫军的庭院。他们各就各位。他们站立着，持矛，他们不把它放下。）

词项“禁卫军”“矛”形成军事人员与武器的搭配关系，“庭院”与“内室”形成建筑布置的搭配关系。

Ce7. tákku LÚ. $U_{19.}$ $LU^{MEŠ}$hannešni appanteš / nu=šmaš šardiyaš kuiški paizzi / n=ašta ^{LÚ}hannetalwaš kartimmiyantari / nu šardiyan walahzi/ n=aš aki / šarnikzil NU. GÁL/①

（如果人们卷入诉讼，某个支持者走向他们，一名诉讼者变得愤怒，击打了支持者。他死了，将没有赔偿。）

词项“诉讼”“诉讼者”“赔偿”形成法律活动义的搭配关系。

Ce8. tákku ARAD-iš *ANA* $MUNUS^{TIM}$ kūšata píddāizzi/ n=an=za *ANA* DAM=*ŠU* dāi/ n=an=kán parā *ŪL* kuiški tarnai/②

[如果一个男奴为一个女人付出了彩礼，并娶她为他的妻子，那么没有人可以改变她（她的社会地位）。]

词项“彩礼”和“妻子”形成婚姻语义的搭配关系。

Ce9. namma=ššan $DINGIR^{MEŠ}$-aš nahšaraz tiyan ēšdu/ *ANA* DINGIR=ma=ššan nahšaraz mekki kittaru/ mān É $DINGIR^{LIM}$=ya kuitki zappiyatta/ n=at auriyaš EN-aš ^{LÚ}MAŠKIM.URU^{KI}=ya EGIR-pa SIG_5-ahhandu/ našma=kán *ANA* ^{d}10 kuiški *BIBRU* našma=kán tamēdani $DINGIR^{LIM}$ kuedani *ÚNUTU*$_4$ harkan/ n=at $^{LÚ.MEŠ}$SANGA $^{LÚ.MEŠ}$$GUDU_{12}$ $^{MUNUS.MEŠ}$AMA=ya EGIR-pa iyandu/ namma *ŠA* $DINGIR^{LIM}$ *ÚNUTU*$_4$ auwariyaš EN-aš gulašdu/ n=at *MAHAR* $^{d}UTU^{ŠI}$ uppau/ namma $DINGIR^{MEŠ}$ mehunaš iššandu/ kuedani=ya $DINGIR^{LIM}$-ni kuit mehur/ n=an apēdani mehuni ēššandu/ kuedani=ma *ANA* $DINGIR^{LIM}$ ^{LÚ}SANGA ^{MUNUS}AMA ^{LÚ}$GUDU_{12}$ NU. GÁL/ n=an EGIR-pa hūdāk iyandu/ *ANA* $^{GIŠ}TIR^{HI.A}$=ya šuppešnaš nahšarraz kittaru/③

（并且，要让对神灵的膜拜得以维持，对神灵的膜拜要更加巩固。如果一些神庙

① KBo6. 3ii31-33；CTH271（*The Laws of the Hittites*《赫梯法典》）.

② KBo6. 3ii23-24；CTH271（*The Laws of the Hittites*《赫梯法典》）.

③ KUB31. 84ii36-46；CTH261I（*Instructions of Arnuwanda I for the Frontier Post Governors*《阿努旺达一世给边境驻防官的训诫》）.

被损坏了，就让哨所督官和区长重新修缮它。如果雷雨神的某只犀角杯或别的某个神灵的祭品被毁掉了，就让祭司、涂膏者和母神女祭司重新创造它。并且，让哨所督官记录神灵的祭品，让他把它带到我主面前。并且，让他们定期膜拜诸神。对哪个神灵是有定期的，就让他们在那个时间膜拜他。对哪个神灵未配有祭司、母神女祭司和涂膏者，就让他们立即重新分别指派一个。要让对林地纯净性的崇敬得以巩固。）

词项“神灵”“雷雨神”“神庙”“纯净性”“祭品”“犀角杯”“膜拜”“祭司”“涂膏者”“母神女祭司”形成祭祀活动义搭配关系，词项“哨所督官”“区长”“我主”形成职阶义搭配关系。

Ce10. arha=ma=aš 4 gipeššar ēštu/ namma=aš ^{URUDU}heyawallit mariyawannit anda wahnuwanza ēštu/ mariyawanna=ma=kán peran arha 6 gipeššar ēštu/ parā=ma=at=kán 6 šekan uwan ēštu/ namma URU-an kuin weteškeši/ nu=kán hūtanuēuš GAM-anda 2 gipešar danteš ašandu/ šer arha=ya=at=kán 2 gipešar ašandu/ kuitman URU-an widumanzi zennai/ nu=kán *HERITU* GAM-anda 6 gipeššar ēšdu/ šer arha=ya=at=kán 4 gipeššar ēšdu/ mān wetinanza=ma šarā *ŪL* arnuzi nūwa/ šarā *IŠTU* NA_4 talhāndu/①

[让它伸出 4 基派沙距离远，让它被水槽和玛力亚瓦纳防御工事环绕。让玛力亚瓦纳防御工事向前（伸出）6 基派沙距离远，让它突出 6 基派沙距离宽。并且，（关于）你们建造的城市，让胡塔努水道被挖掘 2 基派沙深，让上面的（壕墩）有 2 基派沙高，此时他便要完成城市建造。让海利图水道有 6 基派沙深，让上面的（壕墩）有 4 基派沙高。如果水上涨，就让他们用石头在上面铺设。]

词项“水槽”“水道”“石头”“防御工事”“城市”形成建筑工程义搭配关系。

Ce11. namma=za *ŠA* $^{\text{GIŠ}}\text{KIRI}_6{}^{\text{HI.A}}$-az SAR$^{\text{HI.A}}$ EGIR-an kappuwan harak/ n=at warpi tiyan ēštu/ *ANA* $\text{GU}_4{}^{\text{HI.A}}$ parzahannaš HA.LA 3-iš/ nu apūn HA.LA azzizikandu/ kallaranni=ya=šmaš lē kuiški pāi/②

[并且，你要一直关注花园里的植被，让它们被放置在篱内。给帕尔扎哈纳牛群 3 倍的饲料量，让它们一直食用那样的饲料量，谁也不能给它们过度的（饲料量）。]

① KUB13. 2ii1-11；CTH261I（*Instructions of Arnuwanda I for the Frontier Post Governors*《阿努旺达一世给边境驻防官的训诫》）.

② KUB13. 1iv29-32；CTH261I（*Instructions of Arnuwanda I for the Frontier Post Governors*《阿努旺达一世给边境驻防官的训诫》）.

词项“花园”“篱”“植被”形成园艺义搭配关系，词项“牛”“饲料”形成养殖义搭配关系。

Ce12. 1 DUMU É. GAL=ma paizzi/ nu=ššì ^{LÚ}ŠÀ. TAM ^{GIŠ}BAN huittian/ anda=ma = at = kán ^{KUŠ}pardugganni tarnan/ 1 ^{KUŠ}É.MÁ.URU$_{5}$.URU = ši *IŠTU* ^{GI}GAG.Ú.TAG.GA šuwuntan pai/ n=aš EGIR-anda paizzi/ n=aš=kán $^{\text{LÚ.MEŠ}}$*MEŠEDU*^{TI} DUMU^{MEŠ} É. GAL = ya awan arha paizzi/ n = aš paizzi/ *ŠA* ^{GIŠ}huluganni ^{GIŠ}UMBIN GÙB-laz tiyazzi/①

[一个宫廷侍者走着，一个司库官(给)他一把装弦的弓，它被装在一个弓盒里，他还给了他一只装满箭矢的箭筒。然后他便走回去，从禁卫军和宫廷侍者旁经过，他步行着，沿马车车轮左侧行进。]

词项“装弦的”“弓”“弓盒”“箭矢”“箭筒”形成远程武器义搭配关系，词项“宫廷侍者”“司库官”“禁卫军”形成官职义搭配关系。

Ce13. takku GU$_{4}$ takku ANŠE.KUR.RA takku ANŠE.GÌR.NUN.NA-an takku ANŠE-in kuiški tāyezzi/ išhaš=šiš=an ganešzi/ n=an=za šakuwaššaran=pát dāi/ anda=ya=ššì=kán 2-ki pāi/ parna=ššē=a šuwāyezzi/②

[如果某人盗走了一头牛，或一匹马，或一匹骡，或一匹驴，它的主人认出了它，他将把它全部带走。除此之外，(贼)将赔偿给他两倍的(牲畜)，并为此照看(他的)房屋。]

牲畜义词项形成搭配关系。

Ce14. *ANA* $^{\text{LÚ.MEŠ}}$É. NA$_{4}$=ya=kán *AŠŠUM* É. GI$_{4}$. A^{TI} andan peškandu/ parā=ma=kán DUMU. NITA DUMU. MUNUS *AŠŠUM* É. GI$_{4}$. A^{TI} ^{LÚ}andaiyandanni=ya lē kuiški pāi/ *ŠA* É. NA$_{4}$=ya=za A. ŠÀ ^{GIŠ}TIR ^{GIŠ}MÚ. SAR ^{GIŠ}KIRI$_{6}$. GEŠTIN *NAPŠATU*=ya lē kuiški wāši/ mān=za ^{LÚ}É. NA$_{4}$=ma kuiški naššu A. ŠÀ naššu ^{GIŠ}TIR naššu ^{GIŠ}MÚ. SAR naššu ^{GIŠ}KIRI$_{6}$. GEŠTIN *NAPŠATU*=ya wāši/ [...] anda aniyaz kuiški/③

{让他们把(一些女儿)当作新娘送给墓室看护者们，但谁也别从那里送出一个儿子，或送出一个女儿当新娘，或女婿。谁也别从墓室那里购买农田、林地、花园、

① IBoT1. 36ii39-43;CTH262(*Protocol for the Royal Bodyguard*《给王室禁卫军的规章》).

② KBo6. 3iii60-62;CTH271(*The Laws of the Hittites*《赫梯法典》).

③ KUB13. 8i13-18; CTH252 (*Decree of Queen Ašmunikkal Concerning the "Royal Funerary Structure"*《女王阿斯穆尼卡关于王室墓葬的敕令》).

葡萄园和侍妾。如果某个墓室看护者购买了农田或林地或花园或葡萄园和侍妾，任何工作都[……]}

词项“儿子”“女儿”“女婿”“新娘”“侍妾”形成婚姻家庭义搭配关系，词项“墓室”“墓室看护者”形成工作地点义搭配关系，词项“农田”“林地”“花园”“葡萄园”形成园林义搭配关系。

Ce15. anda = ma šumēš *BELU*^{MEŠ} TU$_7$ hūmanteš ^{LÚ}SAGI. A LÚ ^{GIŠ}BANŠUR ^{LÚ}MUHALDIM ^{LÚ}NINDA. DÙ. DÙ ^{LÚ}dawalalaš ^{LÚ}walahhiyalaš ^{LÚ}ZABAR. DAB ^{LÚ}pašandalaš ^{LÚ}*EPIŠ* GA ^{LÚ}kipliyalaš ^{LÚ}šurralaš ^{LÚ}tappalaš ^{LÚ}haršiyalaš ^{LÚ}zuppalaš LUGAL-waš ZI-ni šer ITU-mi ITU-mi linkišketen/ DUG. GIR$_4$-aš GAL-in uwitenit šūništen/ n = an = kán ^{d}UTU-i menahhanda arha lahhuten/ nu kiššan tēten/ kuiš = wa papratar iyazi/ nu = wa LUGAL-i harran watar pai/ nu = wa = kán apēl ZI-an DINGIR^{MEŠ} uwitenaš iwar arha lāhhuwaten/[①]

[并且，你们所有厨事人员：持杯者、餐桌侍者、主厨、烘焙师、酿酒师、瓦尔西饮品酿造者、青铜碟掌持者、试菜员、乳品制作者、基普里亚糕点制作者、苏拉糕点制作者、塔帕糕点制作者、厚面包制作者、苏帕器皿掌持者，你们每月都要向国王本人宣誓。你们要用水填满一只陶缸，然后在太阳神面前倾洒它。你们要这样说：“谁造成了污染，并给了国王不洁的水，就请诸神像（倾洒）水一样倾洒那人的灵魂。”]

各厨职名称形成厨事人员义搭配关系，词项“水”“陶缸”“倾洒”形成搭配关系，词项“诸神”“灵魂”形成搭配关系。

Ce16. *ANA* BÀD-ni KASKAL LUGAL takšuwanzi/ ^{GIŠ}KIRI$_6$. GEŠTIN tuhšūwanzi/ *ŠA* ^{LÚ}URUDU. NAGAR *ŪL* kuiški arauwaš/ $^{LÚ.MEŠ}$GIŠ.NU ^{GIŠ}KIRI$_6$ hūmantiya = pát luzzi karpianzi/[②]

（修筑国王的道路以加固防御，修剪葡萄园，没有铜匠能免于（加固道路），园丁们要承担全部卢奇义务。）

词项“加固防御”“铜匠”形成建筑工程活动义搭配关系，词项“葡萄园”“园丁”“卢奇义务”形成园艺活动义搭配关系。

① KUB13. 3ii20-30; iii1-2; CTH265 (*Instructions and Oath Imposition for Royal Servants Concerning the Purity of the King*《给王室仆役有关国王清洁的训诫和宣誓》).

② KBo6. 3iii24-25; CTH271 (*The Laws of the Hittites*《赫梯法典》).

赫梯语词汇搭配衔接依据同一语篇的语义场景关系，通过词汇衔接的各种方式，使同一语篇中的各词项语义形成系统语义关系。每一词项语义都在语篇整体语义系统中以某种词汇衔接方式与别的一个或多个词项相呼应，词汇搭配衔接是词汇衔接的多种方式的整体体现，是各词项具体语义彼此参照呼应形成语篇整体语义的衔接。

3.6 赫梯语词汇搭配衔接和语义场

赫梯语词汇搭配衔接在语篇中能够组成共同语义场景，语篇中拥有某些语义共性的词项在语义上具有相互补充说明的潜能，在系统性语义关系中每个词项都具有被别的词项映射说明的语义情境。这些情境在不同语篇中具有不同的语义场景类别，场景中的每个词项各提供场景整体系统语义的一部分，按场景类别的不同在语篇中形成不同种类的语义场。

Cf1. namma *ŠA* KÁ.GAL$^{\text{HI.A}\,\textit{TI}}$ luštaniyaš ilanaš SAG.DU^{MEŠ}-uš *ŠA* BÀD.URU$^{\text{DIDLI.HI.A}}$ ^{GIŠ}IG-anteš ^{GIŠ}hattalwanteš ašandu/ n=ašta arha lē kuitki harakzi/ BÀD=ma purut tiyauwanzi 2-an allan ēšdu/ namma=at ištalgan ēšdu/ n=ašta šuhha lē warhui/ zappiyattari lē/ URU-an=ma kuin weteškeši/ nu ^{LÚ}TIBIRA peran NA$_4$-an hakkunnai weteddu/ nu BÀD-ešnaš ^{GIŠ}KÁ.GAL$^{\textit{TI}}$ andurza arahza NA$_4$-it *QATAMMA*/ namma=ššan BÀD^{MEŠ}-ni anda lē kuiški paddai/ anda=ya=kán lē kuiški warnuzi/ purutti=ya=ššan GU$_4$ UDU ANŠE.KUR.RA ANŠE.GÌR.NUN.NA anda lē tarniškanzi/ arahzenašš=a=kán anturiyašš=a *ANA* AN.ZA.GÀR GIŠ=*ŠU* ^{GIŠ}zupparu anda lē kuiški dāi/ BÀD^{MEŠ}-eššarr=a arzananni lē kuiški ēpzi/ BÀD-ešni=ya=kán anda lē kuiški warnuzzi/ ANŠE.KUR.RA ANŠE.GÌR.NUN.NA=ya anda lē kuiški tittanuzi/ namma=kán URU-ri artahhiuš lē šāhiškettari/ n=aš=kán MU.KAM-ti MU.KAM-ti UGU šanhiškandu/①

［并且，设防卫城的主门和翼塔梯道的管理者要有门板和门栓，任何物品都不能被遗失。涂墙的泥灰要有2阿拉厚，并且要让它变平滑。房顶不能有残破，不能有渗漏。（关于）你们建造的城市，让工匠先制造一个石制哈库耐装置，墙门内外

① KUB31.86ii22-41；CTH261I(*Instructions of Arnuwanda I for the Frontier Post Governors*《阿努旺达一世给边境驻防官的训诫》).

也同样用石头，并且谁也不能在墙边刨挖，谁也不能在那里焚物。他们不能让牛、羊、马匹和骡接近墙灰，谁也不能在木塔内外放置火炬，谁也不能把城墙当作居所占据。谁也不能在城墙内焚物，谁也不能在那停放马匹和骡。并且城内的排水道不能被堵塞，让他们每年都清理。]

文中语义场主要包括作为主要语义场的建筑物维护活动语义场、作为分支语义场的易燃品语义场、牲畜活动语义场。

Cf2. nu ^{m}Zuliyaš hapā pait/ n=aš paprit/ nu ^{m}Zuliyan *INA* ^{URU}Šurešta tittanuēr/ n=an LUGAL-uš [...]/ n=aš akta/①

{土利亚走向了河流审判，他是有罪的。人们在苏瑞斯塔城羁押了土利亚，国王[……]了他，他死了。}

文中表现了审判活动语义场。

Cf3. auwariyašš=a=kán EN-aš *ANA* URU$^{DIDLI.HI.A}$ BÀD anda warnumaš GIŠ-ru$^{HI.A}$ kiššan hantaiddu/ hantaz=at=kán 12 galulupaš ēštu/ GÍD.DA-ašti=ma=at 1 gipeššar 4 šekann=a ēštu/ [...] handaz 3 galulupaš ēštu/ GÍD.DA-ašti=ma=at 1 gipeššar ēštu/ GIŠ-tur=za *ŠA* GIŠ$^{HI.A}$ mekki ēštu/ [...] ^{GIŠ}harduppiš/ nu hūman mekki ēštu/ nu anda šiyan ēštu/ n=at=za EGIR-an MU.KAM-ti MU-ti kappūškeddu/ nu šaramnit katta zikkeddu/ É^{MEŠ} LUGAL É^{MEŠ} GU$_4$ É ^{NA4}KIŠIB$^{HI.A}$ ^{É}tarnūēš kue karūili/ n=at arha arrirrandu/ n=at dān EGIR-pa nēwit wilanit haniššandu/ n=at tān EGIR-pa newahhandu/②

[让哨所督官这样管理设防卫城里的柴火：让它的直径有12指，让它有1基派沙长和4掌宽。（另一种柴火）的直径要有3指，1基派沙长。柴房里要有很多柴火，要有木制家具，要应有尽有。让它被封印，让他每年都清点它，让他把它与俸粮一起贮存。让他们清理陈旧的王宫、牛栏、储物室和浴室，让他们用崭新的泥灰重新粉饰它们，让他们重新修新它们。]

文中主要语义场是建筑物和陈设物语义场、管理维护活动语义场，分支语义场是易燃物品语义场。

---

① KUB13.3iii32-35；CTH265（*Instructions and Oath Imposition for Royal Servants Concerning the Purity of the King*《给王室仆役有关国王清洁的训诫和宣誓》）.

② KUB31.84ii5-15；CTH261I（*Instructions of Arnuwanda I for the Frontier Post Governors*《阿努旺达一世给边境驻防官的训诫》）.

Cf4. anda = ma = šmaš šumeš kuiēš LÚ.MEŠA *ŠA* KUŠ. LÁ/ nu = šmaš uwitenaš nahhanteš ēšten/ nu uwitar GIŠšešarulit šešarišketen/ karū=šan LUGAL-uš *INA* URUŠanahuitta ŠÀ URUDUÁBxA tēdanan wemiyanun/ nu LUGAL-aš ZI-anza išhizzita/ nu=kán *ANA* LÚ.MEŠA *ŠA* KUŠ. LÁ kartimmiyanun/①

（并且，你们作为运水工，你们对水要慎重，你们要用筛子过滤水。曾经，在桑胡伊塔城，我、国王，在铜制脸盆里发现了一根头发。我、国王的情绪变得躁怒，我对运水工发怒。）

文中语义场包括水体清洁活动语义场、心理活动语义场。

Cf5. takku ŠAH arnuandan kuiški tayezzi/ 6 GÍN KÙ. BABBAR pāi/ *Ù* ŠAH. TURHI.A kappuwenzi/ *ANA* 2 ŠAH. TUR 1 *PA*. ŠE pāi/ parna = še = a šuwayezzi/②

（如果某人盗走了一只怀孕的母猪，他将赔付 6 舍克白银。人们将统计猪崽，他将为每两只猪崽赔付一帕燕麦，并为此照看房屋。）

文中表现了补偿活动语义场。

Cf6. takku A. ŠÀ-an kuiški lukkezzi/ nu=za=an anda miyantan GIŠKIRI$_6$. GEŠTIN ēpzi/ takku GEŠTIN-iš GIŠHAŠHUR GIŠHAŠHUR. KUR. RA našma GIŠŠENNUR warāni/ *ANA* 1 GIŠ*ŠI* 6 GÍN KÙ. BABBAR pāi/ nu aršin EGIR-pa aršāizzi/ parna=šše=a šuwāezzi/ takku ARAD-ša/ 3 GÍN KÙ. BABBAR pāi/③

［如果某人烧了一片农地，（火势）笼罩了结果的葡萄园。如果葡萄藤、苹果树、梨树或杏树着火了，它将为每棵树赔付 6 舍克白银。他将重新种植每棵植株，并为此照看房屋。如果是一个男奴，他将为（每棵树）赔付 3 舍克白银。］

文中表现了种植作物语义场和补偿活动语义场。

Cf7. URU*LIM* = ma = kán karūili NA4huwaši kuit/ EGIR-an = ma = at *ŪL* kappūwan/ kinun=at=za EGIR-an kappūwandu/ n=at šarā tittanuandu/ nu=šši karūiliyaz kuit SÍSKUR/ n=at=ši ēššandu/ *ANA* URU*LIM* = ya = ššan kue PÚHI.A EGIR-an/ nu kuedani *ANA* PÚ SÍSKUR ēšzi/ n=at šipanzakandu/ šarā=

① KUB13. 3iii21-26; CTH265(*Instructions and Oath Imposition for Royal Servants Concerning the Purity of the King*《给王室仆役有关国王清洁的训诫和宣誓》).

② KBo6. 2iv19-20; CTH271(*The Laws of the Hittites*《赫梯法典》).

③ KBo6. 12i17-21; CTH271(*The Laws of the Hittites*《赫梯法典》).

ya=at=kán āraškandu/ kuedani=ma *ANA* PÚ SÍSKUR NU.GÁL/ n=at=kán šarā imma āraškandu/ n=at=kán anda lē IGI-wandariškezzi/ *ANA* HUR.SAG$^{DIDLI.HI.A}$ $I_7$$^{DIDLI.HI.A}$ kuedani SÍSKUR ēšzi/ n=aš šipanzakandu/[①]
(城中有古老的石立像未得到看护,现在让他们重新看护它,让他们竖立它,让他们为它操办自古便有的祭礼。城后有任何泉眼,任何泉眼都应有祭礼,让他们经常向它献祭,让他们经常参拜它。而对哪口泉眼没有祭礼,让他们也去参拜它,他不能疏忽此事。对任何有祭礼的山川和河流,让他们为它们献祭。)

文中表现了作为主要语义场的祭祀活动语义场、作为分支语义场的水体语义场。

Cf8. haniššuwar=ma=kán kuit awan katta mummiyētta/ n=at kuttaš awan arha daškandu/ n=ašta šamanuš tekkušnuškandu/ namma KISLAH ^{É}IN.NU.DA ^{É}karimmi ^{É}tarnūēš *ŠA* ^{GIŠ}TIR$^{HI.A}$ ^{GIŠ}MÚ^{SAR} ^{GIŠ}KIRI$_6$. GEŠTIN SIG$_5$-in wedanteš ašandu/ *ŠA* É.DU$_{10}$.ÚS.SA=ya *ŠA* É ^{LÚ}SAGI ^{É}hilamnašš=a ārtahiuš wehandaru/ n=aš uškandu/ kuiš=a=kán wetenaza šahāri/ n=an=kán šarā šanhandu/ maniyahiya=ya=ta=kkán kuiēš MUŠEN$^{HI.A}$-aš lūliyaš anda/ n=at SIG$_5$-anteš ašandu/[②]
[让他们经常从墙面移除剥脱的涂料,让他们把基石显露出来。并且,打谷场、草棚、供龛、林地、果园和葡萄园的水房都要被精心建造。净化仪式建筑的、持杯者房屋的和门厅的排水道要能通畅,让他们经常检查它们,让他们清理任何被水堵塞的(排水道)。你的行省的池塘里的鱼,要让它们健康。]

文中的主要语义场是建筑物和维护活动语义场,分支语义场是水禽语义场。

Cf9. tákku *ÚNUTE*^{MEŠ} kuiški našma GU$_4$ UDU ANŠE.KUR.RA ANŠE wemiyazi/ n=an EGIR-pa EN-i=šši pēnnai/ n=an pēhutezzi/ mān EN-in=ššin=ma *ŪL* wemiyazi/ nu=za kūtruwāezzi/ EGIR-zian=ma=at EN=*ŠU* wemiyazi/ nu=šši=kán kuit harkán/ n=at šakuwaššar arha pēdai/ mān=za *ŪL*=ma kūtruwāezzi/ EGIR-zian=ma=at EN=*ŠU* wemiyazi/ n=aš ^{LÚ}NÍ.ZU kišari/ 3=*ŠU* šarnikzi/[③]

---

① KUB13.2iii1-8;CTH261I(*Instructions of Arnuwanda I for the Frontier Post Governors*《阿努旺达一世给边境驻防官的训诫》).

② KUB31.84ii16-25;CTH261I(*Instructions of Arnuwanda I for the Frontier Post Governors*《阿努旺达一世给边境驻防官的训诫》).

③ KBo6.4iv4-11;CTH271(*The Laws of the Hittites*《赫梯法典》).

[如果某人发现了农具，一头牛、一只羊、一匹马或一匹驴，他将驱赶它回到它的主人那里。他(主人)将牵走它。但如果他没有找到它的主人，他将寻求见证。之后它的主人找到了他们，他(主人)将带走从他(主人)那里被保管的物品。但如果他(某人)没有寻求见证，之后它的主人找到了他们，他(某人)就被当成了贼。他(某人)将做3倍赔偿。]

文中表现了财物语义场和人物语义场。

Cf10. ^{LÚ}hipparaš luzzi karpīezzi/ nu ^{LÚ}hippari hāppar lē kuiški ezzi/ DUMU=*ŠU* A.ŠÀ=*ŠU* ^{GIŠ}KIRI$_6$.GEŠTIN=*ŠU* lē kuiški wāši/[①]
(一个赫帕人履行了鲁兹义务，无人可以与赫帕人做交易，无人可以购买他的孩子、他的田地和他的葡萄园。)

文中表现了经济活动语义场。

Cf11. tákku ^{GIŠ}APIN-an LÚ *ELLUM* kuiški taēzzi/ EN-š=a=an KAR-zi/ GÚ=*SÚ* ^{GIŠ}appalaš=šaš šara tittanuzzi/ ta GU$_4$$^{HI.A}$-it akzi/ karū kišan ēššer/ kinun=a 6 GÍN.GÍN KÙ.BABBAR pāi/ párna=še=ya šuwaezzi/ tákku ARAD-ša/ 3 GÍN.GÍN KÙ.BABBAR pāi/[②]
[如果某个自由人盗走了犁具，而(犁的)主人发现了他，他(主人)就会把他的(某自由人的)颈项放在他的(主人的)犁具上。然后他(某自由人)会因耕牛而死(耕牛拖拽犁具致死)。以往他们(犁具主人们)都是这样(行事)的，而现在他(某自由人)需赔付6舍克白银，并且他(某自由人)要为他(犁具主人)照看房屋。如果(盗者)是一个奴隶，他需赔付3舍克白银。]

文中表现了处罚活动语义场。

Cf12. tákku DUMU *UMMIĀN* kuiški wāši/ naššu ^{LÚ}BÁHAR ^{LÚ}SIMUG.A ^{LÚ}NAGAR ^{LÚ}AŠGAB ^{LÚ}AZLAG ^{LÚ}UŠ.BAR našš u ^{LÚ}*EPIŠ* ^{TÚG}*KABALLI* kuiški wāši/ 10 GÍN KÙ.BABBAR pāi/[③]
(如果某人购买了一个经过训练的工匠，某人购买了一个陶匠、一个铁匠、一个木工、一个皮匠、一个漂洗工、一个织工或一个护腿匠，他将付10舍克白银。)

文中表现了人员语义场和交易活动语义场。

---

① KBo6.2ii49-52;CTH271(*The Laws of the Hittites*《赫梯法典》).

② KBo6.14i11-14;CTH271(*The Laws of the Hittites*《赫梯法典》).

③ KBo6.26ii23-26;CTH271(*The Laws of the Hittites*《赫梯法典》).

Cf13. nu=za $^{\text{LÚ.MEŠ}}$*MEŠEDI* *ŠA* ^{LÚ}*MEŠEDI* ^{É}hīli pētann appanzi/ nu ^{É}halentūwaza kuiš andurza kuzza/ nu 12 $^{\text{LÚ.MEŠ}}$*MEŠEDI* aranta/ ^{GIŠ}ŠUKUR$^{\text{HI.A}}$=ya harkanzi/ mān 12 $^{\text{LÚ.MEŠ}}$*MEŠEDI*=ma šarā *ŪL* arta/ naššu KASKAL-an kuiški pēyanza/ našma *INA* É=*ŠU* kuiški tarnanza/ ^{GIŠ}ŠUKUR$^{\text{HI.A}}$=ma makkešzi/ nu=kán kue ^{GIŠ}ŠUKUR$^{\text{HI.A}}$ āšzi/ n=at=kán parā pēdanzi/ n=at *ITTI* $^{\text{LÚ.MEŠ}}$Ì.DU$_8$ tianzi/①

[禁卫军在禁卫军的庭院里各就其位。就在宫殿的内墙处，站着12名禁卫军，他们手执矛。如果12名禁卫军不在现场，有些被派遣至征途，有些则留在家中。如果矛充盈，那些存放着的矛，他们(不在场的禁卫军)可以将其带走，也可以将其置与守门人。]

文中表现了处所语义场和人物语义场。

Cf14. *UMMA* ^{MUNUS}*AŠMU* ^{d}NIN.GAL MUNUS.LUGAL.GAL/ É.NA$_4$-aš kuit iyawēn/ nu *ANA* É.NA$_4$-ni kuiēš URU$^{\text{HI.A}}$ piyanteš/ LÚ^{MEŠ} *BELQATI* kuiēš pianteš/ $^{\text{LÚ.MEŠ}}$APIN.LÁ $^{\text{LÚ.MEŠ}}$SIPAD.GU$_4$ $^{\text{LÚ.MEŠ}}$SIPAD.UDU kuiēš piyanteš/ $^{\text{LÚ.MEŠ}}$šariwaza=kán kuiēš danteš/ n=at *QADU* É^{MEŠ}=*ŠUNU* URU$^{\text{HI.A}}$=*ŠUNU* *ANA* É.NA$_4$ piyanteš/ $^{\text{LÚ.MEŠ}}$hilammiēšš=a kuiēš karū *ANA* É.NA$_4$ piyanteš/ n=at=kán šahhanaza luziyaza arawēš ašandu/②

(女大王阿斯穆尼卡这样说："我们建造的墓室，献给墓室的各城市，被献出的匠人们，被献出的耕者们、牧牛者们和牧羊人们，从萨瑞瓦军队中被挑选出的人们，连同被献给墓室的他们的房产和他们的城市，早就被献给墓室的希拉米祭祀人员们，他们将从撒含义务和卢奇义务中赦免。)

文中表现了地产语义场和人员语义场。

Cf15. DUB.1.KAM *ŠA* LÚ^{MEŠ} É DINGIR^{LIM} hūmandaš *ŠA* EN^{MEŠ} TU$_7$ DINGIR^{MEŠ} LÚ^{MEŠ} APIN.LÁ DINGIR^{MEŠ} *Ù* *ŠA* $^{\text{LÚ.MEŠ}}$SIPAD.GU$_4$ DINGIR^{LIM} $^{\text{LÚ.MEŠ}}$SIPAD.UDU DINGIR^{LIM} išhiulaš *QATI*/③

(泥板一，给所有神庙人员、诸神的厨房人员、诸神的耕者和神灵的牧牛者、神灵的牧羊人的义务结束。)

---

① IBoT1.36i9-15;CTH262(*Protocol for the Royal Bodyguard*《给王室禁卫军的规章》).

② KUB13.8i1-6; CTH252 (*Decree of Queen Ašmunikkal Concerning the "Royal Funerary Structure"*《女王阿斯穆尼卡关于王室墓葬的敕令》).

③ KUB13.4iv78-81;CTH264(*Instructions for Priests and Temple Personnel*《给祭司和神庙人员的训诫》).

文中表现了人员语义场。

Cf16. nu kāša ITU-mi ITU-mi *ANA* SAG.DU ^{m}Hattušili LUGAL.GAL *Ù ANA* SAG.DU ^{MUNUS}Puduhepa MUNUS.LUGAL.GAL *Ù ANA* DUMU^{MEŠ} = *ŠUNU* DUMU.DUMU^{MEŠ} = *ŠUNU* katta hašša hanzašša šer linkuweni/ nu kāša kēdani lingai *LIM* DINGIR^{MEŠ} tuliya halziyanteš/ nu uškandu/ ištamaškandu/①

（向大王哈图西里本人、向女王普度海帕本人、向他们的儿子和孙子、向他们的后代，我们每月宣誓。1000 个神灵为此誓言被召唤到议事会，让他们看，让他们听。）

文中表现了人物关系语义场和宣誓活动语义场。

Cf17. DUB.1.KAM šer šēšuwaš *QATI*/ ŠU ^{m}Sakkapi DUMU ^{m}Unuza DUMU.DUMU = *ŠU ŠA* ^{m}Mauiri *PANI* ^{m}Angulli *IŠTUR* /②

（关于守夜的第一块泥板结束。由沙克皮、乌努沙之子、玛乌以利之孙在恩古利面前手书。）

文中表现了人物关系语义场。

Cf18. nu = šmaš = kán pean ^{GIŠ}eyan artaru/ parā = šmaš = kán lē kuiški tarnai/ GU$_4$$^{HI.A}$ = ya = šmaš UDU$^{HI.A}$ lē kuiški appatriyazi/ n = at = kán hūmantaza arawēš ašandu/ mān *ŠA* É.NA$_4$ = ma hinkanaš waštul kuiški waštai/ n = aš aki/ É = *ZU* = ma = ššī *ŠA* É.NA$_4$ = pát/③

（一株伊亚树将被种植在他们面前，谁也别让他们离开，谁也别从他们那里罚没牛和羊，他们将完全得到赦免。如果为墓室工作的某人犯了极刑之罪，那他便被处死，而他的房产却仍然属于墓室。）

文中包括财物语义场和审判活动语义场。

Cf19. *UMMA TABARNA* ^{m}Arnuwanda LUGAL.GAL LUGAL KUR ^{URU}Hatti/ zik = za ^{LÚ}hazannu haliyaš uddanī mekki nahhanza ēš/ nu ^{URU}Hattuši hāli SIG$_5$-in uškandu/ 2 $^{LÚ.MEŠ}$EN.NUN = kán kuiēš ^{URU}KÙ.BABBAR-ši šer/ nu šarāzzi

① KUB21.46i6-10; CTH254 (*Oath of the Men of Hattusa to Hattusili Ⅲ and Pudu-Hepa*《哈图沙城的人们给哈图西里三世和普度海帕的誓言》).

② KBo5.11iv26; CTH263 (*Protocol for the Palace Gatekeeper*《给宫殿守卫的规章》).

③ KUB13.8i9-12; CTH252 (*Decree of Queen Ašmunikkal Concerning the "Royal Funerary Structure"*《女王阿斯穆尼卡关于王室墓葬的敕令》).

kattirriya kuwapi URU Hattuši LÚ.MEŠ EN.NUN BÀD tarnanzi/ n=an=kán tuk *ANA* LÚ hazannu EGIR-an arha lē tarniškanzi/ DUMU=*KA* našma ÌR=*KA* haddandan wiya/ nu=kán LÚ.MEŠ EN.NUN BÀD BÀD HI.A-aš šarā kappūēšnaz apāš tarniškeddu/①

(塔巴纳、阿努旺达、大王、赫梯国的王这样说："你、市长要对防卫事宜非常慎重，让他们在哈图沙城妥善守卫。两个卫兵监视哈图沙城，当卫兵们离开了位于哈图沙上城区和下城区的卫城，别让他们把他遣返到你、市长那里。让你派遣你的儿子或有能力的仆人，让他差遣卫城的卫兵们悉数登上卫城。")

文中人物和处所形成了城防活动语义场。

Cf20. tákku GUD.MAH-aš hali kuiški šamenuzzi/ *DĪN* LUGAL/ happarranzi/②

[如果某人拆解了一头公牛的棚舍，(这便构成了)国王的案件。人们将出售(公牛)。]

物品和活动形成了案件语义场。

Cf21. tákku LÚ *ELLUM* GÉME MEŠ-uš annanekuš annan=šmann=a wenzi/ *ŪL* harātar/③

[如果一个自由人媾和了女奴，即胞姐妹和她们的母亲，(这)不属冒犯。]

人物和行为形成了案件语义场。

Cf22. *TUPPA ANNIYAM INA* URU Tāwa *ANA PANI* m Neriqqaili DUMU.LUGAL m Halwaziti LÚ DUB.SAR DUMU m Lupakki LÚ URU Ukkiya *ELTUR*/④

(哈尔瓦其提、书吏、乌基亚人鲁帕基之子，在塔瓦城、在王子涅里加依里面前，刻写了这块泥板。)

文中表现了人物关系语义场。

赫梯语语篇中的语义场依据词项间的搭配衔接关系而建立，词项依据词汇衔接关系的紧密度形成语义多样的搭配衔接关系。不同搭配关系的词项群形成

① KUB26.9i1-12；CTH257(*Instructions of Arnuwanda I for the Mayer of Hattusa*《阿努旺达一世给哈图沙市长的训诫》).

② KBo6.26ii21-22；CTH271(*The Laws of the Hittites*《赫梯法典》).

③ KUB29.34iv22-23；CTH271(*The Laws of the Hittites*《赫梯法典》).

④ BrTabl iv 30-43； CTH 106 I 1(*The Bronze Tablet-Treaty Between Tuthaliya IV With Kurunta*《图塔利亚四世与库轮塔的青铜板条约》).

不同的语义场，每个具体词项语义都为语义场的整体语义的系统性提供了一部分语义。一个语篇依据当中包含词项间词汇搭配关系的紧密度形成的语义场类别划分为一个单一语义场或多个语义场，包含多个语义场的语篇中的不同语义场词项间具有松散的语义关系。

小 结

赫梯语词汇衔接利用实义词词汇系统在语篇各语义成分间建立衔接关系，对语篇中词汇项目间的语义关系具有偏向性，侧重于语篇中各词汇项目的语义衔接潜能。赫梯语词汇衔接体现衔接关系的方式主要包括利用概括词关系、上义词关系、词项重复关系、同义词关系、近义词关系、对立互补关系、搭配关系建立语篇中各词项间的词汇衔接关系。用于词汇衔接的赫梯语实词词类系统主要包括名词、形容词、动词、副词。依据这些词项关系，词汇衔接表现为复现关系、同现关系、搭配关系。

第四章 赫梯语语篇的主位-述位结构与信息结构

4.1 赫梯语主位-述位结构的主位类型与主位推进

哈珀恩(A. L. Halpern)①曾探讨了赫梯语小品词链条序列第二位置上附着词的语序位置与附着词在小句中表现的句法成分间的关系。认为赫梯语小品词链条序列第二位置上包括附着人称代词在内的附着词在固定的语序位置上表现了多种句法成分。他虽然注意到了赫梯语小品词链条序列第二固定语序位置上出现某种语义内容或句法成分的规律性,但分析的视角仍局限于句法成分,没有直接涉及主位概念,更没有涉及赫梯语主位-述位结构分析。

赫梯语主位-述位结构表现为具体的主位推进类型,主位推进类型由各种主位推进方式体现②。由各种主位推进方式体现的主位推进类型主要有主位持续推进、主位-述位交替推进、主位分裂推进、述位持续推进、述位分裂推进。

主位-述位交替推进这种推进类型表现为两种方式:一种方式是前一个主述结构的主位变成下一个主述结构的述位;另一种方式是前一个主述结构的述位变成下一个主述结构的主位。

主位分裂推进这种推进类型表现为两种方式:一种方式是主述结构的主位分裂后在下一个主述结构中变成述位的交替型主位分裂推进;另一种方式是主述结构的主位分裂后在下一个主述结构中仍然作主位的持续型主位分裂推进。

述位分裂推进这种推进类型表现为两种方式:一种方式是主述结构的述位分裂后在下一个主述结构中变成主位的交替型述位分裂推进;另一种方式是主述结构的述位分裂后在下一个主述结构中仍然作述位的持续型述位分裂推进。

---

① HALPERN A L, ZWICKY A M. Approaching second: Second position clitics and related phenomena(CSLI-LN 61)[M]. Stanford: Stanford Press, 2010.

② 张德禄,刘洪民.主位结构与语篇连贯[J].外语研究,1994(3):14-21;张育红.主位推进与写作的连贯性[J].国外外语教学,2004(2):21-28.

Da1. *ABU*＝*YA* kuwapi ^{m}Hattušiliš *ANA* ^{m}Urhitešupaš DUMU ^{m}Mūwattalli menahhanda kururiahta/ n＝an LUGAL-eznani arha tittanut/ *ANA*^{d}LAMMA＝ma＝kán waštul *ŪL* kuitki āšta/①

（当我的父亲哈图西里与穆瓦塔里之子乌西特苏布为敌，他把他从王位上颠覆，对库仑塔便没有罪恶存在。）

主位当中的参与者话题“我的父亲哈图西里”与述位当中的参与者“穆瓦塔里之子乌西特苏布”的位置在下一句中发生了倒置：述位中的参与者在下句中表现为单数通性第三人称宾格附着人称代词“-an（他）”，出现在主位当中。原先的述位变成了主位，形成了主位-述位交替的主位推进类型。

Da2. nu＝mu＝kán ZI＝*YA* dankui daganzipi kattanta pānza apēdani uddāni peran/②

（我的灵魂因那件事而坠入冥界。）

小品词链条中的附着单数第一人称代词与格形式“-mu（我的）”和名词“ZI＝*YA*（我的灵魂）”属于同一参与者，它们是属于同一主位成分之中的两个组成部分。当这两个部分当中的一个出现在下一句主述结构的主位当中时，便形成了主位分裂类型的主位推进方式。

Da3. nu＝za $^{\text{LÚ.MEŠ}}$*MEŠEDI* *ŠA* ^{LÚ}*MEŠEDI* ^{É}hīli pētann appanzi/ nu ^{É}halentūwaza kuiš andurza kuzza/ nu 12 $^{\text{LÚ.MEŠ}}$*MEŠEDI* aranta/ ^{GIŠ}ŠUKUR$^{\text{HI.A}}$＝ya harkanzi/ mān 12 $^{\text{LÚ.MEŠ}}$*MEŠEDI*＝ma šarā *ŪL* arta/ naššu KASKAL-an kuiški pēyanza/ našma *INA* É＝*ŠU* kuiški tarnanza/ ^{GIŠ}ŠUKUR$^{\text{HI.A}}$＝ma makkešzi/ nu＝kán kue ^{GIŠ}ŠUKUR$^{\text{HI.A}}$ āšzi/ n＝at＝kán parā pēdanzi/ n＝at *ITTI* $^{\text{LÚ.MEŠ}}$Ì.DU$_{8}$ tianzi/③

[禁卫军在禁卫军的庭院里各就其位。就在宫殿的内墙处，站着12名禁卫军。他们手执矛。如果12名禁卫军不在现场，有些被派遣至征途，有些则留在家中。如果矛充盈，那些存放着的矛，他们（不在场的禁卫军）可以将它们带走，也可以将它们置与守门人。]

在前一个主述结构中“禁卫军”是主位，“位置”是述位中的参与者之一。在

---

① BrTabl i 6-9；CTH 106 I 1（*The Bronze Tablet-Treaty Between Tuthaliya Ⅳ With Kurunta*《图塔利亚四世与库轮塔的青铜板条约》）。

② KBo13.6210-11；CTH 382（*The Prayer of Muwattalli II to Tessub of the City of Kummanni*《穆瓦塔里二世致库玛尼城泰苏布的祷文》）。

③ IBoT1.36i9-15；CTH262（*Protocol for the Royal Bodyguard*《给王室禁卫军的规章》）。

下一个主述结构中,“位置”的具体化语义内容“宫殿的内墙处”出现在主位位置上。这个主位是由前一个主述结构的述位分裂出来的,形成交替型述位分裂推进类型。小句“他们手执矛”中,新的参与者“矛”出现在主位位置上,原先的主位“12 名禁卫军”在下一个主述结构中以动词“harkanzi(他们手持)”词尾体现的复数第三人称语义的方式变成了述位,形成主位-述位交替推进类型。述位“不在现场”在下两句分裂成具体化语义项“征途”和“留在家中”,各自出现在两句的主位位置上,形成交替型述位分裂推进类型。接下来的小句中的述位“那些存放着的矛”在下句变成了中性复数代词形式的主位,形成主位-述位交替推进。这个中性附着复数代词形式的主位“-at”在下句维持主位位置,形成主位持续推进类型。

Da4. *UMMA* ᵈUTU*ŠI* / *ANA* ᵐHimmuili *QIBIMA*/ *ŠA* ÉRINMEŠ GIBIL=mu kuit uttar hatrāeš/ 100 ÉRINMEŠ GIBIL=wa=kán *INA* URUGašipura šarā tarnahhun/ n=at *AŠME*/ *ŠA* URUGašaša=ma=mu kuit *ŠA* GIŠGEŠTIN uttar hatrāeš/ nu EGIR-an tiya/ n=aš tuhšandu/ n=at lē dammišhandari/ *ŠA* É ᵈUTU*ŠI*=ma=mu kuit LÚmaniyahhiyaš EN-aš uttar hatrāeš/ kā=wa NU. GÁL kuiški/ n=at kuedani pedi/ nu=šmaš hatrāi/ n=at=kán kattanda uniandu/[①]

[我主这样说,致西穆依利,你写给我的关于新步兵的事宜:“我在科色普拉城布置了 100 个新步兵。”我已听闻它。你写给我关于科沙沙城葡萄园的事宜,你要关注着,让他们收割它们,别让它们被破坏。你写给我的关于我主家族的地区长官的事宜:“这里没有任何(我主家族的地区长官)。”他们在别的地区,你要写给他们,让他们驶向(你)。]

“n=at *AŠME*(我已听闻它)”中的中性单数附着人称代词“-at(它)”处在主位位置上,它在前一个主述结构中体现为述位的内容“100 ÉRINMEŠ GIBIL=wa=kán *INA* URUGašipura šarā tarnahhun(‘我在科色普拉城布置了 100 个新步兵’)”,是主位-述位交替推进。下一个结构中的述位“hatrāeš(你写了)”延续了前文主述结构中的述位,形成述位持续推进。这个述位在结构中引出了新的主位“科沙沙城葡萄园的事宜”,这个主位到下两个结构又成为以附着复数通性宾格人称代词“-aš(它们)”和附着复数中性人称代词“-at(它们)”形式体现的主位,形成主位持续推进。两个结构中的内容“hatrāeš(你写了)”都处在述位中,这个内容保持在述位位置中,形成述位持续推进。“kā=wa NU. GÁL kuiški[‘这里没有任何(我主家族的地区长官)’]”中以泛指不定代词“kuiški(任何)”体现的

① Mst. 75/104;HKM31(*From the King to Himmuili*《国王给西穆依利的指示》).

述位由上一个结构的主位“*ŠA* É ^{d}UTU^{ŠI}=ma=mu kuit ^{LÚ}maniyahhiyaš EN-aš uttar(我主家族的地区长官的事宜)”分裂出来，形成交替型主位分裂推进。述位“kuiški(任何)”在下一结构中成为主位“-at(他们)”，形成主位-述位交替推进。这一主位在下一结构中依然作主位“-šmaš(给他们)”，形成主位持续推进。

Da5. *ANA* ^{d}UTU^{ŠI} BELI=*YA QIBIMA*/ *UMMA* ^{m}U *BELI* ARAD=*KAMA*/ kāša=kán LÚ.KÚR pangarit 2 *AŠRA* zāi[š]/ nu = kán 1-iš lattiš *INA* ^{URU}Išteruwa zāiš/ 1-iš=ma=kán lattiš *INA* ^{URU}Zišpa zaiš/ n=aš=kán mān *INA* KUR $^{HUR.SAG}$Šakaddunuwa parēan paizzi/ mān EGIR-pa kuwatka wahnuzi/ n=aš=kán KUR=ya anda wizzi/ nu=šši EGIR-an nawi kuitki tekkuššiyaizzi/ man=kán ^{d}UTU^{ŠI} *BELI* = *YA BELU* kuinki parā naitti/ man KUR-i LÚ.KÚR *ŪL* dammišhaizzi/ ammuk=a=kán *ŠA* KASKAL GÍD.DA $^{LÚ.MEŠ}$NÍ.ZU^{TIM} $^{HUR.SAG}$Hapidduini anda šašanna pēīškemi/ nu=mu mahhan memian EGIR-pa udanzi/ HUR.SAG-aš = wa *ŠA* LÚ.KÚR uddanaza parkuiš/ nu = kán ^{URU}Tapiggaza GU$_{4}$ $^{HI.A}$ UDU$^{HI.A}$ katta *QATAMMA* taršikki mi/ nu ^{d}UTU^{ŠI} *BELI* = *YA QATAMMA* šak/①

[致我主，我的主人，你的仆人阿达百利这样说：“敌人已从两个地点大规模地穿越了(边境)，一支部队在依斯特鲁瓦城穿越，另一支部队从齐斯帕城穿越。他是否已翻越沙克都努瓦山地区，或转向进入了乡郊，关于他的任何(行迹)还没有得到显示。如果我主你、我的主人派出某个官员，敌人便不会破坏乡郊。我已派遣长途侦察兵潜入哈皮都依尼山，当他们带回讯息给我：‘山地已没有敌人的行迹。’我就把牛和羊从塔皮克城中放出。我主，我的主人，你应知晓此事。”]

“kāša=kán LÚ.KÚR pangarit 2 *AŠRA* zāiš/ nu=kán 1-iš lattiš *INA* ^{URU}Išteruwa zāiš/ 1-iš=ma=kán lattiš *INA* ^{URU}Zišpa zaiš(敌人已从两个地点大规模地穿越了(边境)，一支部队在依斯特鲁瓦城穿越，另一支部队从齐斯帕城穿越)”当中，主位“LÚ.KÚR(敌人)”在下两个结构中分裂成两个表现具体化语义内容的主位“1-iš lattiš(一支部队)”和“1-iš=ma=kán lattiš(另一支部队)”。它们由前文结构中的主位分裂出来，在各自结构中处在主位位置上，形成持续型主位分裂推进。述位“pangarit 2 *AŠRA* zāiš[已从两处地点大规模地穿越了(边境)]”在下两个结构中分裂成两个表现具体化语义内容的述位“*INA* ^{URU}Išteruwa zāiš(在依斯特鲁瓦城穿越)”和“*INA* ^{URU}Zišpa zaiš(在齐斯帕城穿越)”，它们由前文结构中的述位分裂出来，在各自结构中处在述位位置上，形成

① Mst. 75/113；HKM46(*From Adad-Beli to the King*《阿达百利给国王的汇报》).

持续型述位分裂推进。在下两个结构中，主位持续由人称代词"aš(他)"和"šši(关于他)"体现，形成主位持续推进。述位"是否已翻越沙克都努瓦山地区，或转向进入了乡郊"在下一结构中仍作述位"任何(行迹)"，形成述位持续推进。

Da6. arnuwalaš=a=kán kuiš KUR=ya anda arzananza/ nu=šši=šan išhuēšnit NUMUN$^{HI.A}$-it GU_4 UDU IGI$^{HI.A}$-wa harak/ namma=an=kán *IŠTU* GA.KIN.AG *EMSI* SÍG$^{HI.A}$ ašnut/ arnuwalaš=a=ta=kkán kuiš KUR-az arha wezzi/ pedi=ma=šši=šan kuiš āšzi/ nu=šši NUMUN$^{HI.A}$ aniya=pát/ namma=aš=kán A.ŠÀ$^{HI.A}$-it šūwanza ēštu/ nu=šši pitta hūdāk hinkandu/[①]
(在行省内定居的移民，你要用双眼盯着他的充足的种子、牛和羊。并且，你要把奶酪、酵面团和羊毛提供给他。谁接替了从你的行省离开的移民的位置，你要为他播种。并且用田地让他满足，让他们立即给他分配田地。)

前文主位"arnuwalaš=a=kán kuiš KUR=ya anda arzananza(在行省内定居的移民)"分裂出主位"arnuwalaš=a=ta=kkán kuiš KUR-az arha wezzi(从你的行省离开的移民)"，形成持续型主位分裂推进。述位"kuiš āšzi(谁接替了)"在下一个结构变成主位"-šši(为他)"，形成主位-述位交替推进。主位"-aš(他)"在下一结构仍作主位"-šši"(给他)，形成主位持续推进。

Da7. anda=ma=za n[amm]a šumeš $^{LÚ.MEŠ}$SANGA $^{LÚ.MEŠ}$$GUDU_{12}$ $^{MUNUS.MEŠ}$AMA.DINGIR^{LIM} LÚ^{MEŠ} É DINGIR^{LIM}/ x x x tuhmeyanza ŠÀ É DINGIR^{LIM} našma tamēdani ^{É}karimme kuiški nikzi/ n=aš=kán mān ŠÀ É DINGIR^{LIM} niniktari/ nu hallūwain iyazi/ n=ašta $EZEN_4$ zahzi/ n=an zahandu/ [EGI]R-[a]n apūn $EZEN_4$ *QADU* GU_4 UDU NINDA KAŠ šarā tiyandan [(i)]yaddu/ NINDA.SIG=ya=kán lē wakšiyanuzi/ kuiš[(š=a)]n=za=an=kán mutāizzi/ nu $EZEN_4$ šarā tiyantan *ŪL* iyazi/ n=at apēdani mekki waštul ēšdu/ n=ašta $EZEN_4$-an hapušdu/ nu=za halluwayaza mekki nahhanteš ēšten/[②]
(并且，你们祭司、涂油者、母神女祭司和神庙人员，在神庙内或别的神坛上某人喝醉了。如果他在神庙内跳起并进行争吵，他破坏了节庆，那就让人们捶殴他。之后让他用牛、羊、面包、啤酒和供品操办那节庆，别让他削减扁面包。谁把它忽

---

① KUB13.2iii36-41;CTH261I(*Instructions of Arnuwanda I for the Frontier Post Governors*《阿努旺达一世给边境驻防官的训诫》).

② KUB13.4iii35-43;CTH264(*Instructions for Priests and Temple Personnel*《给祭司和神庙人员的训诫》).

略了，没有供应节庆供品，就让它成为那人的严重罪行，让他弥补节庆。对争吵你们要高度慎重。）

述位"kuiški nikzi（某人喝醉了）"在下列结构中依次作以通性单数主格附着人称代词体现的主位"-aš（他）"、以包含单数第三人称语义的直陈式动词词尾体现的述位"zahzi（他破坏）"、以通性单数宾格附着人称代词体现的主位"-an（他）"、以包含单数第三人称语义的命令式动词词尾体现的述位"iyaddu（让他操办）"，形成主位-述位交替推进。述位"kuiški nikzi（某人喝醉了）"、述位"niniktari（他跳起）""hallūwāin iyazi（他争吵）"、述位"zahzi（他破坏）"、述位"iyaddu（让他操办）"、述位"lē wakšiyanuzi（别让他削减）"形成述位持续推进。

Da8. takku LÚ-aš $BURU_{14}$-i kuššanī tiyazi/ šēpan išhianza/ ^{GIŠ}MAR. GÍD. $DA^{HI.A}$ ēpzi/ É IN. NU. DA ištappi/ KISLAH-an waršiyanzi/ ITU. 3. KAM 30 *PA*. ŠE kuššaniš=šit/ takku MUNUS-za $BURU_{14}$-i kuššani tiyazi/ *ŠA* ITU. 2. KAM 12 *PA*. ŠE pāi/[①]

（如果一个男人在收割季为了佣金而外出，捆束轮绳、装载马车、囤积谷仓、清理谷场，他3个月的佣金为30帕燕麦。如果一个女人在收割季为了佣金而外出，两个月将付给她12帕燕麦。）

主位"takku LÚ-aš $BURU_{14}$-i kuššanī tiyazi（如果一个男人在收割季为了佣金而外出）"分裂出下一结构的主位"takku MUNUS-za $BURU_{14}$-i kuššani tiyazi（如果一个女人在收割季为了佣金而外出）"，形成持续型主位分裂推进。述位"ITU. 3. KAM 30 *PA*. ŠE kuššaniš=šit（他3个月的佣金为30帕燕麦）"分裂出下一结构的述位" *ŠA* ITU. 2. KAM 12 *PA*. ŠE pāi（两个月将付给她12帕燕麦）"，形成持续型述位分裂推进。

Da9. anda = ma = ašta mān karšattar kuwapi karašteni/ n = at $DINGIR^{MEŠ}$-aš *ANA* $EN^{MEŠ}$ = *KUNU* ūnnanzi/ nu karšaddani GAM-an ^{LÚ}SIPAD. GU_4 ^{LÚ}SIPAD. UDU=ya iyantaru/ n=at=šan haliyaz ašaunaz mahhan karšan/ n=at=kán $DINGIR^{MEŠ}$-aš *QATAMMA* anda arnuwandu/ EGIR KASKAL = *NI* = ma = at = kán lē wahnuškanzi/ mān = ma = kán ŠÀ KASKAL = *NI* ^{LÚ}SIPAD.GU_4 našma ^{LÚ}SIPAD.UDU maršatar kuiški iyazi/ n=ašta naššu GUD.NIGA našma UDU. NIGA wahnuzi/ nu=za=kán happar šarā dāi/ našma=an=za=an=kán kuenzi/ n= an arha adanzi/ pedi = šši = ma maklantan tarnanzi/ n = at išduwāri/ nu =

① KBo6. 26i6-10；CTH271(*The Laws of the Hittites*《赫梯法典》).

šmaš=at SAG.DU-aš waštul/ DINGIR^{MEŠ}-aš = kán ZI-aš = šaš šanezzin zūwan daer/ mān=ma=at *ŪL* =ma išduwāri/ n=at kuedani mēhūni aranzi/ n=ašta *BIBRU* DINGIR^{LIM} ZI^{TI} ^{GIŠ}ištananaz GAM dandu/ nu = za = kán anda kiššan pēdandu/ mān = wa = kán DINGIR^{MEŠ}-aš šanezzin zūwan KAxU-az parā anzāš hūittiyawen/ nu=war=ann=a=šan anzel ZI-ni piyawēn/ našma=wa=nnaš=an uššaniyawēn/ našma = war = an = kán wahnummen/ nu = wa = nnaš happar dāwēn/ pedi = šši = ma = wa maklandan tarnummen/ nu=wa=nnaš zik DINGIR^{LIM} tuel ZI-aš zūwa šer *QADU* DAM^{MEŠ} = *NI* DUMU^{MEŠ} = *NI* parhiške/[①]
[并且，如果你们在某处挑选了一群(幼畜)，他们便要驱赶它们到诸神、你们的主人那里。让牧牛者和牧羊人随畜群一起走，就像它们被从牛栏和羊圈里挑选出来那样。让他们把它们带给诸神，他们不能沿途交易它们。如果途中某个牧牛者或牧羊人行骗，他交易了肥牛或肥羊，他收取了酬金。或者他屠宰了它，而他们吃了它，并且他们用一头羸瘦的来替换它。它被觉察了，它便是你们的极刑的罪行。他们取走了诸神的美味供食，如果它没有被觉察，那么当他们到来时，让他从祭坛取下神灵的犀角杯，让他们这样宣称："如果我们为我们自己从诸神口中揩取了美味的供食，并把它占为己有。或者我们为自己出售了它，我们交易了它，我们为自己收取酬金，我们用羸瘦的替换它。那么就让你、神灵因你的供食而一直纠缠我们连同我们的妻子和我们的儿子。"]

以中性单数概括名词体现的主位"karšattar[一群(幼畜)]"在下一结构中作以与格形式体现的主位"karšaddani(随畜群)"，一直到下几个结构中仍作以中性复数附着代词体现的主位"-at(它们)"，形成主位持续推进。主位"mān=ma=kán ŠÀ KASKAL=*NI* ^{LÚ}SIPAD.GU$_4$ našma ^{LÚ}SIPAD.UDU maršatar kuiški iyazi/ n = ašta naššu GUD.NIGA našma UDU.NIGA wahnuzi/ nu = za = kán happar šarā dāi/ našma = an = za = an = kán kuenzi/ n = an arha adanzi/ pedi=šši=ma maklantan tarnanzi(如果途中某个牧牛者或牧羊人行骗，他交易了肥牛或肥羊，他收取了酬金。或者他屠宰了它，而他们吃了它，并且他们用一头羸瘦的来替换它)"在下两个结构中分裂出主位"DINGIR^{MEŠ}-aš=kán ZI-aš=šaš šanezzin zūwan dāer(他们取走了诸神的美味供食)"和主位"mān=wa=kán DINGIR^{MEŠ}-aš šanezzin zūwan KAxU-az parā anzāš hūittiyawen/ nu=war=ann=a=šan anzel ZI-ni piyawēn/ našma=wa=nnaš=an uššaniyawēn/ našma=war=an=kán wahnummen/ nu=wa=nnaš happar dāwēn/ pedi=šši=ma=

① KUB13.4iv56-77；CTH264(*Instructions for Priests and Temple Personnel*《给祭司和神庙人员的训诫》).

wa maklandan tarnummen（'如果我们为我们自己从诸神口中揩取了美味的供食，并把它占为己有。或者我们为自己出售了它，我们交易了它，我们为自己收取酬金，我们用羸瘦的替换它'）"，形成持续型主位分裂推进。

Da10．takku pahhur *ANA* A.ŠÀ =*ŠU* kuiški pēdai/nu miyandan A.ŠÀ lukkezzi/kuiš = at lukkezzi/nu = za lukkandan A. ŠÀ-an apāš dāi/ SIG_5-andan = ma A.ŠÀ*LUM* *ANA* EN A.ŠÀ pāi/ t=az waršēzzi/①

［如果某人把火带到（他人的）田地里，点燃了结果的田地。点燃它的那人将拥有烧毁的田地，并把一片完好的田地赔付给田地主人，并且他将收割（完好的田地）。］

主位"takku pahhur *ANA* A. ŠÀ =*ŠU* kuiški pēdai［如果某人把火带到（他人的）田地里］"在下一结构中仍作主位"kuiš=at lukkezzi（点燃它的那人）"，形成主位持续推进。

Da11．*ANA BELI*=ma=at=šan lē iēzzi/ *ANA* ŠEŠ=ya=at=za=an NIN=*ŠU* LÚarišiya lē iyazi/ mašgann=a=za lē kuiški dāi/ *DINA*$_7$ šarazzi katterahhi lē/ katterra šarazyahi lē/ kuit handan apāt īšša/ kuedani=ma=ššan URU-ri EGIR-pa ārti/ nu LÚ.MEŠURU*LIM* hūmanduš parā halzāi/ nu kuedani *DINA*$_7$ ēšzi/ n=at=ši hanni/ n=an=kán ašnut/ ÌR.LÚ GÉME.LÚ wannumiyaš MUNUS-niman DI=*ŠUNU* ēšzi/ nu=šmaš=at hanni/ n=aš=kán ašnut/ ÉRINMEŠ URUKašiya=ya ÉRINMEŠ URUHimmuwa ÉRINMEŠ URUTagaramau ÉRINMEŠ URUIšuwa=ya apiya/ nu=šmaš=šan hūmandaz IGIHI.A-wa harak/②

［他不能专为官员侦办它（案件），他也不能专为他的兄弟、姐妹和朋友侦办它（案件）。谁也不能收取贿赂，他不能把重大案件看得微小，也不能把微小的案件看得重大，你要去做正义的那件事。不管你回到哪座城，召唤全城所有人吧。不管是谁的案件，都为他审理它吧，为他解决吧。如果有男奴的、女奴的和无亲友的女子的案件，你要为他们审理它并为他们解决。喀西亚的军队、西姆瓦的军队、塔戈拉玛的军队和伊苏瓦的军队在那里，你要不遗余力地用双眼盯着他们。］

以包含单数第三人称语义的动词词尾体现的述位"lē iēzzi（他不能侦案）""lē iyazi（他不能侦案）""lē kuiški dāi（谁也别受贿）""katterahhi lē（他不能轻

① KBo6.12i22-25；CTH271（*The Laws of the Hittites*《赫梯法典》）.

② KUB13.2iii25-35；CTH261（*Instructions of Arnuwanda I for the Frontier Post Governors*《阿努旺达一世给边境驻防官的训诫》）.

视)”“šarazyahi lē(他不能超估)”和与上文人称语义同指的以包含单数第二人称语义的动词词尾体现的述位“īšša(让你去做)”“halzāi(让你召唤)”“hanni(让你审理)”“ašnut(让你解决)”“IGI$^{HI.A}$-wa harak(让你盯着)”形成以包含人称语义的动词词尾持续体现出的述位持续推进。

Da12. nu=za ^{d}Upelluriš kuit GE$_{6}$-yaš KI-aš KI.BAD-aš/ nu=za aši/ nuttariyan DINGIR^{LIM}-in *ŪL* šakti/①

[乌匹鲁里斯啊,难道是因为你与幽暗大地相距遥远,所以你才不知道(那个)傲慢的神灵吗?]

主位“^{d}Upelluriš(乌匹鲁里斯)”在下一结构变成以包含单数第二人称语义的动词词尾体现的述位“*ŪL* šakti(你不知道)”,形成主位-述位交替推进。

Da13. ^{m}Urhi-^{d}Ūpaš=ma=mu mān HUL-lušš=a ēšta/ ammuk=ma *ŪL*=pát karuššiyanun/②

(即使乌尔西特苏布对我是敌视的,而我却没有发怒。)

包含两个参与者的主位“^{m}Urhi-^{d}Ūpaš=ma=mu(乌尔西特苏布对我)”当中,以与格单数附着第一人称代词体现的第二个参与者分裂出来成为下一结构中以主格单数独立第一人称代词体现的主位“ammuk(我)”,形成持续型主位分裂推进。

Da14. nu=za mān irmalanzašš=a ēšta/ ^{d}UTU=*ŠI*=ma=tta *ANA AŠAR ABI*=*KA* tittanunun=pát/③

(即使你是患了病的,但我主我还是把你放在你父亲的位置上。)

以包含单数第二人称语义的系词词尾体现的述位“ēšta(你是)”在下一结构中成为以宾格附着单数第二人称代词体现的主位“-tta(你)”,形成主位-述位交替推进。

Da15. man=mu mān KASKAL^{MEŠ} peran arpuwantešš=a ešer/ ammuk=man=kán *INA* $^{HUR.SAG}$Tehšina šarā=pát pāun/④

① KUB33.106iii38-39;CTH 331(*The Storm God at Lihzina*《雷雨神在利兹纳》).

② KBo4.12i24-26;CTH 81(*The Apology of Hattusilis III*《哈图希里三世自辩辞》).

③ KBo5.9i16-18;CTH 62(*Treaty Between Mursili and Duppi-Tesub*《穆希里与杜比-泰苏布的条约》)。

④ KUB19.37iii51-53;CTH 61I(*Annals of Mursilis II*《穆希里二世年代记》).

（即使在我面前的道路是不可穿越的，我依然登越了特西纳峰。）

以与格单数附着第一人称代词体现的主位"-mu（对我）"在下一结构中仍然作以主格单数独立第一人称代词体现的主位"ammuk（我）"，形成主位持续推进。

Da16. anda=ma=za pahhuwenašš=a uddanī mekki nahhanteš ēšten/ n=ašta mān ŠÀ DINGIR*LIM* EZEN$_4$/ nu IZI mekki pahhašten/ mahhan=ma GE$_6$-anza kīša/n=ašta pahhur kuit *ANA* GUNNI āšzi/ n=at=kán wedanda SIG$_5$-in keštanutten/ mān INIM IZI=ma šannapi šannapi/ kuitki hadan=ma GIŠ-ru/ n=at kuiš kištanuzi/ n=ašta kuedani ŠÀ É DINGIR*LIM*=*ŠU* waštul kišari/ nu É DINGIR*LIM* =*ŠU* imma 1-an harakzi/ URUHattušaš=ma LUGAL-aš āššu *ŪL* harakzi/ nu waštul kuiš iyazi/ n=aš *QADU* NUMUN=*ŠU* harakzi=pát/ kueš=at=kán kuiēš imma ŠÀ É DINGIR*LIM*/ nu 1-ašš=a TI-numaš *ŪL* ēšzi/ *QADU* NUMUN=*ŠU*=at harkanzi=pát/ nu=za pahhuwenaš uddanī mekki=pát marri pahhaššanuanteš ēšten/①

［并且，对火情你们要高度警觉。当节庆在神庙内（操办），你们要对火高度警惕。当夜色来到，让你们用水把壁炉里的火彻底淋熄，不管是分散的燃烧物还是一些干柴。淋熄它的人，在他的神庙里罪行因他而发生了。即使唯独他的神庙被毁灭了，而国王在哈图沙城的财物没有被毁灭，谁造成了罪行，他和他的后裔要一起被毁灭。那些也在神庙里的人，没有一个会拥有生命，他们要和他的后裔一起毁灭。对火情你们要极度警觉。］

述位"mekki nahhanteš ēšten（你们要高度警觉）""nu IZI mekki pahhašten（你们要对火高度警惕）""mekki=pát marri pahhaššanuanteš ešten（你们要极度警觉）"形成述位持续推进。述位"waštul kišari［罪行（因他）而发生了］"和述位"nu waštul kuiš iyazi（谁造成了罪行）"形成述位持续推进。述位"nu IZI mekki pahhašten（你们要对火高度警惕）"和述位"n=ašta pahhur kuit *ANA* GUNNI āšzi/ n=at=kán wedanda SIG$_5$-in keštanutten/ mān INIM IZI=ma šannapi šannapi/ kuitki hadan=ma GIŠ-ru（让你们用水把壁炉里的火彻底淋熄，不管是分散的燃烧物还是一些干柴）"形成持续型述位分裂推进。述位"waštul kišari［罪行（因他）而发生了］"和主位"nu É DINGIR*LIM*=*ŠU* imma 1-an harakzi（即使唯独他的神庙毁灭了）"形成交替型述位分裂推进。

① KUB13. 4iii44-54；CTH264（*Instructions for Priests and Temple Personnel*《给祭司和神庙人员的训诫》）.

Da17. ^{LÚ}*MEŠEDI*=ma ^{É}hilamni anda innarā *ŪL* tiyēzzi/ mān=aš innara=ma tiyēzzi/ nu=šši=kán ^{LÚ}Ì.DU$_8$ kardimiyaitta/ naššu=wa=kán šarā īt/ našma=wa=kán katta=ma īt/ mān=kán ^{LÚ}*MEŠEDI*=ma ^{É}hilamnaz parā paizzi/n=ašta ^{É}hilammar ištarna arha ^{GIŠ}ŠUKUR=pát harzi/ luštaniya=ma=aš ari/ nu ^{GIŠ}ŠUKUR *ITTI* ^{LÚ}Ì.DU$_8$ dāi/ apaš=a=kán katta paizzi/①

(禁卫军不能随意踏入门厅。但如果他随意踏入了,守门人将对他发怒:"要么你走上去,要么你走下去。"当禁卫军从门厅走出,他仅能手握一支矛穿过门厅。他到达了后门,把矛交给守门人,然后他便离开。)

以表现抽象名称的名词体现的主位"^{LÚ}*MEŠEDI*(禁卫军)"、以通性主格单数附着第三人称代词体现的主位"-aš"(他)形成主位持续推进。主位"-aš(他)"和以包含与上文人称语义同指的单数第二人称语义的命令式动词词尾体现的述位"šarā īt(让你走上去)""katta=ma īt(让你走下去)"形成主位-述位交替推进。以包含单数第三人称语义的动词词尾体现的述位"harzi(他手握)"和以通性主格单数远指指示代词体现的述位"apaš(那人)"形成述位持续推进。

Da18. anda=ma=za šumaš kuiēš EN^{MEŠ} TU$_7$ DINGIR^{MEŠ}-aš hūmandaš ^{LÚ}SAGI.A LÚ ^{GIŠ}BANŠUR ^{LÚ}MUHALDIM ^{LÚ}NINDA.DÙ.DÙ ^{LÚ}KÚRUN.NA/ nu=šmaš DINGIR^{MEŠ}-aš ZI-ni menahhanda mekki nahhanteš ēšten/ n=ašta DINGIR^{MEŠ}-aš ^{NINDA}harši ^{DUG}išpantuzzi nahšarattan mekki tiyan harten/ nu=šmaš=kán paršūraš pēdan šanhan harnuwan ēšdu/ n=ašta ŠAH-aš UR.GI$_7$-aš ^{GIŠ}kattaluzzi lē šarriškatta/ šumaš=a TA-za warpanteš ēšten/ nu TÚG$^{\text{HI.A}}$ parkuwa=ya wešten/ namma=šmaš=kán išhēniuš UMBIN^{MEŠ}=ya dān ēšdu/ nu=šmaš=kán DINGIR^{MEŠ}-aš ZI-anza lē hanhaniyai/ mān *ÚNUTE*^{MEŠ} GIŠ^{ŠI} *ÚNUTE*^{MEŠ} GIR$_4$ kue harteni/ n=ašta mān ŠAH-aš UR.GI$_7$-aš kuwapikki anda šālika/EN TU$_7$=ma=at arha *ŪL* peššeyazi/ nu apāš DINGIR^{MEŠ}-aš paprandaz=a adanna pāi/ apēdani=ma DINGIR^{MEŠ}-eš zakkar dūr adanna akuwanna pianzi/ mānn=a=za MUNUS-i kuiš GAM-an šešzi/ nu=kán mahhan DINGIR^{MEŠ}-aš šaklain aššanuzi/ DINGIR^{LIM}-ni adanna akuwanna pāi/ n=aš *ITTI* MUNUS^{TI} *QATAMMA* paiddu/ n=ašta kuitman ^{d}UTU-uš šarā/ nu=za hūdāk warapdu/ n=aš=kán lukkatti DINGIR^{MEŠ}-aš adannaš mēhūni hūdāk aru/ mān=ma=aš karaštari=ma/ n=at=ši waštul/ mān=ma=za *ITTI* MUNUS^{TI} kuiš šešzi/ n=an=kán *MAHRI*=*ŠU* ^{LÚ}GAL=*ŠU* EGIR-an tamašzi/ nu memau=pát/ mān apāš

① IBoT1.36i48-52;CTH262(*Protocol for the Royal Bodyguard*《给王室禁卫军的规章》).

=ma memiyawanzi *ŪL* mazzazzi/ nu ^{LÚ}ari=ššši memāu/ nu=za waraptu=pát/ mān šekkantit=ma ZI-it parā dāi/ warapzi=ma=za nāwi/ n=aš DINGIR^{MEŠ}-aš ^{NINDA}harši ^{DUG}išpantuzzi maninkuwan šaknuanza šālika/ našma=an ^{LÚ}araš=šiš šakki/ n=ašta=kkán uwaitta/ n=an šannāi/ EGIR-zian=ma=at išduwāri/ nu=šmaš=at SAG.DU-aš ÚŠ-tar/ 2-ušš=at akkandu/①

[并且，所有你们神灵的厨房人员：持杯者、侍者、烹饪师、烘焙师、酿酒师。让你们对诸神的意志高度敬畏，要对诸神的面包棍和酒罐保持高度慎重。让厨房为你们而被清扫和冲洗，不能让猪和狗穿越门槛。让你们被清洗，让你们穿着洁净的衣物，让你们的头发和指甲被修剪，诸神的心灵便不会审判你们。如果猪和狗接触了你们持有的木制用具和陶器，而厨房人员没有弃置它们。他从污染的（器皿）中给诸神吃的，那么诸神便给他粪吃，给他尿喝。当某人和女人共寝，当他操办诸神的仪轨时，给了神灵吃的和喝的，那就让他和女人一起走开。太阳升起时，让他立即沐浴。在上午神灵的进餐时间让他立即出现。如果他疏忽了，这便是他的罪行。如果某人和女人共寝，他的头领或他的长官迫使他（这样做），让他报告。如果他不敢去报告，那么让他告诉他的朋友，让他沐浴。如果他故意延迟，他没有沐浴，他不洁地近距接触了诸神的面包棍和酒罐。而他的朋友对他知情，他同情他，他隐藏了他。而之后它被觉察，那么它就是他们的极刑的罪行，让他们两人被处决。]

述位“nu=šmaš DINGIR^{MEŠ}-aš ZI-ni menahhanda mekki nahhanteš ēšten/ n=ašta DINGIR^{MEŠ}-aš ^{NINDA}harši ^{DUG}išpantuzzi nahšarattan mekki tiyan harten（让你们对诸神的意志高度敬畏，要对诸神的面包棍和酒罐高度保持慎重）”在下一结构分裂出主位“nu=šmaš=kán paršūraš pēdan šanhan harnuwan ēšdu/ n=ašta ŠAH-aš UR.GI$_7$-aš ^{GIŠ}kattaluzzi lē šarrišketta/ šumaš=a TA-za warpanteš ēšten/ nu TÚG$^{HI.A}$ parkuwa=ya wešten/ namma=šmaš=kán išhēniuš UMBIN^{MEŠ}=ya dān ēšdu（让厨房为你们而被清扫和冲洗，不能让猪和狗穿越门槛。让你们被清洗，让你们穿着洁净的衣物，让你们的头发和指甲被修剪）”，形成交替型述位分裂推进。主位“mānn=a=za MUNUS-i kuiš GAM-an šešzi/ nu=kán mahhan DINGIR^{MEŠ}-aš šaklain aššanuzi/ DINGIR^{LIM}-ni adanna akuwanna pāi（当某人和女人共寝，当他操办诸神的仪轨时，给了神灵吃的和喝的）”和主位“n=aš DINGIR^{MEŠ}-aš ^{NINDA}harši ^{DUG}išpantuzzi maninkuwan šaknuanza šālika（他不洁地近距接触了诸神的面包棍和酒罐）”形成主位持续

① KUB13.4iii55-83；CTH264（*Instructions for Priests and Temple Personnel*《给祭司和神庙人员的训诫》）.

推进。

Da19. nu=kán mahhan *ABU*=*YA* ŠÀ KUR[TI] āraš / nu=kán [LÚ]KÚR [URU]Gašgaš kuiš *INA* ŠÀ KUR [URU]Hatti uwanza ēšta / nu KUR-e mekki idalawahta/[①]
[当我的父亲到达(那片)土地,卡斯卡的敌人进入到赫梯领地,他们残酷地蹂躏了(那里的)领地。]

述位中表示地点名称的名词"KUR [URU]Hatti(赫梯领地)"和下一结构的主位"KUR-e(领地)"形成主位-述位交替推进。

Da20. kāša=kán kī tuppi kuedani UD-ti parā nehhun/ n=ašta ÉRIN.MEŠ KUR UGU apēdani UD-ti arha huittiyanun/ nu=mu=ššan ziqq=a KARAŠ=pát hūdāk arnut/[②]
(就在我派发这块泥板的当天,就在那天我派遣了高地军队。你也立即为我带来军队。)

主位中的成分"UD-ti(当天)"和下一结构的述位的成分"apēdani UD-ti(就在那天)"形成主位-述位交替推进。以包含单数第一人称语义的动词词尾体现的述位"parā nehhun(我派发了)"和以包含单数第一人称语义的动词词尾体现的下一结构的述位的成分"arha huittiyanun(我派遣了)"形成述位持续推进。述位"arha huittiyanun(我派遣了)"和以与格附着单数第一人称代词体现的主位"-mu(为我)"形成主位-述位交替推进。

Da21. É.GAL[HI.A] kue maniyahhiya anda/ nu=šmaš=šan hūmanteya IGI[HI.A]-wa harak/ A.ŠÀ terippiyaš=a=ššan NUMUN[HI.A]-ašš=a É.GAL[HI.A]*ŠA* SAG.GÉME.ÌR[MEŠ] halkuiššanaš=a IGI[HI.A]-wa harak/ maniyahhiya=ta=kkán kue É.GAL[HI.A] É[HI.A] *BELU*[TI]=ya anda/ n=ašta EGIR-an arha punuške/ naššu damišhān kuiški kuitki harzi/ našma=za dān kuiški kuitki harzi/ našma=za happiran kuiški kuitki harzi/ našma ÉSAG kuiški kinuwan harzi/ našma=za=kán GU_4 LUGAL kuiški kunan harzi/ našma=kán ÉSAG[HI.A] kuiški šarā adān harzi/ nu=za GIŠ.HUR[HI.A] GÙB-laš=ma harninkan harzi/ n=at=za EGIR-an kappūi/ našma =kán *ANA* SAG.GÉME.ÌR[MEŠ] kuiški kuitki arha dān harzi/ n=an auwariyaš

① KBo14.3iii12-14;CTH 40(*The Deeds of Suppiluliuma*《苏皮鲁琉玛的业绩》).

② HKM 71 24-31(*From Hulla, the Commander of Chariot-warriors to Kaššū*《胡拉,战车兵指挥官致科苏》).

EN-aš ēpdu/ n = an *MAHAR* ^{d}UTU^{ŠI} uppau/ gimmi = ya = ššan *ANA* GU$_4$^{MEŠ} LUGAL IGI$^{HI.A}$-wa hardu/ nu gimmandaš BURU$_{14}$-aš KIN-ši EGIR-an arhut/ *ŠA* TU$_7$$^{HI.A}$ *AŠRI*$^{HI.A}$ SIG$_5$-yahhan ēštu/ e = kán dān ēštu/ É *ŠURIPI* wedan ēštu/① [你要用双眼盯着在行省内的所有王宫。你要用双眼盯着犁过的田地里的种子和官廷仆役们的田地份额。你要一直询问你的行省内的王宫和官员宅邸。某人毁坏了任何物品，或某人夺取了任何物品，或某人转卖了任何物品，或某人闯入了谷仓，或某人屠宰了王族的牛，或某人消耗了谷仓，或某人非法摧毁了手写板，你就要追查它。如果某人从仆役那里夺取某物，那就让哨所督官抓捕他，并把他带到我主面前。在冬季，你要用双眼盯着王族的牛群，你要关注冬季和收割季的务农者。让厨房就绪，让(冰块)得以收集，让冰室得以建造。]

以包含单数第二人称语义的命令式动词词尾体现的述位"IGI$^{HI.A}$-wa harak(你要用双眼盯着)""punuške(你要一直询问)""EGIR-an kappūi(你要追查)""IGI$^{HI.A}$-wa hardu(你要用双眼盯着)""EGIR-an arhut(你要关注)"形成述位持续推进。述位"IGI$^{HI.A}$-wa harak(你要用双眼盯着)"分裂出下一结构的主位"naššu damišhān kuiški kuitki harzi/ našma = za dān kuiški kuitki harzi/ našma = za happiran kuiški kuitki harzi/ našma ÉSAG kuiški kinuwan harzi/ našma = za = kán GU$_4$ LUGAL kuiški kunan harzi/ našma = kán ÉSAG$^{HI.A}$ kuiški šarā adān harzi/ nu = za GIŠ. HUR$^{HI.A}$ GÙB-laš = ma harninkan harzi(某人毁坏了任何物品，或某人夺取了任何物品，或某人转卖了任何物品，或某人闯入了谷仓，或某人屠宰了王族的牛，或某人消耗了谷仓或某人非法摧毁了手写板)"，形成交替型述位分裂推进。主位"É. GAL$^{HI.A}$ kue maniyahhiya anda[在行省内的(所有)王宫]"和主位"maniyahhiya = ta = kkán kue É. GAL$^{HI.A}$ É$^{HI.A}$ *BELU*^{TI} = ya anda(你的行省内的王宫和官员宅邸)"形成主位持续推进。主位"našma = za dān kuiški kuitki harzi(或某人夺取了任何物品)"和主位"našma = kán *ANA* SAG. GÉME. ÌR^{MEŠ} kuiški kuitki arha dān harzi(如果某人从仆役那里夺取某物)"形成主位持续推进。

Da22. NINDA KAŠ GEŠTIN = ya = ma mān apēdani UD-ti adanna akuwanna tarahteni/ n = at ēzzaten/ ekutten/ mān = at *ŪL* = ma tarahteni/ n = at UD. 3. KAM azzikketten/ akkušketten/ ^{NINDA}piyantallan = ma *ANA* DAM^{MEŠ} = *KUNU* DUMU^{MEŠ} = *KUNU* SAG. GÉME. ÌR^{MEŠ} = *KUNU* lē pešteni/ KAŠ GEŠTIN

① KUB13. 2iv9-26；CTH261(*Instructions of Arnuwanda I for the Frontier Post Governors*《阿努旺达一世给边境驻防官的训诫》).

=ma=kán DINGIR^{MEŠ}-aš ^{GIŠ}kattaluzzi lē=pát pēdatteni/ mān ^{LÚ}*ÚBARÙ* =ma kuedani wezzi/n=aš mān *INA* É DINGIR^{LIM} šarā pāuwaš/ DINGIR^{MEŠ}-naš=kán LUGAL-ašš=a ^{GIŠ}kattaluzzi šarrašketta/ n=an adanna šarā pēhuteddu/ nu GU_7-keddu/ akkuškeddu/ mān=ma=aš UN-aš arahzenaš/ *ŪL* =aš ^{URU}Hattušaš DUMU. LÚ. U_{19}. LU/ DINGIR^{MEŠ}-aš tiyazi/ n=aš aku/ kuiš=an pēhutezzi=ma/ n=at=ši SAG. DU-aš aggatar/①

(如果你们在那天能吃面包、喝啤酒和葡萄酒,你们便吃喝。如果你们不能,那就在第3天吃喝。你们不能把匹扬塔拉面包给你们的妻子、你们的儿子和你们的仆人们,你们也不能携带啤酒和葡萄酒穿越神灵的门槛。如果一个访客来到某人那里,如果他登上神庙,穿越了神灵的和国王的门槛,那么让他带领他去就餐,让他吃,让他喝。如果一个外国人、一个不是来自哈图沙城的人接近了神灵,他将被处决。谁带领了他,这便是他的极刑的冒犯。)

以包含复数第二人称语义的命令式动词词尾体现的述位“ēzzaten(让你们吃)”“ekutten(让你们喝)”“azzikketten(让你们吃)”“akkušketten(让你们喝)”“lē pešteni(你们不能给)”“lē=pát pēdatteni(你们别穿越)”形成述位持续推进。主位“n=aš mān *INA* É DINGIR^{LIM} šarā pāuwaš/ DINGIR^{MEŠ}-naš=kán LUGAL-ašš=a ^{GIŠ}kattaluzzi šarrašketta(如果他登上神庙,穿越了神灵的和国王的门槛)”和下一结构的主位的成分“DINGIR^{MEŠ}-aš tiyazi(接近了神灵)”形成主位持续推进。主位的成分“UN-aš arahzenaš(一个外国人)”和下一结构主位的宾格单数附着第三人称代词“-an(他)”形成主位持续推进。

Da23. ^{LÚ}*MEŠEDI* =ma ^{GIŠ}GU. ZA tittanuzi/ LUGAL-uš=kán parā wizzi/ GAL DUMU^{MEŠ} É. GAL=ma=an *QAZZU* harzi/ LUGAL-uš=šan ^{GIŠ}huluganni eša/ $^{LÚ.MEŠ}$ŠUKUR. DUGUD= ma hinkanta/ namma = at pittianzi/ n = at peran huyanzi/ n=at=za ^{LÚ}ŠUKUR kattan iyannianzi/②

[一个禁卫军放置了座椅。国王走了出来,宫廷侍者长官牵了他的手。国王坐进了马车,持重矛者(向他)鞠躬。随后他们奔跑起来,他们奔行在前方,他们和持矛者同行。]

主位“LUGAL-uš=kán(国王)”和下一结构的主位“LUGAL-uš=šan(国王)”形成主位持续推进。述位“GAL DUMU^{MEŠ} É. GAL=ma=an *QAZZU*

① KUB13. 5ii6-16;CTH264(*Instructions for Priests and Temple Personnel*《给祭司和神庙人员的训诫》).

② IBoT1. 36ii15-19;CTH262(*Protocol for the Royal Bodyguard*《给王室禁卫军的规章》).

harzi(宫廷侍者长官牵了他的手)”和下一结构的述位的附着复数第三人称代词“-at(他们)”形成述位持续推进。

Da24. ^{LÚ}ŠUKUR KÙ.SIG_{17}=ma=šmaš kuiš kattan artat/ tiyazzi/ *ŠA* ^{GIŠ}ŠUKUR DUMU É.GAL=ma ^{GIŠ}*IŠTUHHU ANA* GAL DUMU^{MEŠ} É.GAL pāi/ GAL DUMU^{MEŠ} É.GAL=ma=at LUGAL-i pāi/ nu ^{GIŠ}huluganniya peran GAL $^{LÚ.MEŠ}$šālašhaš huyanza/ ^{GIŠ}GIDRU=ya harzi/ māhhan=ma=kán ^{GIŠ}hulugenniš parā iyannai/ GAL DUMU^{MEŠ} É.GAL=ma EGIR-an hingari/ nu LUGAL EGIR-pa *ANA* GAL *MEŠEDI* hikzi/①

(和他们站在一起的持金矛者行进着。持矛宫廷侍卫把鞭交给宫廷侍卫长官,宫廷侍卫长官又把它交给国王。在马车前方马夫长官奔跑着,他手执节杖。当马车发动,宫廷侍卫长官便在后方鞠躬,他把国王交回给禁卫军长官。)

述位的成分“GAL DUMU^{MEŠ} É.GAL(宫廷侍卫长官)”、下一结构的主位“GAL DUMU^{MEŠ} É.GAL(宫廷侍卫长官)”和下一结构的述位“GAL DUMU^{MEŠ} É.GAL=ma(宫廷侍卫长官)”形成主位-述位交替推进。

Da25. $^{LÚ.MEŠ}$*NAŠISIDITI*$_4$=*ŠU* natta punušteni/ ta ^{LÚ}happinandaš ištenі/ parna=šša paiši/ ēzši/ eukši/ piyanazzi=a=tta/ ^{LÚ}ašiwandan=a šiēt dātti/ *DIN*=*ŠU* natta punušši/ nu kiššan *AWĀT ABI*=*YA* arhān hartenī/ kinun kāš kiššan īššai/ $^{LÚ.MEŠ}$*NAŠISIDITI*$_4$=*ŠU*[...]išteni/②

[你们不去询问他的包裹搬运工,你们遵行富人的(意志)。你走入他的房屋,你吃着,你喝着,他犒赏着你。你抛弃了穷人,你不去调查他的案件。你们就像这样忽略我父亲的话,现在这样的事还在发生。你们遵行过他的包裹搬运工的意志吗?]

述位“ta ^{LÚ}happinandaš išteni[你们遵行富人的(意志)]”和下一结构的主位“parna=šša paiši/ ēzši/ eukši/ piyanazzi=a=tta(你走入他的房屋,你吃着,你喝着,他犒赏着你)”形成交替型述位分裂推进。主位“parna=šša paiši/ ēzši/ eukši/ piyanazzi=a=tta(你走入他的房屋,你吃着,你喝着,他犒赏着你)”和主位“nu kiššan *AWĀT ABI*=*YA* arhān hartenī(你们就像这样忽略我父亲的话)”形成主位持续推进。述位“ta ^{LÚ}happinandaš išteni[你们遵行富人的(意志)]”和述位“kinun kāš kiššan īššai(现在这样的事还在发生)”形成述位持续推进。

① IBoT1.36ii20-25;CTH262(*Protocol for the Royal Bodyguard*《给王室禁卫军的规章》).

② KBo22.1i26-33;CTH272(*Instruction to Dignitaries*《致贵族的训诫文献》).

赫梯语主位-述位结构是赫梯语语篇当中主述成分依先后位置出现的规律性次序形成的交替性结构关系。主位-述位结构关系能够按简单句或复句进行分析，简单句内或复句内主位和述位呈现出多种交替方式，主述成分也由此以多种序列结构展现出来，形成主述成分之间排列次序结构上的语篇关系。而处于主位-述位结构中的各主述成分又是由具体词汇组成的，主述成分在主位-述位结构中的组织排列关系同时也是成分中具体词汇的排列组织关系。主要主位推进类型包括主位持续推进、述位持续推进、主位-述位交替推进、持续型主位分裂推进、交替型主位分裂推进、持续型述位分裂推进、交替型述位分裂推进。

4.2 赫梯语信息结构中已知信息与新信息的分布

都福(S. P. R. Durnford)[①]曾较早分析了赫梯语的小句重音，探讨了作为赫梯语信息结构焦点信息语音表现特点的小句重音的分析方法。小句重音是判断焦点信息的重要依据之一，但都福只关注了赫梯语小句重音的语音体现，没有在探讨小句重音的同时涉及赫梯语信息结构中的信息焦点。古德格布[②]曾探讨了赫梯语读作重音的单数远指指示代词与小句信息焦点间的关系，认为赫梯语小句具有语音上的重音分布。指示代词一般不承载重音，承载了重音的单数远指指示代词具有了以重音语音形式表现的强调标记特征，这个语音标记应被理解为是小句信息结构中的焦点信息标记。古德格布以重音的方式把单数远指指示代词标记为信息焦点，探讨了独立单数数词和单数指示代词的直示和指示作用以及在小句信息结构中充当话题和焦点的用法。古德格布还探讨了赫梯语泛指疑问代词和名词成分在信息结构中承载信息焦点的作用。贾斯图斯[③]、默琳

① DURNFORD S P R. Some evidence for syntactic stress in Hittite[J]. AnSt，1971(21)：69-75.

② GOEDEGEBUURE P. Focus in Hittite and the stressed pronoun apā-：In search of a method [J]. Pragmatische Kategorien，2009(5)：93-112；GOEDEGEBUURE P. Focus structure and Q-words questions in Hittite[J]. Linguistics，2009(47)：945-969；GOEDEGEBUURE P. Hittite noun phrase in focus[J]. UCLA IEConf，2013(24)：27-46；GOEDEGEBUURE P. The Hittite demonstratives：Studies in deixis，topics and focus(StBoT 55)[M]. Wiesbaden：Wiesbaden Press，2014.

③ JUSTUS C F. Relativization and topicalization in Hittite[J]. Subject and Topic，1976(10)：215-245.

娜[①]、韦德默[②]和采弗德[③]各自探讨了赫梯语信息结构的话题和焦点在不同类型语篇中的体现。以往这些涉及赫梯语信息结构的探讨都只关注了信息结构中话题和焦点的分布，没有直接涉及对赫梯语信息结构中已知信息和新信息的分析。话题和焦点处在已知信息和新信息当中，是已知信息和新信息当中的特殊部分或表现形式。话题和焦点与已知信息和新信息具有关联性却并不等于已知信息和新信息，对信息结构中已知信息和新信息的分析是判断话题和焦点的重要前提，也是信息结构分析当中的重要研究内容。

赫梯语信息结构由已知信息和新信息在简单句或复句中以各信息单位的信息新旧关系体现出来，并以规律交替的结构形式组织语篇，使语篇中各信息单位关联成一体。赫梯语已知信息常体现在小句前端的小品词链条、句子前部的语义内容、复句中的状语小句，新信息常体现在句内后半部靠近句尾动词的语义内容或复句中的主句语义中。体现在靠近小品词链条的句子前部的语义内容有时也表现为得到强调的新信息，标记有强调小品词的语义内容是最直观地得到强调的新信息，它体现在句子前部或后部的语义内容中。赫梯语已知信息常由体现在小品词链条上或句子前部的附着代词或独立代词的语义内容表现出来，后置的谓语动词经常以新的动宾关系的语义内容体现出新信息。

Db1. anda = ma = za šumaš kuiēš LÚ^{MEŠ} É DINGIR^{LIM}/ nu mān EZEN$_4$$^{M[EŠ]}$ EZEN$_4$-aš mēhūni *ŪL* ēššantteni/ nu EZEN$_4$ hamešh[(a)ndaš][*I*]*NA* zēni iyatteni/ EZEN$_4$ zēnandaš=m[a] hamešhi ēššatteni/ nu mān EZEN$_4$ iyawanzi mē[(huna)š] mēhūni aranza/ n=an iyazi kuiš/ n=aš šumaš *ANA* $^{LÚ.MEŠ}$SANGA $^{LÚ.MEŠ}$GUD[U$_{12}$^{M}]$^{UNUS.MEŠ}$AMA. DINGIR^{LIM} *Ù ANA* LÚ^{MEŠ} É [DINGIR^{LIM}] wezzi/ nu =šmaš=za gēnuš=šuš ēpzi/ BURU$_{14}$^{MEŠ} = wa = mu = kán peran/ naššu kušāta naššu KASKAL-aš našma tamai kuitki uttar/ nu=wa=mu EGIR-pa tiyatten/ nu =wa=mu=kán aši kuitman memiaš peran arha tiyaddu/ mahhan=ma=wa= mu=kán aši memiaš peran arha tiyazi/ nu=wa EZEN$_4$ *QATAMMA* iyami/ n= ašta UN-aš ZI-ni lē = pát iyatteni/ lē = a = šmaš = kán uwaittari/ nu = šmaš

① MOLINA M. Corpus study of information structure in Hittite (on the basis of the middle Hittite letters)[J]. HitCongr, 2014(5): 232-245.

② WIDMER P. Hethitisch nu als Mittel der informationsstrukturellen und syntaktischen Verknüpfung [J]. Pragmatische Kategorien, 2009(20): 323-335.

③ ZEILFELDER S. Topik, Fokus und rechter Satzrand im Hethitischen[J]. Gs Forrer, 2004(4): 655-666.

DINGIR^{MEŠ}-aš ZI-ni happar lē datteni/ nu=kán šumaš UN-aš uwaittari/ happarr =a= šmaš datteni/ DINGIR^{MEŠ} =ma= kán šumaš *INA* EGIR UD$^{\textit{MI}}$ anda šanhiškanzi/ nu=šmaš=at *ANA* ZI$^{\text{HI.A}}$=*KUNU* DAM^{MEŠ}=*KUNU* DUMU^{MEŠ}= *KUNU* SAG.GÉME.ÌR^{MEŠ} = *KUNU* idālawanni = pát arantari/ n = ašta DINGIR^{MEŠ}-aš=pát ZI-ni iyatten/ nu NINDA-an ēzzatteni/ wātar=ma ekutteni/ É-err=a=za iyatteni/ UN-aš=ma=at=kán ZI-ni lē=[pát i]yatteni/ nu=za ÚŠ-tar lē ušniyatteni/ ÚŠ-tar=ma=za wāšiy[ate]ni lē/①

[并且,你们这些神庙人员,如果你们没有在节庆期间操办节庆,你们在秋日操办春季节庆,你们在春季操办秋日节庆。当操办节庆的时间到来,操办它的某人来到你们祭司、涂油者、母神女祭司和神庙人员那里,他抓住你们的膝部,(说):"收割季就在我面前,并且有嫁妆或旅途或其他一些事。请你们站到我身后,此时让我面前的这件事得到处理。当我面前的这件事得到处理,我就去操办节庆。"你们不能按照人的意志行事,别让他使你们感到歉疚,在有关神灵意志的事宜上你们不能收取贿赂。那人会使你们感到歉疚,你们便收取了贿赂。而诸神在之后某日会向你们寻仇,他们会恶意地站在你、你的妻子、你的儿子和你的仆人们面前。让你们按照诸神的意志行事,你们要吃面包、喝水,你们要建造房屋。你们不能按照人的意志行事,你们不能售卖亡者,也不能购买亡者。]

小句"并且,你们这些神庙人员"是语篇中很多作为过程的小句的参与者,是一以贯之的话题之一,是信息发出者对信息接收者的称谓,是新信息展开前的参与者引介,因此是已知信息。句群"如果你们没有在节庆期间操办节庆,你们在秋日操办春季节庆,你们在春季操办秋日节庆"是作为已知信息的参与者引出的新信息,展现了已知参与者参与的作为新信息的过程和新参与者"节庆"。小句"当操办节庆的时间到来"承接上句出现的信息,用作已知信息发展出新信息"操办它的某人来到你们祭司、涂油者、母神女祭司和神庙人员那里"。名词成分"操办它的某人"是新信息当中的新参与者,"来到"是新信息中的新过程信息。名词成分"你们祭司、涂油者、母神女祭司和神庙人员"与上文名词成分"你们这些神庙人员"是同指关系,为上文同指名词成分提供了具体化、细节化的说明和展开,是新信息当中的新参与者。小句"他抓住你们的膝部"承接了上文参与者信息"操办者和神庙人员",这些信息以单数第三人称动词词尾"ēpzi(他抓住)"和作从属语的复数第二人称与格附着代词"-šmaš(你们的)"的形式体现为已知信息。小句的过程信息"抓住膝部"具有隐喻语义,表示恳请,引出表现为直接引语的新

① KUB13.4ii52-72;CTH264(*Instructions for Priests and Temple Personnel*《给祭司和神庙人员的训诫》).

信息。小句“你们不能按照人的意志行事”当中，表现为与格名词成分的方式状语“按照人的意志”出现在句首位置用作已知信息，承接上文表现为直接引语的操办者的恳请内容。句尾动词词组“lē=pát iyatteni（你们不能这样行事）”是复数第二人称否定命令式的强调式，用作过程新信息。强调附着小品词“-pát”标示这处新信息是加以强调的新信息，因此是信息焦点。小句“别让他使你们感到歉疚，在有关神灵意志的事宜上你们不能收取贿赂”的动词都是否定命令式，表现过程新信息。小句“那人会使你们感到歉疚，你们便收取了贿赂”承接上文信息用作已知信息，是隐含的条件状语，引出用作新信息的主句。小句“让你们按照诸神的意志行事”当中，作方式状语的与格名词词组“DINGIR^{MEŠ}-aš=pát ZI-ni（按照诸神的意志）”是处在小句前部的得到强调的已知信息，复数第二人称命令式动词“iyatten（让你们行事）”是新信息。小句“你们要吃面包、喝水，你们要建造房屋”是对上文过程信息“iyatten（让你们行事）”具体化、细节化的发展，是新信息。小句“你们不能按照人的意志行事”是重复上文的已知信息，小句“你们不能售卖亡者，也不能购买亡者”是对上文已知信息进行具体化、细节化发展的新信息。

Db2. ^{URU}Hattuši=ma=kán kuedani kuiš šaklāiš šer/ mān ^{LÚ}SANGA ^{LÚ}GUDU$_{12}$ $^{\text{LÚ.MEŠ}}$haliyattallēš/ kuiš=aš tarniškezzi/ n=aš tarniškeddu=pát/ mān $^{\text{LÚ.MEŠ}}$haliyattallēš kuedanikki ēšzi/ n=aš hāli paiddu=pát/ kiššan lē=pát tezzi/ ammuk=wa=za É DINGIR$^{\textit{LIM}}$=*YA* pahhašhi/ apiya=ma=wa *ŪL* paimi/ nu mān INIM ^{LÚ}KÚR kuiški/ ^{URU}Hattuša=an=za=kán zammurauwanzi kuiški tiškezzi/ n=an arahzenaš BÀD-aš *ŪL* uwanzi/ nu apūš LÚ^{MEŠ} É DINGIR$^{\textit{LIM}}$ andurza uwanzi/ ^{LÚ}haliyattallaš=ši paiddu=pát/ apāš=ma *ANA* DINGIR$^{\textit{LIM}}$=*ŠU* šarā šēšūanzi lē karaštari/ takku=wa=aš karaštari=ma/ n=an=kán mān *ŪL* kunanzi/ luriyahhandu=ma=an/ nu nekumanza/ TÚG=a=šši=kán NÍ.TE-ši anda lē=pát ēšzi/ nu wātar 3-*ŠU* labarnaš luliyaza *INA* É DINGIR$^{\textit{LIM}}$=*ŠU* pēdāu/ nu=šši apāš lūreš ēšdu/①

［谁对哈图沙城的某人拥有权限，不管是祭司、涂油者或哨兵，能为他们放行，让他为他们放行。如果谁有监哨责任，就让他去监哨，他不能这样说：“我只守卫我的神庙，我不去那里。”如果是关于某个敌人的情报，某人企图加害哈图沙城，外墙的守卫没有看到他，内部的那些神庙人员看到了（他），让哨兵走向他。他不能

① KUB13. 4iii21-34；CTH264（*Instructions for Priests and Temple Personnel*《给祭司和神庙人员的训诫》）.

忽略和他的神灵共寝。如果他忽略了，而人们没有处决他，那就让他们羞辱他。让他赤裸，在他的身上不能有衣物，让他把水从拉巴纳泉运送到他的神庙3次，让那成为对他的羞辱。]

小句"谁对哈图沙城的某人拥有权限，不管是祭司、涂油者或哨兵，能为他们放行，让他为他们放行"当中作目的状语的与格名词成分"对哈图沙城的某人"置于小句前部用作话题信息引介，是已知信息。关系代词"kuiš(谁)"引出的关系从句"kuiš šaklāiš šer(谁拥有权限)"置于小句后部作新信息。"不管是祭司、涂油者或哨兵"是先行词，表现了具体化细节化的新信息。关系从句"kuiš＝aš tarniškezzi(谁能为他们放行)"的关系代词"kuiš(谁)"置于句首作已知信息，承接上文已知先行词。作直接宾语的复数第三人称附着代词"-aš(他们)"置于句首位置作已知信息，承接上文出现的与格名词成分。动词"tarniškezzi(他放行)"表现了过程新信息，带有附着强调小品词的动词"tarniškeddu＝pát(让他放行)"表现了得到强调的过程新信息，是信息焦点。小句"他不能这样说"中带有附着强调小品词的否定词"lē＝pát(不)"作信息焦点置于接近句尾动词的小句后部，过程新信息"tezzi(说)"后发展出直接引语句群作具体内容的新信息。条件状语小句"如果是关于某个敌人的情报，某人企图加害哈图沙城"是预设出的已知信息，引出表现具体细节内容新信息的主句。

Db3. n＝ašta DUMU É.GAL šuhha šarā paizzi/ peran＝ma＝šši ^{LÚ}Ú.HÚB huyanza/ nu ^{LÚ}Ú.HÚB ^{GIŠ}AB$^{HI.A}$ anda ištāpi/ nu DUMU É.GAL ^{GIŠ}zakkin peššiyazi/n＝aš＝kán katta wezzi/ nu ^{LÚ}Ú.HÚB SAG.DU ^{GIŠ}KUN$_5$ anda ištāpi/ nu DUMU É.GAL ^{GIŠ}zakkin peššiyazzi/①

[宫殿仆役走上房顶。一个聋者在他前方引路，随后聋者关闭了窗户。宫殿仆役掷下门栓，然后他(走)下来。而聋者关闭了阁楼顶窗，宫殿仆役掷下门栓。]

句中作主语的名词成分"宫殿仆役"置于小句前部作已知信息，新信息"走上房顶"由作过程新信息的动词词组"šarā paizzi(走上)"和作参与者新信息的作地点状语的向格名词"šuhha(到屋顶)"组成。句首小品词链条"peran＝ma＝šši(在他前方)"当中的方位副词"peran(在前方)"和与格单数第三人称附着代词"-šši(他)"作已知信息，承接上文名词"宫殿仆役"。新信息"一个聋者引路"由置于接近句尾动词的小句后部作参与者新信息的名词"^{LÚ}Ú.HÚB(聋者)"和作过程新信息的表示状态的完成体动词"huyanza(跑)"组成。

① KBo5.11iv13-17;CTH263(*Protocol for the Palace Gatekeeper*《给宫殿守卫的规章》).

Db4. ammuk=ma LUGAL^{UTTA} ^{d}*IŠTAR* GAŠAN=*YA* annišan=pát kuit memišket/[①]
（但因为依斯塔尔，我的女主人，曾经把王权许诺给我。）

句中已知信息是置于句首小品词链条作目的状语的单数第一人称与格独立代词"ammuk（给我）"和置于小句前部作直接宾语的抽象名词"LUGAL^{UTTA}（王权）"，新信息是作参与者新信息的主语名词"^{d}*IŠTAR*（依斯塔尔）"、作参与者新信息的同位语名词词组"GAŠAN=*YA*（我的女主人）"、作说明语新信息并成为信息焦点的带有附着强调小品词的时间状语副词"annišan=pát（曾经）"、原因状语连词"kuit（因为）"、作过程新信息的单数第三人称过去时持续体动词"memišket（她许诺）"。

Db5. ^{LÚ}Ì.DU$_{8}$=ma=kán *ANA* KÁ.GAL^{TI} anda artari/ n=ašta mahhan ^{LÚ}ŠU.I šarā paizzi/ nu ^{LÚ}Ì.DU$_{8}$ halzāi/ zik=za kuiš/ ^{LÚ}ŠU.I=ma kiššan tezzi/ tāhaya kuiš=a/ tāhaya=ma *ŪL* tezzi/ n=aš ÌR LÚ/ n=an appandu/[②]
（守卫站立在门内。当清扫者走上前，守卫便呼喊："你是谁？"而清扫者这样说："是清扫者。"但（来者）没有说："清扫者。"他便是某人的仆役，守卫们便要抓捕他。）

简单句"守卫站立在门内"当中，主语名词"^{LÚ}Ì.DU$_{8}$（守卫）"是已知信息，新信息"站立在门内"由作过程新信息中的动态单数第三人称动词"artari（他站立）"和作参与者新信息的方位状语"*ANA* KÁ.GAL^{TI} anda（在门内）"组成。由时间状语连词"mahhan（当）"引出的时间状语从句"当清扫者走上前"在复句中用作前景化的预设已知信息，引出作新信息的主句"守卫便呼喊：'你是谁？'"。隐含条件状语从句"但（来者）没有说：'清扫者。'"在复句中用作预设条件已知信息，引出作新信息的主句。

Db6. ^{LÚ}*MEŠEDI*=ya=kán ZI-it āška parā *ŪL* paizzi/ mān=an=za=kán šēhunanza=pát tamāšzi/ n=aš *ANA* $^{LÚ.MEŠ}$*MEŠEDU*^{TI} hūmandāš EGIR-an huwāi/ nu=šši kuiš ^{LÚ}*MEŠEDI* pera=ššit artari/ nu=šši tezzi/ ^{DUG}kaltiya=wa kattan paimi/ apāš=a parā dametani ^{LÚ}*MEŠEDI* tezzi/ apāš=a parā ^{LÚ}tarriyanalli tezzi/ ^{LÚ}tarriyanalliš=ma ^{LÚ}duyanalli tezzi/[③]

---

① KBo4.12ii12；CTH81（*The Apology of Hattusilis III*《哈图希里三世自辩辞》）.

② KBo5.11iv22-25；CTH263（*Protocol for the Palace Gatekeeper*《给宫殿守卫的规章》）.

③ IBoT1.36i33-38；CTH262（*Protocol for the Royal Bodyguard*《给王室禁卫军的规章》）.

[禁卫军不能随意从门走开。如果尿意憋胀，那么他要跑到整个禁卫军队伍的后方。他要(把这件事)告诉站在他前方的禁卫军："我要去厕所。"那个禁卫军又把(这件事)告诉另一个禁卫军，而那个禁卫军又告诉了三级军官，而三级军官又告诉了二级军官。)

由条件状语连词"mān(如果)"引出的条件状语从句"如果尿意憋胀"在复句中作预设已知信息，发展出作新信息的主句。名词成分"禁卫军""另一个禁卫军""三级军官"在连续简单句中交替作新信息和已知信息。

Db7. ^{LÚ}duyanalliš=ma *ANA* UGULA 10 *MEŠEDI* tezzi/ mān GAL *MEŠEDI*=ya handaittari/ *ŠA* ^{LÚ}*MEŠEDI*-aš ^{É}hīli ēšzi/ n=at=kán UGULA 10 *MEŠEDI ANA* GAL *MEŠEDI*=ya arnuzzi/ ^{DUG}kaltiya=war=aš kattan paizzi/nu GAL *MEŠEDI* tezzi/ paiddu=war=aš/①

[而二级军官又告诉了禁卫军的十人指挥官。如果禁卫军长官也在，(如果)他在禁卫军的庭院里，那么禁卫军十人指挥官将把它传达给禁卫军长官："他能否去厕所?"而禁卫军长官说："让他去。"]

直接引语小句"他能否去厕所?"和"让他去"在复句当中的作新信息的小句中后置，作新信息中的强调部分。

Db8. mān=za=kán gamaršuwanza=ma kuin tamašzi/ nu araš ari tezzi/ nu=ššan appat=a *ANA* GAL *MEŠEDI* ari/ šēhuna=war=aš paizzi/ nu GAL *MEŠEDI* tezzi/ paiddu=war=aš/ ^{LÚ}*MEŠEDI*=ma kuiš šehuna paizzi/ ^{DINGIR}UTU^{ŠI}-ša=an=za kappūezzi/ nu=ššan šēhunašš=a uttar *INA* É.GAL^{LIM} ari/ ZI-it=ma=aš=kán parā *ŪL* paizzi/②

[如果(某人的)肠胃憋胀，那么(他的)一个同事要告诉(另)一个同事。那件事传达给了禁卫军长官："他能否去排泄?"而禁卫军长官说："让他去。"但任何禁卫军去排泄(之前没有请示)，我主将把他记录下来，那么排泄事件将传达到宫廷。他不能随意外出。]

隐含条件状语从句"但任何禁卫军去排泄(之前没有请示)"在复句中作预设条件已知信息，发展出作新信息的主句。简单句"ZI-it=ma=aš=kán parā *ŪL* paizzi(他不能随意外出)"中，作方式状语的工具格抽象名词"ZI-it(随意)"是上文未出现的说明语新信息，置于句首小品词链条首位作得到强调的焦点信息。

---

① IBoT1. 36i39-42;CTH262(*Protocol for the Royal Bodyguard*《给王室禁卫军的规章》).

② IBoT1. 36i43-47;CTH262(*Protocol for the Royal Bodyguard*《给王室禁卫军的规章》).

作过程新信息的动词词组"parā ŪL paizzi(他不能外出)"当中的否定词"ŪL(不)"置于通常出现在动词前的前动词"parā(出)"后，置于句尾动词前的小句后部，用作得到强调的信息。整个小句表现为总结性的新信息。

Db9. n=at *ŠA* DINGIR^{LIM} šaklāi lē dašgatten/ wātar *ŠA* NINDA. GUR$_4$. RA UD^{MI} ^{GIŠ}TIR gauriyaza ^{GIŠ}TIR dunnariyaza piddaišketten/ nu *ŠA* DINGIR^{LIM} šaklāi apāt dašketten/ ^{d}UTU^{ŠI}=ya=kán kuin NINDA. GUR$_4$. RA UD^{MI}*ANA* DINGIR^{LIM} piddaiškemi/ nu šummaš $^{LÚ.MEŠ}$SANGA kiššan ēššešten/ GIM-an $^{LÚ.MEŠ}$SANGA ^{LÚ}HAL=ya kariwariwar *PANI* É DINGIR^{LIM} pānzi/ nu *ANA* DINGIR^{LIM} NINDA. GUR$_4$. RA UD^{MI} peran arha danzi/ nu=kán É DINGIR^{LIM} parā šanhanzi/ papparšanzi/ nu=kán NINDA. GUR$_4$. RA UD^{MI} tiyanzi/ GIM-an nekuzza mehur kišari/ nu=kán šašannaš dāi/ nu=kán É DINGIR^{LIM} parā SUD-anzi/ ^{LÚ}SANGA=ma=kán ^{LÚ}HAL=ya *PANI* KÁ-aš šešanzi/ namma=ya kue É^{MEŠ} DINGIR^{MEŠ}/ nu GIM-an kariwariwar ^{LÚ}SANGA ^{LÚ}HAL=ya panzi/ nu=kán É^{MEŠ} DINGIR^{MEŠ} arahzanda wehandu/ namma=at=kán parā šanhandu/ papparaššandu/ n=at=kán parā SUD-anzi/①

[为了神灵的仪轨，你们不能取走它。让你们从戈马利亚森林和都纳利亚森林运送神灵的水和日常面包。为了神灵的仪轨，让你们总是手持那些。我、我主带给神灵的日常面包，你们祭司要这样制作：当祭司和占卜者清晨走入神庙时，他们要从神灵面前取走(旧的)日常面包，他们要清扫和冲洗神庙，随后他们要把日常面包摆在那里。当夜晚到来，他要放置灯火，而他们要把神庙关闭，祭司和占卜者要睡在门前。并且，不管是什么神庙，当祭司和占卜者在清晨走到(那里)，让他们环视神庙外部，并且让他们清扫和冲洗它们，他们要把它们关闭。]

整个小句"为了神灵的仪轨让你们总是手持那些"重复上文信息，作已知信息。时间状语从句"当祭司和占卜者清晨走入神庙时、当夜晚到来、当祭司和占卜者在清晨走到(那里)"在复句中作预设情境已知信息，发展出作新信息的主句。

Db10. anda=ma=kán ^{LÚ}NIMGIR kuiš ^{URU}Hattuši šer/ mahhan $^{LÚ.MEŠ}$EN. NUN auri halzāi/ n=ašta hantezzi hāli anda halzāi/ pahhur=wa kištanutten/ ištarniya=ya=kán hāli anda halzāi/ pahur=wa pahšanuwan ēšdu/ namma *ŠA* DINGIR^{LIM} kuiš luliš kungaliyaš/ nu=kán ^{LÚ}NIMGIR halenzu šer arha daškezzi/ mān=ma

① KUB31. 113ii17-23; CTH275(*Instructions for Priests and Diviners*《给祭司和占卜者的训诫》).

＝kán ^{LÚ}hazannuana luli kungaliyaš halenzu tepu anda [...]/ našma＝kán ^{d}halkin *INA* luli kuiški anda ārri/ n＝aš waštul ^{LÚ}hazannu/①

[再者，当某个传令官出现在哈图沙城，当他召唤塔楼上的卫兵，而他则在刚监视到(他)时呼喊："你们熄灭火焰。"而在监视当中他又呼喊："让火焰得到看护。"并且，有献给神灵的昆哥利亚水池，传令官要经常侍弄(水池里的)哈冷苏植物。但如果市长在昆哥利亚水池里(种植)了少量的哈冷苏植物，或者某人在水池中濯洗谷物，这便是市长的罪过。]

隐含条件状语从句"有献给神灵的昆哥利亚水池"在复句中作预设条件已知信息。条件状语从句"但如果市长在昆哥利亚水池里(种植)了少量的哈冷苏植物，或者某人在水池中濯洗谷物"是由选择连词连接的小句群，在复句中作预设条件已知信息。

Db11. *UMMA* ^{d}UTU$^{\check{S}I}$ *ANA* ^{m}Kaššū *QIBIMA*/ *ŠA* ^{m}Pihinakki＝mu kuit uttar hatrāeš/ ^{m}Pihinakkiš＝za mahhan ^{URU}Lišipran ēškettari/ nu＝wa＝za karū 30 É^{TUM} ašešan harzi/ ^{m}Pihinakkiš＝ma＝wa＝mu kiššan memišta/ ^{URU}Lišipra＝wa kuin ašešhi/ nu＝war＝an＝za imma 300 É^{TUM} arnumi/ namma＝wa＝kán LÚ^{MEŠ} SIG$_5$ *MAHAR* ^{d}UTU$^{\check{S}I}$ parā nehhi/ appezziyaz＝ma＝wa URU-an arnumeni/ n＝at *AŠME*/ nu SIG$_5$-in/ nu apāt uttar iya＝pát/ *ŠA* ^{m}Pihapzuppi＝ma＝mu kuit *ŠA* ^{m}Kaškanu＝ya uttar hatrāeš/ karū＝wa takšulāer/ n＝at *AŠME*/ kiššan＝ma＝mu kuit hatrāeš/ kaš＝a＝wa LÚ^{MEŠ} ^{URU}Gašga takšulanni mekki iyandari/ nu＝wa＝mu mahhan ^{d}UTU$^{\check{S}I}$ hatrāši/ nu LÚ^{MEŠ} ^{URU}Gašga kuiēš takšuli iyandari/ n＝aš＝kán *MAHAR* ^{d}UTU$^{\check{S}I}$ parā naiške/ kiššan＝ma＝mu kuit hatrāeš/ kuitman＝wa＝mu ^{d}UTU$^{\check{S}I}$ kī *ŠA* LÚ^{MEŠ} ^{URU}Gašga takšulaš uttar hatrāši/ ammugg＝a＝wa memian *INA* KUR ^{URU}šhupitta huškemi/ nu＝karū kuit DINGIR^{MEŠ}[...]/ zig＝a＝mu＝ššan parā zappanuškeši/ nu＝mu *QATAMMA* hatreškeši/ kiššan＝ma＝mu kuit hatrāeš/ mahhan＝wa＝kán ammuk *INA* KUR ^{URU}Išhupitta ārhun/ EGIR-an＝ma＝wa LÚ. KÚR ^{URU}Zikkattan walahta/ nu＝wa 40 GU$_4$$^{\text{HI.A}}$ 100 UDU$^{\text{HI.A}}$ penneš/ nu＝war＝an＝kán arha peššiyanun/ *ŠA* LÚ. KÚR＝ya＝wa＝kán appantet kunantit 16 LÚ^{MEŠ} peššiyanun/ n＝at *AŠME*/②

[我主对科苏这样说，你写给我的事件，关于皮西纳基如何安顿利西普拉城："他

① KBo13. 58iii13-25；CTH257(*Instructions of Arnuwanda I for the Mayer of Hattusa*《阿努旺达一世给哈图沙市长的训诫》).

② Mst. 75/112；HKM10(*From the King to Kaššū*《国王给科苏的指示》).

已经安置了30户。皮西纳基这样对我说：‘我要转移300户到我整顿的利西普拉城，我要派专员到我主面前，最后我要转移整座城。’”我已听闻此事，很好，就(这样)去做那件事。你写给我的关于皮哈普苏皮和科斯科努的事件：“他们已经缔结了和平。”我已知悉此事。你写给我的：“大量卡斯卡人来缔结和平，我主你要写给我怎样的指示？”把那些来缔结和平的卡斯卡人送到我主我的面前。你写给我的：“直到我主你写给我关于来缔结和平的卡斯卡人的事宜，我会一直在伊斯胡皮塔地区等候讯息。”因为诸神已经K……，你要一直打扰我吗？你要一直写给我同样的事？你写给我的：“当我到达伊斯胡皮塔地区，敌人在我身后袭击了兹喀塔城，带走了40头牛和100只羊。我驱逐了他，包括战俘和阵亡者在内我击倒了16个敌人。”我知悉了此事。]

语篇中用作引介语的小句“你写给我的事件、你写给我的关于皮哈普苏皮和科斯科努的事件、你写给我的”是已知信息，引出展现具体细节内容的作新信息的直接引语。小句“我已听闻此事、我知悉了此事”是表现肯定答复的新信息。小句“很好，就(这样)去做那件事”是表现肯定评价的新信息。反问小句“你要一直写给我同样的事？”是体现否定命令的新信息。

Db12. *ANA BELI* ^{m}Himmuili *BELI*=*YA MAHRI*=*YA QIBIMA*/ *UMMA* ^{m}Tarhunmiya DUMU=*KA*/ *MAHAR BELI* hūman SIG_5-in ēšdu/ nu=tta DINGIR^{MEŠ} TI-an harkandu/ nu=tta aššuli pahšantaru/ *BELU*-uš=ššan *BELI*=*YA* ammel *ANA* É=*YA* IGI$^{\text{HI.A}}$-wa harak/ n=at lē dammišhiškanzi/ namma=mu DI$^{\text{HI.A}}$ kue ēšzi/ n=at *BELU BELI*=*YA* hanni/n=at=kán ašnut/ namma=kán *ANA* É=*YA* ^{LÚ}UKU.UŠ peran tittanut/ n=aš LÚ^{MEŠ} KUR^{TI} LÚ^{MEŠ} URU^{LIM}=ya lē dammišhiškanzi/ namma ammuk apiya šahhan luzzi=ya *ŪL* kuit ēšta/ kinun=a=mu LÚ^{MEŠ} URU^{LIM} šahhani luzzi=ya tittanuwer/ nu *BELU* LÚ^{MEŠ} KUR^{TI}=pát punuš/ mān ammuk šahhan luzzi iššahhun/ *BELU*=ma kuiuš LÚ^{MEŠ} *TEMI* wiēškeši/ n=aš=kán ammuk parā naiškemi/ *ŠA* ANŠE.KUR.RA ^{GIŠ}GIGIR=ya=mu kuit uttar hatrāeš/ n=ašta urgīn *INA* É.GAL^{LIM} /①

[致官员西穆依利、我的主人和我的上级，塔温米亚、你的儿子这样说：“让我的主人一切安好，让诸神维持你的生命，让他们慈爱地守护你。主人，我的主人，用你的双眼注视我的房屋，别让他们破坏它。并且我有案件，主人，我的主人，请审理它，请解决它。并且请派驻警务人员到我的房屋前，别让乡郊人和城镇人破坏它们。并且在那里我不曾有任何撒含义务和卢奇义务，而现在城镇人却把撒含义

① Mst.75/57；HKM52(*From Tarhunmiya to Himmuili*《塔温米亚给西穆依利的请示》).

务和卢奇义务加派给我。主人,请询问乡郊人是否我已履行了撒含义务和卢奇义务。主人你派出的任何信使,我也把他们派出。你写给我关于马匹和战车的事宜,(我)会在宫殿里咨议。"]

重复出现的呼格名词成分"主人,我的主人"是引出作新信息的祈请内容前的引介成分,是对语篇信息接收者的称谓,是话题性已知信息。小句"并且我有案件"是隐含条件状语从句,隐含了条件状语连词"如果"的语义,在复句中作预设条件已知信息。小句"主人你派出的任何信使"是信息发出者和接收者共同已知的信息,对已知信息回溯以发展出新信息。小句"你写给了我关于马匹和战车的事宜"提出已知话题,作已知信息引出新信息。

Db13. *UMMA* ^{d}UTU^{ŠI}/ *ANA* ^{m}Pišeni *QIBIMA*/ 2 $^{LÚ.MEŠ}$pittiyanduš = kán kuiuš parā naitta/ n = aš uwater/ kiššan = ma = mu kuit hatrāeš/ ÉRIN$^{MEŠ\ GIŠ}$zaltayaš = wa kuiš ^{URU}Kašepūra pait/ namma = šši = ššan kašti arān/ kiššan memiškanzi/ mahhan LÚ^{MEŠ} ^{URU}Gašga uwanzi/ nu = wa = kán parā EGIR-anda paiwani/ nu = war = uš = kán šarā arnumeni/ ^{m}Takšaš kuit ūnniš/ nu = ššan ÉRIN^{MEŠ} ^{URU}Kašepūra *Ù* ÉRIN^{MEŠ} ^{URU}Marišta pehuteddu/ nu = za paiddu/ *ŠA* É. GAL^{LIM} halkin tukanzi daddu/ mān = za = kán šarā wit/ kinun = pát ÉRIN^{MEŠ} ^{URU}Kašepūraz pehutezzi/ mān tamain kuinki pehutezzi/ nu = šši = kán halkin tukanzi pedau/ namma = an = ši = kán EGIR-an iškalli/ n = an uwanzi/ *INA* BURU$_{14}$ EGIR-pa išhūwanzi/①

[我主这样说,致皮色尼,他们带来了你遣送的逃亡者。你这样写给我:"去往科色普拉城的扎尔塔亚部队,他们已陷入饥饿,他们这样说:'当卡斯卡人来到,我们要跟随吗?我们要把他们带去吗?'"因为塔克沙已驶到那里,让他带领科色普拉城的部队和玛瑞斯塔的部队,他前往,让他去收取宫殿的谷物和饲料。当他来了,他要即刻带领科色普拉城的部队。如果他带领了别的任何部队,就让他(特派员)为他带去谷物和饲料。而他要为他(特派员)开放它(卫城),他们将到达。他们将在收割季囤积(谷物)。]

小句"当卡斯卡人来到,我们要跟随吗?我们要把他们带去吗?"是嵌套在直接引语当中的直接引语,置于直接引语句群后部,是作新信息的直接引语当中的内嵌新信息。小句"因为塔克沙已驶到那里"是原因状语从句,在复句中作回溯已知原因的已知信息。小句"当他来了"是时间状语从句,在复句中作预设时间情境的已知信息。小句"如果他带领了别的任何部队"是条件状语从句,在复句

① Mst. 75/18; HKM24(*From the King to Piseni*《国王给皮色尼的指示》).

中作预设条件的已知信息。小句“*INA* BURU$_{14}$ EGIR-pa išhūwanzi[他们将在收割季囤积(谷物)]”当中，上文未出现的作说明语新信息的时间状语“*INA* BURU$_{14}$(在收割季)”置于句首作信息焦点，动词词组“EGIR-pa išhūwanzi(他们收割)”作过程新信息。

Db14. nu=za $^{LÚ.MEŠ}$*MEŠEDI ŠA* ^{LÚ}*MEŠEDI* ^{É}hīli pētann appanzi/ nu ^{É}halentūwaza kuiš andurza kuzza/ nu 12 $^{LÚ.MEŠ}$*MEŠEDI* aranta/ ^{GIŠ}ŠUKUR$^{HI.A}$=ya harkanzi/ mān 12 $^{LÚ.MEŠ}$*MEŠEDI*=ma šarā *ŪL* arta/ naššu KASKAL-an kuiški pēyanza/ našma *INA* É=*ŠU* kuiški tarnanza/ ^{GIŠ}ŠUKUR$^{HI.A}$=ma makkešzi/ nu=kán kue ^{GIŠ}ŠUKUR$^{HI.A}$ āšzi/ n=at=kán parā pēdanzi/ n=at *ITTI* $^{LÚ.MEŠ}$Ì.DU$_8$ tianzi/[①]

(禁卫军在禁卫军的庭院里各就其位。就在宫殿的内墙处，站着12名禁卫军，他们手执矛。如果12名禁卫军不在现场，有些被派遣至征途，有些则留在家中。如果矛充盈，那些存放着的矛，他们(不在场的禁卫军)可以将其带走，也可以将其置与守门人。)

小句“如果12名禁卫军不在现场”是条件状语从句，作预设条件的已知信息。小句“有些被派遣至征途，有些则留在家中”作新信息，对预设已知信息作具体化细节化的追加说明。

Db15. tákku ^{GIŠ}APIN-an LÚ *ELLUM* kuiški taēzzi/ EN-š=a=an KAR-zi/ GÚ=*SÚ* ^{GIŠ}appalaš=šaš šarā tittanuzzi/ ta GU$_4$$^{HI.A}$-it akzi/ karū kišan ēššer/ kinun=a 6 GÍN.GÍN KÙ.BABBAR pāi/ párna=še=ya šuwāezzi/ tákku ARAD-ša/ 3 GÍN.GÍN KÙ.BABBAR pāi/[②]

[如果某个自由人盗走了犁具，而(犁的)主人发现了他，他(主人)就会把他的(某自由人的)颈项放在他的(主人的)犁具上，然后他(某自由人)会因耕牛而死(耕牛拖拽犁具致死)。以往他们(犁具主人们)都是这样(行事)的，而现在他(某自由人)需赔付6舍克白银，并且他(某自由人)要为他(犁具主人)照看房屋。如果(盗者)是一个奴隶，他需赔付3舍克白银。]

小句群“如果某个自由人盗走了犁具，而(犁的)主人发现了他”是由并列关系的两个简单句形成的并列句形式的条件状语从句，作条件状语从句的并列句由附着并列连词“-a(并且)”连接，作预设条件的已知信息。复句“以往他们(犁

① IBoT1. 36i9-15；CTH262(*Protocol for the Royal Bodyguard*《给王室禁卫军的训诫》).

② KBo6. 14i11-14；CTH271(*The Laws of the Hittites*《赫梯法典》).

具主人们)都是这样(行事)的,而现在他(某自由人)需赔付 6 舍克白银,并且他(某自由人)要为他(犁具主人)照看房屋”是对两种情境进行对比的并列句,由附着并列连词“-a(并且)”连接。由时间副词“karū(先前)”引出的小句作回溯已知时间情境的已知信息。由时间副词“kinun(现在)”引出新的由附着并列连词“-ya(并且)”连接的并列句,作展开新时间情境的新信息。

Db16. tákku *ÚNUTE*^MEŠ kuiški našma GU$_4$ UDU ANŠE.KUR.RA ANŠE wemiyazi/ n=an EGIR-pa EN-i=šši pēnnai/ n=an pēhutezzi/ mān EN-in=ššin=ma *ŪL* wemiyazi/ nu=za kūtruwāezzi/ EGIR-zian=ma=at EN=*ŠU* wemiyazi/ nu=šši=kán kuit harkán/ n=at šakuwaššar arha pēdai/ mān=za *ŪL*=ma kūtruwāezzi/ EGIR-zian=ma=at EN=*ŠU* wemiyazi/ n=aš ^LÚNÍ.ZU kišari/ 3=*ŠU* šarnikzi/①

[如果某人发现了农具,一头牛、一只羊、一匹马或一匹驴,他将驱赶它回到它的主人那里,他(主人)将牵走它。但如果他没有找到它的主人,他将寻求见证。之后它的主人找到了他们,他(主人)将带走从他(主人)那里被保管的物品。但如果他(某人)没有寻求见证,之后它的主人找到了他们,他(某人)就被当成了贼,他(某人)将做 3 倍(赔偿)。]

复句“但如果他(某人)没有寻求见证,之后它的主人找到了他们”是由附着转折连词“-ma(而)”连接的并列句形式的条件状语从句,作条件状语从句的复句由时间副词“EGIR-zian(之后)”搭配附着转折连词“-ma(而)”把并列句展现的不同时间情境的预设条件连接为并列关系的预设已知条件信息。

Db17. nu=wer/ LÚ^MEŠ ^URUHatti piran wahnuer/ nu=kán *NĪS* DINGIR^*LIM* LÚ^MEŠ ^URUHatti hudak šarrēr/ nu *ABU*=*YA* ÉRIN^MEŠ ANŠU.KUR.RA^MEŠ wiyat/ nu ZAG KUR ^URUMizri UR ^URUAmga walahhir/ namma=ya wiyat/ nu namma walahhir/ LÚ^MEŠ ^URUMizri=ma mahhan nahšariyantat/ n=at wiēr/ nu *ANA ABI*=*YA* DUMU=*ŠU* LUGAL-weznanni wekir/ nu=šmaš mahhan *ABU*=*YA* apēl DUMU=*ŠU* pīšta/ n=an mahhan pīhutēr/ n=an=kán kuennir/ *ABU*=*YA*=ma kappilazzatta/ n=aš *INA* KUR ^URUMizri pait/ nu KUR ^URUMizri walahta/ ÉRIN^MEŠ=ya=kán ANŠU.KUR.RA^MEŠ *ŠA* KUR ^URUMizri kuenta/ nu apiya=ya ^dIM ^URUHatti *BE*.*LI*=*YA* attaš=min hannešnit šarlait/ nu=za ÉRIN^MEŠ ANŠU.

① KBo6.4iv4-11;CTH271(*The Laws of the Hittites*《赫梯法典》).

KUR. RA^{MEŠ} *ŠA* KUR ^{URU}Mizri tarahta/ n=at=kán kuenta/①
[他们来了。赫梯人违反了(誓言),赫梯人突然打破了神灵的誓言。我的父亲派出了步兵和战车兵,他们侵袭了埃及边境,阿姆加地区。他反复地派遣,他们则反复地进攻。这时埃及人恐惧了,他们来了。他们为(埃及的)王权而向我父亲邀请他的儿子。而当我父亲把他的儿子交给他们,他们便带走了他,并杀死了他。我的父亲愤怒了,他进入埃及领土,他进攻了埃及,他屠戮了埃及的步兵和战车兵。而那时赫梯的雷雨神,我主,在事件中支持了我的父亲。他征服了埃及的步兵和战车兵,他屠戮了他们。]

小句"他们来了"重复出现,但并未形成完全重复的语义关系。两小句包含的过程信息相同,但各自主语、参与者信息不同,在各自句群中作新信息。小句"他们侵袭了埃及边境"和"他进入埃及领土,他进攻了埃及"语义相同但却是在不同情境、不同时间发生的过程,在各自句群中作新信息。小句"他征服了埃及的步兵和战车兵,他屠戮了他们"对小句"他屠戮了埃及的步兵和战车兵"在相同的时间情境作语义重复,是回溯过程的已知信息。

Db18. KASKAL$^{\text{HI.A}}$=ma=kán waršanteš kuit/ nu mahhan $^{\text{LÚ.MEŠ}}$NÍ.ZU *ŠA* ^{LÚ}KÚR ūrkin uwanzi/ nu memian hūdāk udanzi/ nu URU$^{\text{DIDLI.HI.A}}$ anda ištappandu/ n=ašta $^{\text{LÚ.MEŠ}}$ŠE. KIN. KU_5 GU_4 UDU ANŠE. KUR. RA ANŠE katta lē tarnanzi/ nu pahhašnuandu/ hantezzēš=ma kuiēš *MADGALATI*/ nu *ŠA* ^{LÚ}KÚR kuiēš KASKAL$^{\text{HI.A}}$/ n=aš=za *BEL MADGALATI* kappūwan hardu/n=aš=za gulaššan hardu/ namma 1 KASKAL 3 $^{\text{LÚ.MEŠ}}$NÍ. ZU^{TI} harkandu/ šer=ma=ššan 3 $^{\text{LÚ.MEŠ}}$DUGUD wehandaru/ auriyaš=a=šši kuiš ÉRIN^{MEŠ}/ n=an kappūwaiddu/ n=aš=za gulaššan hardu/ nu=za=kán $^{\text{LÚ.MEŠ}}$DUGUD 2 pēdan 3 pēdan 4 pēdan pedi šakki/ mān ^{LÚ}KÚR=ma kuwapi walahzi/ nu ÉRIN^{MEŠ} ^{LÚ}KÚR ūrkin UD. 3. KAM nannau/KASKAL$^{\text{HI.A}}$ UD. 2. KAM harkandu/ kuiš=a=kán ^{LÚ}KÚR=ma *ŪL* kuenzi/ nu ^{LÚ}*BEL MADGALATI* ^{LÚ}DUGUD 2 pēdan 3 pēdan 4 pēdan ēpdu/ n=aš *MAHAR* ^{d}UTU^{ŠI} ūppau/②
[关于被(哨所)覆盖的道路,当侦察兵监视到了敌人的踪迹,他们要立即带来消息。让他们关闭卫城,他们将不让务农者,牛、羊、马匹和驴出城,让他们保护(它们)。边境哨所和敌人的路线,让哨所督官记录它们,让他描述它们。并且,让 3

① CTH 378II i 15-26 (*Plague Prayers of Mursili II*《穆西里二世的瘟疫祷文》).

② KUB13. 1i39-51;CTH261(*Instructions of Arnuwanda I for the Frontier Post Governors*《阿努旺达一世给边境驻防官的训诫》).

个侦察兵把守一条道路，而让3个指挥官监督。让他（哨所督官）记录他的哨所卫戍部队，让他描述他们，他将依据级别辨识二等、三等和四等指挥官。如果敌人进攻某处，卫戍部队将追踪敌人的踪迹3天，让他们把守道路两天。谁没有杀戮敌人，不管是二等、三等或四等指挥官，都让哨所督官抓捕他，让他把他们带到我主面前。］

小句"n=aš=za gulaššan hardu（让他描述它们）"在不同句群中重复出现。句中体现在单数第三人称命令式动词词尾上的参与者语义信息是相同的，都指"哨所督官"。中性单数分词形式的完成体动词体现的过程信息相同，但作宾语的复数第三人称附着代词体现的参与者信息不同，在各自句群中作新信息。小句"不管是二等、三等或四等指挥官"和作预设已知信息的小句"谁没有杀戮敌人"体现了同样的主语成分的参与者信息，但展现了具体化内容，在句群中作新信息。

Db19. *UMMA* mĀšhapāla/ namma=ya ÉRIN^{MEŠ} kuiēš katti=šši/ līnkiyaš=šmaš =at kattan kiššan kittaru/ ^{URU}Hattuši menahhanda ^{LÚ}KÚR *ŪL* anda harwani/ *Ù* kē ÉRIN^{MEŠ} *ANA* dUTU^{ŠI} peweni/ 10 ÉRIN^{MEŠ} ^{URU}Tapapanuwaz 10 ÉRIN^{MEŠ} ^{URU}Tapapahšuwaz 10 ÉRIN^{MEŠ} ^{URU}Tiyaššiltaz ŠU.NIGIN 30 ÉRIN^{MEŠ} *INA* ^{URU}Hatti kuiš wezzi/ anda=ma=z=kán mān ^{LÚ}KÚR-aš kuwāpi uwalhūwanzi dāi/ weš=a ištamaššuwani/ nu *ANA* ^{LÚ}*BELMADGALLATI* memiyan hūdāk udummeni/ āppalāweni=man *ŪL* / nu=za=kán ^{LÚ}KÚR-aš uwalhuwanzi damēte pēti dāi/ wēšš=a=šši damai pēdan lammaniyeweni/ nu damai pēdan pahhašanuanzi/ ^{LÚ}KÚR-ašš=a damai pēdan uwalahzi/linkiya=nnaš=at kattan kittaru/①
［阿沙帕拉这样说："并且，和他在一起的军队，让它像这样被置于他们的誓言下。我们不支援与哈图沙为敌的敌人。我们将向我主提供这些军队：塔帕帕努瓦城的10支军队、塔帕帕苏瓦城的10支军队、提亚西尔塔城的10支军队，共30支军队将开入哈图沙城。并且，如果敌人开始在某处进攻，而我们听闻了（此事），我们将立即把讯息带给行省督官，我们不会戏弄（他）。如果敌人开始进攻另一个地点，我们将告知他另一个地点的名称，他们将守卫另一个地点。如果敌人进攻另一个地点，就让它被置于我们的誓言下。"］

复句"如果敌人开始在某处进攻，而我们听闻了（此事）"是由附着并列连词"-a（并且）"连接的并列句形式的条件状语从句，并列句由附着并列连词把同一

① KBo16.50i1-21；CTH270（*Ashapala's Oath Regarding an Obligation to Supply Troops*《阿沙帕拉关于军力支援义务的誓言》）.

时间情境发生的不同的过程信息"uwalhūwanzi dāi(他开始袭击)"和"ištamaššuwani(我们听闻)"连接成并列关系的预设已知条件信息。罗列各支军队的句群是体现了具体化细节化内容的新信息。

Db20. namma=kán KUR-e anda kašza wit/ nu apūn ÉRIN^MEŠ URU^Marešta pehute/ nu=za paiddu/ *ŠA* É.GAL^*LIM* halkin tukanzi daddu/ n=an=za=kán URU-ri šarā pehuteddu/ namma=an=ši=kán EGIR-an iškalli/ n=an uwandu/ *INA* $BURU_{14}$ EGIR-pa išhuwandu/ namma apūn ÉRIN^MEŠ URU^Kašepūra EGIR-an=pát tiya/ nu=za ^NINDA^tūmatin šarā mekki handāiddu/ *ŠA* MU=za=kán anku ^NINDA^tūmatin šarā handāiddu/ kiššan=ma=mu kuit hatrāeš/ NAM.RA^MEŠ URU^Kalzana=wa URU^Marišta kuin mašiwa pehhi/ nu=war=an=ta=kán hatrāmi/ n=an=at tekkušanut/①

[并且,饥馑已经来到了这个地区。让你去带领玛瑞斯塔城的部队,让它(部队)前往。让它(部队)去收取宫殿的谷物和饲料,让它(部队)把它(谷物)带到都城。让他(哨兵)为它(部队)开放它(卫城),让他们到达。让他们在收割季囤积(谷物)。并且,把那部队驻扎在科色普拉城后方,让它置备很多吐麦面包,让它置备一年的吐麦面包。你这样写给我:"我会写给你我带走了多少科尔托纳城和玛瑞斯城的战俘。"你要让它被知晓。]

小句"nu apūn ÉRIN^MEŠ URU^Marešta pehute(让你去带领玛瑞斯塔城的部队)"当中,直接宾语前出现通性宾格单数远指指示代词"apūn(那)",使作直接宾语的名词成分"ÉRIN^MEŠ URU^Marešta(玛瑞斯塔城的部队)"成为已知话题性的参与者信息。句尾动词"pehute(让你去带领)"的命令式单数第二人称词尾使单数第二人称成为参与者新信息,动词语义体现了过程新信息。小句"namma apūn ÉRIN^MEŠ URU^Kašepūra EGIR-an=pát tiya(把那部队驻扎在科色普拉城后方)"当中,作宾语的名词成分"ÉRIN^MEŠ(部队)"前出现通性宾格单数远指指示代词"apūn(那)",把名词成分体现为已知话题性的参与者信息。带有附着强调小品词的方位副词"EGIR-an=pát(后方)"置于接近句尾动词的小句后部,作说明语信息焦点。

Db21. *UMMA* ^d^UTU^*ŠI*/ *ANA* ^m^Tatta *Ù ANA* ^m^Hulla *QIBIMA*/ kāša=mu ^m^Pišeniš URU^Kašepūraz hatrāit/ LÚ.KÚR=wa pangarit išpandaz kuwapi 6 *ME* LÚ.KÚR kuwapi=ma 4 *ME* LÚ.KÚR yattari/ nu=wa=kán halkiuš arha

① Mst. 75/18;HKM24(*From the King to Piseni*《国王给皮色尼的指示》).

waraškezzi/ nu=šmaš mahhan kāš tuppianza anda wemezzi/ nu *INA* URUKašepūra huittiyatten/ nu = ššan mān halkiēš aranteš/ n = aš = kán arha warašten/ n = aš = kán *ANA* KISLAH parā arnutten/ n = aš LÚ.KÚR lē dammešhāizzi/ kāšma=šmaš tuppi mPišeniyaš uppahhun=pát/ nu=šmaš=at=kán peran halziandu/①

(我主这样说,致塔塔和胡拉,皮色尼从科色普拉城写给我:"敌人,时而600人,时而400人,正在夜间大量地移动,并收割谷物。"当这个泥板到达你们那里,你们就跑去科色普拉城。如果谷物已成熟,就让你们收割它们并把它们带到打谷场,别让敌人破坏它们。我给你们送去了皮色尼的泥板,让他们在你们面前朗诵它。)

小句"当这个泥板到达你们那里"作时间状语从句,体现预设时间情境的已知信息。小句"如果谷物已成熟"作条件状语从句,体现预设条件的已知信息。小句"kāšma=šmaš tuppi mPišeniyaš uppahhun=pát(我给你们送去了皮色尼的泥板)"当中,带有附着强调小品词的句尾动词"uppahhun=pát(我送去了)"的直陈式过去时单数第一人称词尾使作主语的单数第一人称体现为参与者信息焦点。附着强调小品词使动词语义体现为过程信息焦点,宾语名词成分置于接近句尾动词的小句后部作参与者新信息。复数第二人称与格附着代词"-šmaš(给你们)"置于句首小品词链条,作话题性已知信息。小句"nu=šmaš=at=kán peran halziandu(让他们在你们面前朗诵它)"当中,命令式复数第三人称动词作过程新信息,后置词"peran(在前)"与句首小品词链条的复数第二人称与格附着代词形成的方式状语和中性单数第三人称附着代词作已知信息。

Db22. āškaz=ma kuiš kuzza/ nu=ššan LÚMEŠ ŠUKUR KÙ.SIG$_{17}$ anda aranta/ 1 LÚ*MEŠEDI*=ma kēz *IŠTU* LÚ *MEŠEDI* kuttaz KÁ-aš mannikuwan arta/ kēz=ma *IŠTU* LÚMEŠ ŠUKUR KÙ.SIG$_{17}$ kuttaz 1 LÚ ŠUKUR KÙ.SIG$_{17}$=ma KÁ-aš manninkuwan arta/ nu UD-az hāli uškanzi/ mān andurza kuiški URUDUzakkeš *ŪL* karpanza/ našma É.NA4KIŠIB kuitki haššanzi/ nu GI wakaššizi/ n=ašta mān GI appezziš DUMU É.GAL parā wezzi/ n=an=ši LÚ ŠUKUR KÙ.SIG$_{17}$ *ŪL* pāi/ n = ašta kuwapi parā GAL-iš DUMU É.GAL wezzi/ naššu UGULA 10 našma NIMGIR.ÉRINMEŠ *MEŠEDI* wezzi/ nu GI apēdani pianzi/②

[持金矛者沿通往主门的墙站着。在一个禁卫军(把守)的紧靠门的墙的一边,另

① Mst. 75/13;HKM25(*From the King to Tatta and Hulla*《国王给塔塔和胡拉的指示》).

② IBoT1. 36i16-21;CTH262(*Protocol for the Royal Bodyguard*《给王室禁卫军的规章》).

一个禁卫军站立着。在一个持金矛者(守卫)的紧靠门的墙的另一边,另一个持金矛者站立着。他们整日监视着墙。如果某些门栓没有被从内侧抬起,那么某人就会打开某间印章库。(当)芦苇是缺乏的,如果一个低级宫廷侍者为了芦苇而外出,而持金矛者没有把它(芦苇)给他。那么当一个高级宫廷侍者外出,或者一个十人指挥官或禁卫军的军事传令官外出,他们就要把芦苇给他。]

小句"āškaz＝ma kuiš kuzza(沿通往主门的墙)"是由关系代词"kuiš(谁)"引出的主系表结构的体现方位的关系从句,关系从句通常体现具体化、细节化内容的新信息,在复句中置于主句前作得到强调的新信息。复句"(当)芦苇是缺乏的,如果一个低级宫廷侍者为了芦苇而外出,而持金矛者没有把它(芦苇)给他"是由独立并列连词连接的并列句形式的条件状语从句,独立并列连词把各单句体现的不同预设条件连接成预设已知条件信息。复句"那么当一个高级宫廷侍者外出,或者一个十人指挥官或禁卫军的军事传令官外出"是并列句形式的条件状语从句,是对比已知条件信息对新的条件信息的设想,是用作新信息的条件信息。复句中的条件状语从句出现两组,每组都是并列句形式。一组体现为预设已知信息,另一组体现为新信息,主句"他们就要把芦苇给他"成为得到强调的新信息。

Db23. namma auriyaš EN-aš ^{LÚ}MAŠKIM.URU^{KI} $^{\text{LÚ.MEŠ}}$ŠU.GI *DINATI* SIG$_5$-in haššikandu/ nu＝ššan katta arnuškandu/ karūliyaz＝ya mahhan KUR.KUR＝kán anda hurkilaš išhiūl iyan/ kuedani＝aš＝kán URU-ri kuašker/ n＝aš＝kán kuwaškandu/ kuedani＝ma＝aš＝kán URU-ri arha parhišker/ n＝aš＝kán arha parhiškandu/ namma＝za URU-aš EGIR-anda warapdu/ namma watarnahhan ēšdu/ n＝aš＝šan EGIR-pa lē kuiški tarnai/ kuiš＝an＝šan EGIR-pa tarnai/ n＝an šakuwanza/ DINGIR^{MEŠ}＝ya kuwapi ēššanzi/ nu *PANI* DINGIR^{MEŠ} lē kuiški ninikzi/ *INA* É EZEN$_4$＝ya lē kuiški ninikzi/ namma＝ššan *ANA* $^{\text{LÚ.MEŠ}}$SANGA $^{\text{LÚ.MEŠ}}$*UMMIYANUTI* $^{\text{LÚ.MEŠ}}$GUDU$_{12}$ $^{\text{MUNUS.MEŠ}}$AMA.DINGIR^{LIM} nahšarraz kittaru/ $^{\text{LÚ.MEŠ}}$SANGA $^{\text{LÚ.MEŠ}}$GUDU$_{12}$ $^{\text{MUNUS.MEŠ}}$AMA＝ya *ANA* DINGIR^{MEŠ} nahhanteš ašandu/ mān *DINU*＝ma kuiš GIŠ.HUR tuppiaz šiyan udai/ nu auriyaš EN-aš *DINA*$_7$ SIG$_5$-in hannau/ n＝at＝kán aššanuddu/ mān＝kán *DINU*＝ma šuwattari/ n＝at *MAHAR* ^{d}UTU^{ŠI} uppau/①

[并且,让哨所督官、区长和长者妥善审理案件。让他们解决(它们),就像行省内

① KUB13. 2iii9-24;CTH261(*Instructions of Arnuwanda I for the Frontier Post Governors*《阿努旺达一世给边境驻防官的训诫》).

的性侵案按照传统处理那样。在一座城他们实施处决,就让他们实施处决。而在另一座城他们实施放逐,就让他们实施放逐。并且在此之后让城市得到清洗,让(法令)得到颁布:谁也不能让他们返回。谁让他返回了,他就要被追捕。当他们膜拜神灵时,谁也不能亵渎神灵。谁也不能在庆典建筑内实施亵渎。对祭司、神庙人员、涂膏者和母神女祭司,让(他们的)崇敬变得坚定。让祭司、涂膏者和母神女祭司对神灵心怀崇敬。如果某人带来一桩案件、封印的泥板手写板,就让哨所督官妥善审理案件,让他处理它。如果案件变得繁重,就让他把它带到我主面前。]

小句"在一座城他们实施处决"和"而在另一座城他们实施放逐"是隐含条件状语从句,作预设条件已知信息。小句"谁让他返回了"是体现预设已知条件信息的隐含条件状语,与体现新信息的主句"他就要被追捕"具有相同的作主语的参与者信息。小句"谁也不能在庆典建筑内实施亵渎"当中,作主语的参与者信息和动词体现的过程信息与上文小句"谁也不能亵渎神灵"相同,作已知信息。地点状语"在庆典建筑内"是上文未出现的新信息,出现在句首,作得到强调的新信息。小句"让祭司、涂膏者和母神女祭司对神灵心怀崇敬"重复上文"对祭司、神庙人员、涂膏者和母神女祭司,让(他们的)崇敬变得坚定",作回溯已知信息。

Db24. takku UR.GI$_7$-aš Ì ŠAH karāpi/ *BĒL* Ì wimiyazi/ n=an=kán kuenzi/ n=ašta Ì-an šarhuwantaz=šet KAR-izzi/ šarnikzil NU.GÁL/[①]

(如果一只犬吞食了猪油,猪油的主人发觉了。他杀死了它,他从它胃里搜出了猪油,他将不做赔偿。)

复句"如果一只犬吞食了猪油,猪油的主人发觉了。他杀死了它,他从它胃里搜出了猪油"是并列句形式的条件状语从句,把各句体现的按时间顺序相继发生的过程信息并列成预设已知条件信息,引出作新信息的主句。

赫梯语信息结构是赫梯语语篇当中各语义内容依语义信息的已知属性和未知属性规律排布的交替性结构关系。已知信息和新信息的新旧关系中的已知信息或前置或后置,每一个表现新信息的语义内容都由表现已知信息的语义内容引出。语义内容在每一个句子中交替扮演着已知信息和新信息,从而使语义内容在语义信息层面上相互交织地关联起来。而交替着充当已知信息和新信息的各语义内容又是由具体词汇组成的,语义内容在已知信息和新信息中的新旧关系同时也是具体词汇表现在信息结构中的信息新旧关系。

① KBo6.3iv27-28;CTH271(*The Laws of the Hittites*《赫梯法典》).

小　结

赫梯语主位-述位结构是赫梯语语篇当中各主述成分依先后位置出现的规律性次序形成的交替性结构关系。主位和述位呈现出多样的交替方式，主述成分也由此以多样的序列结构展现出来，形成主述成分之间排列次序结构上的语篇关系。而处于主位-述位结构中的各主述成分又是由具体词汇组成的，主述成分在主位-述位结构中的组织排列关系同时也是成分中具体词汇的排列组织关系。赫梯语主位推进类型主要包括主位持续推进、述位持续推进、主位-述位交替推进、持续型主位分裂推进、交替型主位分裂推进、持续型述位分裂推进、交替型述位分裂推进。赫梯语信息结构是赫梯语语篇当中各语义内容依语义信息的已知属性和未知属性规律排布的交替性结构关系，已知信息和新信息的新旧关系中的已知信息或前置或后置，每一个表现新信息的语义内容都由表现已知信息的语义内容引出。语义内容在每一个句子中交替扮演着已知信息和新信息，从而使语义内容在语义信息层面上相互交织地关联起来。而交替着充当已知信息和新信息的各语义内容又是由具体词汇组成的，语义内容在已知信息和新信息中的新旧关系同时也是具体词汇表现在信息结构中的信息新旧关系。

结　　论

基于赫梯语语料分析研究，赫梯语通过完善的语法词系统借助语法指称手段已经获得了成熟的语法词衔接能力并具有了完备的语法词衔接形式。如，代词衔接手段可采用的代词类别包括独立人称代词和独立物主代词、附着人称代词和附着物主代词、名词性和形容词性指示代词、名词性和形容词性不定代词（单称、特称、全称不定代词）、反身代词、关系代词、疑问代词；连词衔接手段有接续连词、因果连词、让步连词、条件连词、转折连词、时间连词、对比连词；疑问副词衔接手段包括地点疑问副词、时间疑问副词、原因疑问副词、方式疑问副词；辅助性语法词衔接手段包括后置词、前动词和小品词。赫梯语依托庞大完备的语法词系统构建的语法词衔接手段具备形式丰富、类型多样的特点，同时，赫梯语语法词的衔接又具有语法性衔接和语义性衔接两个方面。如在人称代词、物主代词、指示代词、不定代词、反身代词、关系代词和疑问代词表现的代词衔接手段中，衔接关系里的代词与被指称词之间形成性、数、格一致的语法联系，因此偏向语法性衔接关系；而连词衔接手段表现的接续、因果、让步、条件等关系，疑问副词衔接手段表现的地点、时间、原因、方式等关系，辅助性语法词衔接手段表现的方向、位置、原因、对比等关系则偏向语义性衔接关系。

赫梯语实词衔接主要体现了偏向语义的衔接关系，同时也具有偏向语法性的衔接关系。如，动词的时态、体态和语式表现的动词语法属性在语篇中产生延续性的衔接关系。赫梯语实词衔接中最突显和重要的衔接类型是词汇衔接，词汇衔接产生于语篇中各实词的语义内涵及语义间的相互联系，是赫梯语实现语篇衔接关系的重要语义手段，在赫梯语语篇中有着强大的衔接能力和丰富的衔接方式。赫梯语词汇衔接主要体现在语篇内实词间的词汇搭配关系上，而词汇搭配关系是词汇语义间形成的搭配关系。语篇中相互关联的词汇语义通过语义的彼此呼应形成了语义场，而语义场是赫梯语词汇搭配衔接的前提和基础，语篇内形成词汇搭配衔接关系的实词首先已经共同形成了语义场。语义场是分享共同义素的多个词汇语义间构成的语义关系网络，是产生词汇衔接关系的基础。语义场内的词汇语义关联越紧密，语篇的衔接关系强度越高。作为词汇衔接基础的语义场，在赫梯语语篇衔接中发挥了显著的作用。

赫梯语主位-述位结构和信息结构也是赫梯语组篇功能的重要内容。赫梯语主位-述位结构在语篇中的布置体现了主位推进形式对语篇形式的建构，赫梯语具有多种样式的主位推进形式。主位-述位结构中的主位和述位分布与信息结构中的已知信息和新信息分布形成复杂的重叠对应关系，赫梯语语篇在选择语法词或实词占据主位位置或已知信息位置时有其规律，选择语法词或实词占据述位或展开新信息时也有其特点。

赫梯语语篇通过具体的语法词和实词以衔接、主位-述位结构和信息结构的组篇功能等方式，表现出语篇内语义内容的紧密连贯、语篇形式的有效推进和语篇信息的有序开展。赫梯语语篇具有完备的组篇功能，并表现出语篇性较强的特点。

衔接、主位-述位结构、信息结构在赫梯语语篇中是共同行使组篇功能的既具有区别又相互关联的关系。衔接是语法词通过语法意义在语篇各项目间形成的指称关系，实词通过词汇语义在语篇各词项间形成似同、对立和搭配关系，语法衔接形成的指称链和词汇衔接形成的词汇语义场在语篇中贯穿起线索。主位-述位结构在赫梯语语篇中是作主位的起点部分与作述位的后续部分前后相随的主位与述位位置固定的线性排列结构。信息结构在赫梯语语篇中是线性展开的小句或句群中作回溯或预设部分的已知信息和作发展部分的新信息习惯性却非固定排列地体现新旧关系的配置分布。衔接是使语篇各项目交织成关联网络的点状矩阵，主位-述位结构是使语篇各项目前后顺序出现的线段搭桥，信息结构是随着语篇发展一切新信息都会变为已知信息、一切已知信息又会引出新信息的不断推陈出新的骨牌连动过程。语篇的衔接关系是对语篇主位-述位结构和信息结构进行分析的基础，只有明确了衔接关系，主位-述位结构才可以判断上文的主位或述位随语篇发展会怎样排列，才能形成主位-述位推进类型，才能分析信息结构已知信息之已知和新信息之新。词项、小句或句群总是按前后顺序线性展开，有主位-述位结构。相互形成衔接关系的语篇项目要按主位-述位结构前后相继顺序出现，信息结构要在主位-述位的排列顺序上配置已知信息和新信息。在信息结构的已知信息和新信息的交替运动中成为已知信息的词项间可以体现出衔接关系，主位-述位结构的主位或述位的位置上要承载某种信息属性。

赫梯语组篇功能研究是通过现代语言学中的语篇理论将赫梯语语言材料置于语篇层面对赫梯语组织语篇的内在规律进行的研究，对赫梯语语言研究具有重要意义。然而从赫梯语语言研究已有成果来看，现代语篇理论运用于赫梯语语篇研究的探索和尝试不够充分，对赫梯语组篇功能各组成部分的整体研究存在不足和局限性，对赫梯语语篇研究的发展需要未做出充分响应，对赫梯语组篇功能的研究并未全面涉及组篇功能的各组成部分，对涉及的组篇功能内容也只进行了初步探索，留下了广阔的研究空间。

基于对赫梯学界运用语篇理论研究赫梯语语篇的现状的分析，能够看出赫梯语组篇功能在衔接、主位-述位结构与信息结构各部分的研究当中依然存在开拓和深入研究的必要。通过对赫梯语替代和省略的研究，本书认为赫梯语语法衔接手段具有明显的丰富性和多样性，这当中包括作为常见语法衔接手段的替代和省略。本书发现印欧语语篇语法衔接当中的替代和省略早在赫梯语语篇中就已经存在了，并开创性地对赫梯语的替代和省略进行了研究，填补了以往研究在赫梯语替代和省略方面的认识缺失。基于对赫梯语比较指称、分句指称和泛指指称的分析，本书认为赫梯语指称衔接当中的比较指称、分句指称和泛指指称在大篇幅的语篇当中确保了语篇各语义内容间的连贯和衔接力。本书认为在赫梯语语篇中已经能够看到运用这些语法衔接手段组织大篇幅语义内容时产生的语篇效果，并对这些衔接手段的研究进行了新的尝试和拓展，突破了已有研究对这些衔接手段的认识。经过对赫梯语指示性副词指称功能的深入探讨，本书认为赫梯语指示性副词的指称功能具有明显的衔接力，使语篇中作环境说明语的语义内容相互关联，并对指示性副词在比较指称、分句指称等指称方式中的运用进行了新的探索，突破了以往研究对指示性副词指称功能的理解。通过对赫梯语指称链的研究，本书认为赫梯语语篇中存在由语法衔接手段中的各种指称方式相互作用、交织形成的指称链，指称链的紧密度确保了赫梯语语篇各语义内容间的语篇和谐与连贯，并对赫梯语语篇中各指称方式交互组织成指称链的过程首次进行了探讨，拓展了以往研究的视角。通过对赫梯语后置词和方式方位语法词进行观察分析，本书认为赫梯语后置词作为古代印欧语较为独特的语法词在支配名词性语义内容时，能够较为准确地反映出附加在名词语义内容之中的空间位置等环境说明性的语义内容。这种运用语法词的环境说明语义与名词语义直接形成支配关系的语义附加方式，使语篇中的名词语义内容在语篇整体的附加环境说明语义关系中关联紧密，形成语篇中环境说明语和谐一致的衔接效果。主要由方式状语从句连词、前动词和方位指示性副词形成的赫梯语方式方位语法词在语篇中较准确地体现了语义内容中过程语义的发生方式、运动方向的说明和静态方位的说明，并使这些表现方式、方向和方位的附加语义内容通过语法词的语法功能在语篇中形成在方式和方位关系上的衔接一致。这是首次对赫梯语后置词和方式方位语法词的衔接作用进行整体性研究，弥补了以往研究在赫梯语后置词、方式状语从句连词、前动词和方位指示性副词等语法词衔接功能上认识的欠缺。通过对赫梯语动词时态、体态和语式范畴衔接功能的研究分析，本书认为赫梯语动词时态、体态和语式范畴在语篇中体现了语场内的一致延续关系，这种一致延续关系通过动词词尾体现的语法意义形成一致语场内的默认的衔接。动词的语法意义在语篇中由各动词语义体现的过程语义中通过时态、体态和语式范畴的一致延续关系形成在时态关系、体态关系和语式关系上的默认的衔接，这是首次对赫梯语动词时态、体态和语式范畴的语法衔接作用进行探讨，为赫梯语语篇研究提供了新的视野。通过对赫梯语语法衔接部分的赫梯语人称指称、指示指称、连词连接、赫梯语小品词的衔接作用进行研究分析，本书在人称指称方面尽可能全面地探讨了赫梯语人称指称当中包含的独立形式和附着形式的各种人称代词体现的人称指称作用，尤其探讨了赫梯语体现在动词词尾的人称指称意义的独特性。本书在指示指称方面研究了赫梯语指示代词、指示性副词和指示性形容词的指示指称功能，突破了以往研究高度集中于指称衔接当中个别单数远指指示代词的指示指称、未直接涉及指称衔接当中的人称指称以及其他类型指称衔接方式的局限。本书在连词连接和赫梯语小品词的衔接作用方面尽可能多样地探讨并完善了多种连词和小品词的语篇衔接功能，突破了以往赫梯语语法衔接的研究仅探讨个别连词的连接、个别小品词的语篇作用以及未探讨其他具有赫梯语特点的小品词的衔接作用的局限。通过对赫梯语词汇衔接部分的研究，本书对赫梯语词汇衔接中的复现关系，尤其同现关系、序列关系、词汇搭配衔接和语义场进行了新的探索和尝试。其中，本书对赫梯语词汇衔接的复现关系方面的形成方式进行了重要补充，对词汇衔接的同现关系、序列关系、词汇搭配衔接和语义场方面首次进行了探索，为赫梯语语篇研究提供了新的视角。本书认为，赫梯语词汇衔接通过语篇中各实义词中语义内容间形成的复现关系即上下义或同近义关系、同现关系即反义关系、序列关系即实义词间的列编关系、由多种实义词语义关系共同作用形成的词汇搭配衔接和由此形成的语义场，在赫梯语语篇实义词语义关系中产生了突出的衔接效果。通过对赫梯语主位-述位结构的研究，本书对赫梯语主位-述位结构的推进方式和类型首次进行了研究和探索，为赫梯语语篇研究补充了组篇功能的重要部分主位-述位结构。本书认为，根据赫梯语主述成分在语篇中的位置关系，赫梯语主位-述位结构能够体现出多种推进类型，如主位持续推进、述位持续推进、主位-述位交替推进、持续型主位分裂推进、交替型主位分裂推进、持续型述位分裂推进和交替型述位分裂推进，这些推进类型体现了赫梯语主位-述位结构的组篇功能的结构形式的多样性。通过对赫梯语信息结构的研究，本书对赫梯语信息结构中的信息配置分布和语篇在信息结构中的呈现方式进行了新的尝试和分析。与以往赫梯语信息结构部分的研究主要局限于探讨赫梯语信息结构的话题和焦点不同，本书对信息结构的已知信息和新信息的整体关系做了深入分析。本书认为，体现在赫梯语单句和复句中的信息结构中已知信息和新信息形成的新旧关系在实现组篇功能时具有丰富的信息配置方式。本书较具创新性地对赫梯语组篇功能整体的各部分、衔接、主位-述位结构、信息结构进行研究，较全面地观察了包含衔接、主位-述位结构、信息结构的赫梯语组篇功能各部分，使赫梯语组篇功能研究体现得更为完整和全面。

赫梯语语法功能、实义词语义关系、主述成分、新旧信息关系的研究分析和赫梯语文献的释读及研究使赫梯语语法衔接、词汇衔接、主位-述位结构、信息结构的深入研究成为可能。通过考察赫梯语文献上下文之间的语法关系衔接和词汇之间的衔接关系问题，我们认识到赫梯语语篇表现出较完备的组篇功能和较强的语篇性，现代语言通过衔接、主位-述位结构和信息结构行使组篇功能的大部分常用方式在赫梯语语篇中均已得到体现。在语法衔接当中，赫梯语的语法词体系建构已经完备，能够通过各类语法词进行多种方式的语法衔接。在词汇衔接当中，赫梯语能够通过词项间的各种语义关系搭建语义场形成语篇。在主位-述位结构中，赫梯语具有多种主位推进类型发展语篇。在信息结构中，赫梯语体现出清晰的信息配置分布。

本书对赫梯语的衔接、主位-述位结构和信息结构进行了研究，讨论并系统认识了赫梯语的组篇功能问题，尽可能从整体上全面考察赫梯语的组篇功能。我们认为，将这几个部分统筹起来整体考虑，会使我们进一步看到，公元前两千纪时期赫梯语的发展已经完全达到了具备组篇功能价值这样的发展阶段。赫梯语文献的行文和编撰是组篇功能发生作用的结果，组篇功能的各部分密切配合并相互关联组成了赫梯语的语篇，形成了一个已经比较发达的语言组篇功能的系统，而不是简单的语言单元组合。这个组篇功能的系统可以成为一个有力并且有效的工具，帮助我们解决在研究释读赫梯语文献时面临的语篇语义疑问，使我们对赫梯语语法功能、词汇语义关系、主述成分、新旧信息关系乃至语篇整体全局的认识更具完整性。

赫梯语组篇功能研究对赫梯学具有重要价值，通过现代语言学语篇理论的应用，以释读分析赫梯语书面材料为主的赫梯学研究能够在语篇的层次上发现更多的研究内容。同时，赫梯语书面材料的识解状态也客观地要求赫梯语研究向组篇功能研究获取更多的理论给养。赫梯语书面文献存在缺损现象的客观状态使赫梯语文献的字句辨识理解和整体语义内涵的准确认知成为一项重要研究内容，借助语篇理论对赫梯语的语篇构造特点规律进行研究和把握并对赫梯语组篇功能加深认识能够在语义理解上促进赫梯语文献的释读认知。现代语言学理论的发展为研究赫梯语文献材料提供了通过现代语言学视角获得新的理论工具、探索新方法的机会和获取新认知的可能。赫梯语组篇功能研究对赫梯语语言研究具有重要价值，体现在对赫梯语新出土原始文献的释读、解析，已读文献存疑部分的再分析，以及赫梯语语言理论的建设。赫梯语组篇功能研究对古代安纳托利亚其他印欧语文献的释读具有重要意义和价值。安纳托利亚语族是印欧语系见于文献的最古老的语族,安纳托利亚语族包括属于中部语支的赫梯语在内的重要语种。如,西部语支中的卢维语、吕西亚语、吕底亚语、帕莱克语和弗里吉亚语在语法体系、词汇系统和句型构造等方面都享有安纳托利亚语族成员的共同特征。对语族内单个语种的语言研究得出的发现意义不是孤立的,它能够为语族内其他语种的认识提供重要的参照借鉴价值,这种价值同样体现在安纳托利亚语族各语种的语篇研究方面。同时,安纳托利亚语族各语言具有各自的语言特点,这些区别性的语言特征和各语言文献的识别面貌都要求在辨识解析用这些语言创作出的语篇时应借助语篇分析的理论方法。对这些语言的语篇进行组篇功能研究,既能够发现这些语言在组篇功能上的一般规律,同时也能够对其特性作出解析,为这些语言的语篇释读提供语言认识上的支持。

赫梯语组篇功能研究对语言学也具有重要意义和价值。赫梯语是公元前两千纪时期的古代语言,是已知最古老的印欧语言,在传统印欧语言学中具有显赫地位。但同时赫梯语语言研究对现代语言学理论也具有重要意义,作为现代语言学代表性研究领域之一的语篇研究不仅关注现代语言的语篇材料以构建语篇研究理论,对古代语言、印欧语系最古老的语篇材料进行语篇研究也无法忽视。研究最古老的印欧语语篇材料能为现代语言学语篇研究提供更广泛、全面甚至独到的研究素材和更开阔的视野。研究并发现现代语言语篇中的常用组篇方法哪些在印欧语系最古老的语篇中早已存在,哪些组篇现象在最古老语篇中是独有的,能为现代语篇研究提供新的认识和启迪,这都要由赫梯语语篇的材料实例提供支持。如在赫梯语语篇运用于叙述者直接引叙他人发言的小句或语段中,标记句子引语属性的直接引语小品词“-wa”从第一个句子开始到最后一个句子结束连续出现,形成一个边际明晰的语段。使用鲜明的标记手段划定出起始明确、语意连贯的一段引语,标识用作特定语篇的直接引语语段,用具有特定功能的语言形式来框定一片以小品词引入的由单一小句或小句群形成的有始有终的自成一体的语篇范围,把直接引语语句形成的语篇与引语外部的其他语篇边界明显地加以区隔。小品词“-wa”具有具体语音形态和明确语义,是一种特别标示引语语篇的实际语言形式,这与在直接引语语篇起始之前用若干句引导语介绍出引语的陈述方式和现代语言依靠引导语和标点符号介绍出直接引语语篇的方式具有根本性的区别。小品词“-wa”本身包含在直接引语语篇当中,是引语语篇的内部组成部分,以具体的语言形式标示引语语篇的起始,是引语语篇中的语篇形式标记。这说明,赫梯语语篇在引语内容上是存在标识语篇内容属性和语篇长度的明确的语言形式标记的。并且,小品词“-wa”还能够体现作为引语中的引语、语篇中的语篇的多层嵌套引语形式的语篇。赫梯语语篇中另一个对语篇意义具有独特功能的印欧语来源的小品词是附着强调小品词“-pát”。这个小品词附着在小句或句群中某个词项后进行强调标记，在语法衔接中附着在指称词后作回指强调，在词汇衔接中附着在词项后作同义近义词的衔接强调，在主位-述位结构中标示小句或句群的主位-述位是否与上文的主位-述位存在接续关系，在信息结构中附着在作已知信息的词项后对词项的话题性进行强调。与大多数现代语言用小句成分序列中的特殊位置或特殊音调音高标记信息焦点的方式不同，附着强调小品词“-pát”在信息结构中附着在作新信息的词项后把词项标记为得到强调的新信息或信息焦点，说明赫梯语小品词具有通过语法词的语言形式在信息结构中标记信息焦点的功能。

参考文献

ARBEITMAN B J. Why two preverbs (and only these two) became inseparable in Hittite[J]. JIES, 1974(2): 70-76.

ARBEITMAN Y L. An addendum to "why two preverbs (and only those two) became inseparable in Hittite"[J]. JIES, 1978(6): 143-144.

BERMAN H. Relative clauses in Hittite[J]. Relative Clause Festival, 1972 (12): 1-8.

BERTINETTO P M, CAMBI V. Hittite temporal adverbials and the aspectual interpretation of the ške/a-suffix[J]. Fs Gusmani, 2006(18): 193-233.

BOLEY J. Hittite and Indo-European place word syntax[J]. Sprache, 1985 (31): 229-241.

BOLEY J. Notes on Hittite place word syntax[J]. Hethitica, 1985(6): 5-43.

BOLEY J. The sentence particles and the place words in old and middle Hittite (IBS 60)[M]. Innsbruck: Innsbruck Press, 1989.

BOLEY J. The "local" sentences particles in Hittite[J]. Per una grammatica ittita, 1992(3): 1-31.

BOLEY J. The Hittite periphrastic constructions[J]. Per una grammatica ittita, 1992(6): 33-59.

BOLEY J. Further thoughts on language change, as evidenced by Hittite[J]. Sprache, 1994(36): 129ff.

BOLEY J. Dynamics of transformation in Hittite: The Hittite particles-kan,-asta and-san(IBS 97)[M]. Innsbruck: Innsbruck Press, 2000.

BOLEY J. The storyteller's art in old Hittite: The use of sentence connectives and discourse particles[J]. RANT, 2004(1): 67-110.

BOLEY J. Narrative and the world of old Hittite[J]. HitCongr, 2005(5): 151-165.

BROSCH C. Gemischte und pluralische Koordinationen im Hethitischen und ihr Kongruenzverhalten[J]. AoF, 2013(40): 314-336.

BROSCH C. Beiträge zur Hethitischen Raumgrammatik I: Die verbindung

place word + arha und ihre konstruktionen[J]. HitCongr, 2014(8): 124-137.
BROSMAN P W. The semantics of the Hittite gender system[J]. JIES, 1979 (7): 227-236.
CAMBI V. The Hittite adverb karū 'formerly, earlier; already'[J]. UCLA IEConf, 2005(16): 219-233.
CARTER C. Some unusual Hittite expressions for the time of day[J]. JAOS, 1974(94): 138-139.
COOPER R. The interpretation of pronouns[J]. Syntax and Semantics, 1979 (14): 61-92.
COTTICELLI-KURRAS P. Das hethitische Verbum'sein'. Syntaktische Untersuchungen(TH 18)[M]. Heidelberg: Heidelberg Press, 1991.
COTTICELLI-KURRAS P. Die Rhetorik als Schnittstelle zwischen Lexikon und Syntax: Das Hendiadyoin in den Hethitischen Texten[J]. Fs Dinçol-Dinçol, 2007(15): 137-146.
COTTICELLI-KURRAS P, RIZZA A. Die hethitische Partikel-z(a) im Licht neuer theoretischer Ansätze[J]. Indogermanistik und Linguistik, 2011(12): 120-130.
DAUES A. Die funktion der konstruktion-škeuwan dai/i-/tiye-im Junghethitischen [J]. HitCongr, 2007(6): 195-205.
DAUES A. Zur korrelation der hethitischen konjunktion kuitman mit dem verbalsuffix-ške-[J]. Fs Melchert, 2010(4): 9-18.
DISTERHEFT D. Non-final verbs in Hittite[J]. ZVS, 1984(97): 221-227.
DUNKEL G E. Back to the future in Hittite[J]. MSS, 1998(58): 51ff.
DURNFORD S P R. Some evidence for syntactic stress in Hittite[J]. AnSt, 1971(21): 69-75.
FORTSON B W. On the (non-)antiquity of clause-internal-kan in Hittite[J]. Fs Melchert, 2010(5): 27-30.
FRIEDRICH J. Ein Sonderfall partitiver apposition beim Hethitischen Personalpronomen[J]. AfO, 1957-1958(18): 127.
FRIEDRICH J. Hethitisches Wörterbuch[M]. Heidelberg: Heidelberg Press, 1957-1966.
FRIEDRICH J, KAMMENHUBER A. Hethitisches Wörterbuch. 2., völlig neubearb[M]. Heidelberg: Heidelberg Press, 1975.
GARCIA RAMON J L. Zur Entstehung und Semantik der Hethitischen Supi-

numperiphrase[J]. HitCongr, 2007(6): 281-292.
GARRETT A. Hittite enclitic subjects and transitive verbs[J]. JCS, 1990(42): 227-242.
GARRETT A. Relative clause syntax in Lycian and Hittite[J]. Sprache, 1994(36): 29ff.
GARRETT A. Wackernagel's law and unaccusativity in Hittite[J]. Second Position Clitics, 1996(6): 85ff.
GOEDEGEBUURE P. The Hittite 3rd person/distal demonstrative aši (uni, eni etc.)[J]. Sprache, 2002-2003(43): 1-32.
GOEDEGEBUURE P. The original function of the Hittite sentence particle-kan: topic reinforcer or marker of spatial relations? [J]. BiOr, 2007(64): 31-64.
GOEDEGEBUURE P. Focus in Hittite and the stressed pronoun apā-: In search of a method[J]. Pragmatische Kategorien, 2009(5): 93-112.
GOEDEGEBUURE P. Focus structure and Q-words questions in Hittite[J]. Linguistics, 2009(47): 945-969.
GOEDEGEBUURE P. Split-ergativity in Hittite, Rev. of: Patri S. 2007a[J]. ZA, 2012(102): 270-303.
GOEDEGEBUURE P. Hittite noun phrase in focus[J]. UCLA IEConf, 2013(24): 27-46.
GOEDEGEBUURE P. The Hittite demonstratives: Studies in deixis, topics and focus(StBoT 55)[M]. Wiesbaden: Wiesbaden Press, 2014.
GOETZE A. Postposition and preverb in Hittite[J]. JCS, 1963(17): 98-101.
HACKSTEIN O. Von der diskurssyntax zur satzsyntax: Hethitisch kī kuit [J]. Gs Forrer, 2004(9): 345-359.
HAHN E A. Aspect in Hittite[J]. CongrOr, 1968(26): 69-75.
HALPERN A L, ZWICKY A M. Approaching second: Second position clitics and related phenomena(CSLI-LN 61)[M]. Stanford: Stanford Press, 2010.
HART G R. The Hittite particle-pat[J]. TAPA, 2003(11): 94-162.
HEINHOLD KRAHMER S. Asyndeton in vorangestellten temporalen Nebensätzen mit der Konjunktion kuwapi? [J]. Fs Hawkins, 2010(22): 106-122.
HELD W H. The Hittite relative sentence, Baltimore. [Unveränderter fotomechanischer Nachdruck][M]. New York: New York Press, 1973.

HOFFNER H A. On the use of Hittite-za in nominal sentences[J]. JNES, 1969(28): 225-230.

HOFFNER H A. The Hittite particle-PAT[J]. Fs Otten, 1973(21): 99-117.

HOFFNER H A. Hittite man and nūman[J]. Gs Kronasser, 1982(20): 38-45.

HOFFNER H A. Studies in the Hittite particles, II. on some use of-kan[J]. Per una grammatica ittita, 1992(17): 137-151.

HOFFNER H A. Hittite iwar and related modes of expressing comparison[J]. Fs Neve, 1993(12): 39-51.

HOFFNER H A. The laws of the Hittites[M]. New York: New York Press, 1997.

HOFFNER H A. Before and after: Space, time, rank and causality[J]. Fs Popko, 2002(9): 163-169.

HOFFNER H A. The Hittite degenitival adjectives šiela-, 2-ela und apella-[J]. Symposium de Roos, 2006(14): 189-197.

HOFFNER H A. Asyndeton in Hittite[J]. Fs Košak, 2007(19): 385-399.

HOFFNER H A. Letters from the Hittite kingdom[M]. Atlanta: Society of Biblical Literature, 2009.

HOFFNER H A, GUTERBOCK H G. Theo van den Hout, eds. The Hittite dictionary of the Oriental Institute of the University of Chicago[M]. Chicago: Chicago Press, 1980.

HOFFNER H A, MELCHERT H C. A practical approach to verbal aspect in Hittite[J]. Gs Imparati, 2002(11): 377-390.

HOFFNER H A, MELCHERT H C. A grammar of the Hittite language[M]. Indiana: Indiana Press, 2008.

HOUWINK TEN CATE Ph H J. Impersonal and reflexive construction of the predicative participle in Hittite[J]. Fs de Liagre Böhl, 1972(2): 199-210.

HOUWINK TEN CATE Ph H J. The particle-a and its usage with respect to the personal pronoun[J]. Fs Otten, 1973(4): 119-139.

JANSSEN Th M V. Compositional semantics and relative clause formation in Montague grammar[J]. Formal Methods in the Study of Languages, 1982(1): 237-276.

JOSEPHSON F. The function of the sentence particles in old and middle Hittite[M]. Uppsala: Uppsala Press, 1972.

JOSEPHSON F. On the function of the Gothic preverb ga-[J]. IF, 1976(81): 152-175.

JOSEPHSON F. The Hittite reflexive construction in a typological perspective [J]. Fs Winter, 2003(2): 212-232.

JOSEPHSON F. Hittite-apa,-šan, and-kan as actional modifiers [J]. Fs Melchert, 2010(12): 184-190.

JUSTUS C F. Relativization and topicalization in Hittite[J]. Subject and Topic, 1976(10): 215-245.

JUSTUS C F. Hittite ištamaš-'hear': Some syntactic implications[J]. MSS, 1979(5): 93-115.

JUSTUS C F. Implications of pre-complementizers with Hittite šak-/šek. "know"[J]. ConfHistLing, 1980(4): 97-106.

JUSTUS C F. Typological symmetries and asymmetries in Hittite and IE complementation[J]. Linguistic Reconstruction and I-E Syntax, 1980(4): 183-206.

JUSTUS C F. Visible sentences in cuneiform Hittite[J]. Aspects of Cuneiform Writing, 1981(6): 373-408.

JUSTUS C F. Semantic and syntactic aspects of 'knowing in one's heart'[J]. Fs Kammenhuber, 1983(4): 107-115.

JUSTUS C F. Word order and the first person imperative[J]. Word-Order Patterns, 2000(6): 165-184.

JUSTUS C F. Syntactic structures in Mursili's aphasia[J]. HitCongr, 2007(6): 427-446.

JUSTUS C F. Storage and organization of Hittite grammatical knowledge[J]. CRRAI, 2008(51): 75-84.

KAMMENHUBER A. Studien zum hethitischen infinitivsystem[J]. MIO, 1956(4): 40-80.

KLINGER J. Chetitština-nejstarší dochovaný indoevropský jazyk/Das Hethitische-die am frühesten überlieferte Sprache des Indogermanischen[J]. Velhartická Š, 2015b(6): 55-62.

LEED J N. The Hittite particle-kan and others[J]. ArOr, 1966(34): 1-26.

LUHR R. Einr? umung und zugest? ndnis. Skalare und universale konzessive Konditionalsätze im Hethitischen[J]. CRRAI, 1998(43): 221-230.

LUHR R. Relativsätze im Hethitischen[J]. HitCongr, 2001(4): 333-346.

LUHR R. Zum Modalfeld im Hethitischen[J]. Anatolisch und Indogermanisch, 2001(6): 239ff.

LUHR R. Schnittstelle semantisches-konzeptuelles Wissen: Zur Repräsentation konzeptueller Verschiebungen in Morpho-syntax und Wortbildung des Hethitischen [J]. Linguistischen Arbeitsberichte, 2002(79): 121-142.

LURAGHI S. Der semantische und funktionelle bau des althethitischen kasussystems[J]. ZVS, 1986(99): 23-42.

LURAGHI S. The structure and development of possessive noun phrases in Hittite[J]. Altorientalische Forschungen, 1990a: 309-325.

LURAGHI S. The grammaticalization of the left sentence boundary in Hittite [J]. Limits of Grammaticalization, 1998(8): 179ff.

LURAGHI S. Experiencer predicates in Hittite [J]. Altorientalische Forschungen, 2010(4): 249-263.

LURAGHI S. Transitivity, intransitivity and diathesis in Hittite [J]. Indoevropejskoe Jazykoznanie i klassičeskaja filologija, 2010(14): 133-154.

MARTIN J R, ROSE D. Working with discourse: Meaning beyond clause [M]. Beijing: Peking University Press, 2007.

MATSUKAWA Y. On the Hendiadys in Hittite[J]. Lingua Posnaniensis, 1998(40): 131f.

MEACHAM M D. A synchronic and diachronic functional analysis of Hittite-ma[M]. Berkeley: Berkeley Press, 2000.

MELCHERT H C. Covert possessive compounds in Hittite and Luvian[J]. Fs Manaster Ramer, 2002(2): 297-302.

MELCHERT H C. Discourse conditioned use of Hittite-ma[J]. Pragmatische Kategorien, 2009(2): 187-195.

MELCHERT H C. Alleged "right dislocation" in Hittite[J]. Gs Otten, 2015 (21): 137-146.

MILLER J L. Royal Hittite instructions and related administrative texts[M]. Atlanta: the Society of Biblical Literature, 2013.

MOLINA M. Corpus study of information structure in Hittite (on the basis of the middle Hittite letters)[J]. HitCongr, 2014(5): 232-245.

NEU E. Zur unechten Nominalkomposition im Hethitischen[J]. Fs Risch, 1986(21): 107-116.

NEU E. Zu einem vermeintlichen Impersonale des Hethitischen[J]. ZVS,

1995(108): 6-11.

NEU E. Futur im Hethitischen? [J]. Fs Strunk, 1995(34): 165-202.

NEUMANN G. Zeitangebende Parenthesen im Hethitischen[J]. Fs Krause, 1960(21): 135-144.

OSHIRO T. Hendiadys in Hittite[J]. IF, 1993(98): 98-99.

PUHVEL J. Elliptic genitives and hypostatic nouns in Hittite[J]. AJNES, 2011(22): 68-72.

PUHVEL J. Hittite etymological dictionary[M]. Berlin: Berlin Press, 1984.

RAMAN C J. Hittite relative construction[J]. LingSocAmMeet, 1972(47): 102-103.

RIEKEN E. Zur Verwendung der Konjunktion ta in den hethitischen Texten [J]. MSS, 1999(59): 63ff.

RIEKEN E. Die periphrastischen Konstruktionen mit pai-"gehen" und uwa-"kommen" im Hethitischen[J]. Gs Neu, 2010(21): 217-239.

RIEKEN E. Verberststellung in hethitischen Übersetzungstexten [J]. Indogermanistik und Linguistik, 2011(23): 498-507.

RIEKEN E, WIDMER P. Kongruiert alles? Zu den Kongruenzmustern des Pronominaladjektivs der Bedeutung, all, jeder, ganz' im Griechischen und Hethitischen[J]. Das Nomen im Indogermanischen, 2014(14): 342-359.

RIZZA A. The ritual for the royal couple CTH 416: Syntax of non verbal predicates and numerals[J]. AAGASC, 2011(1): 13-37.

RIZZA A. On the syntax of numerals in Hittite and in the ANE linguistic area [J]. ASGM, 2011(6): 235-261.

ROSENKRANZ B. Das u? an-Syntagma im Hethitischen[J]. RHA, 1959 (65): 93-103.

ROSENKRANZ B. Die Struktur der hethitischen Sprache[J]. DorTag, 1969 (17): 164-169.

ROSENKRANZ B. Adverbial gebrauchte Partizipia im Hethitischen[J]. Fs Adrados, 1984(2): 443-448.

SCHMID W P. Das Hethitische in einem neuen Verwandtschaftsmodell[J]. Hethitisch und Indogermanisch, 1979(6): 231-235.

SHIELD K. On the origin of the old Hittite directive[J]. ZVS, 2004(117): 15-21.

SIDELTSEV A V. Inverted word order in middle Hittite [J]. Anatolian

Languages, 2002(11): 137-188.

SIDELTSEV A V. Proleptic pronouns in middle Hittite[J]. CRRAI(Babel und Bibel 4/1), 2010(53): 211-248.

SIDELTSEV A V. Syntax of lists in middle Hittite[J]. HitCongr, 2010(7): 709-724.

SIDELTSEV A V. Clitic doubling: A new syntactic category in Hittite[J]. AoF, 2011(38): 81-91.

SIDELTSEV A V. Clause internal and clause leftmost verbs in Hittite[J]. AoF, 2014(41): 80-111.

SIDELTSEV A V. The riddles of Hittite indefinite pronouns[J]. AoF, 2015(42): 62-89.

STERNEMANN R. Temporale und konditionale Nebensätze des Hethitischen[J]. MIO, 1965(11): 231-274, 377-415.

TISCHLER J. Hethitisches etymologisches Glossar [M]. Innsbruck: Innsbruck Press, 1977.

TJERKSTRA F A. Principles of the relation between local adverb, verb and sentence particle in Hittite[M]. Groningen: Groningen Press, 1999.

VAN DEN HOUT Th P J. Studies in the Hittite phraseological construction I: Its syntactic and semantic properties[J]. Fs Hoffner, 2003(11): 177-203.

VAN DEN HOUT Th P J. Studies in the phraseological construction II: its origin[J]. Hethitica, 2010(16): 191-204.

VAVROUSEK P. Einige Bemerkungen zu den hethitischen Pronominaladverbien[J]. ŠULMU, 1988(3): 337-348.

WAGNER H. Zur hethitischen Partikel-ašta[J]. ArOr, 1968(36): 365-370.

WAGNER H. Das Hethitische vom Standpunkte der typologischen Sprachgeographie[M]. Pisa: Pisa Press, 1985.

WATKINS C. Delbrück and the syntax of Hittite and Luvian: Predictive power[J]. Actas Madrid, 1997(9): 611ff.

WEITENBERG J J S. The uses of asyndesis and particles in old Hittite simple sentences[J]. Per una grammatica ittita, 1992(8): 305-353.

WIDMER P. Hethitisch nu als Mittel der informationsstrukturellen und syntaktischen Verknüpfung [J]. Pragmatische Kategorien, 2009 (20): 323-335.

YAKUBOVICH I. The free-standing genitive and hypostasis in Hittite[J].

JNES，2006(65)：39-50.

YAKUBOVICH I. Sociolinguistics of the Luwian language[M]. Leiden, Bosten：Brill Press，2010.

ZEILFELDER S. Steigern und Vergleichen im Hethitischen[J]. CRRAI，1998(43)：475-482.

ZEILFELDER S. Zum Ausdruck der Finalität im Hethitischen[J]. Anatolisch und Indogermanisch，2001(2)：395ff.

ZEILFELDER S. Komplexe Hypotaxe im Hethitischen[J]. Fs Neumann，2002(2)：527ff.

ZEILFELDER S. Topik，Fokus und rechter Satzrand im Hethitischen[J]. Gs Forrer，2004(4)：655-666.

ZINKO M，ZINKO C. Hethitisch ? eu-"Regen" unter dem Aspekt der historischen Semantik[J]. Fs Košak，2007(4)：733-752.

ZORMAN M. Modality in Hittite[J]. HS，2013(126)：127-141.

德克・吉拉兹. 欧美词汇语义学理论[M]. 李葆嘉，司联合，李炯英，译. 北京：世界图书出版公司，2013.

高彦梅. 西方语篇语义学理论发展概述[J]. 语言学研究，2011(10)：23-30.

高彦梅. 语篇语义框架研究[M]. 北京：北京大学出版社，2015.

韩礼德，韩茹凯. 英语的衔接[M]. 张德禄，等译. 北京：外语教学与研究出版社，2007.

韩礼德. 功能语法导论[M]. 彭宣维，等译. 北京：外语教学与研究出版社，2010.

胡壮麟. 语篇的衔接与连贯[M]. 上海：上海外语教育出版社，1994.

胡壮麟，朱永生，张德禄，李战子. 系统功能语言学概论[M]. 3 版. 北京：北京大学出版社，2017.

黄国文. 语篇分析概要[M]. 长沙：湖南教育出版社，1988.

黄国文. 语篇分析与功能语言学理论的建构[J]. 外语与外语教学，2010(5)：32-38.

黄丽燕. 主位，述位推进与语篇分析[J]. 外语艺术教育研究，2008(4)：17-25.

姜望琪. Martin 的语篇语义学思想[J]. 北京科技大学学报(社会科学版)，2008(4)：24-32.

姜望琪. Firth 的语篇语义学思想[J]. 外国语言文学，2008(1)：21-25.

姜望琪. 语篇语言学研究[M]. 北京：北京大学出版社，2011.

罗选民. 词汇衔接在小说语篇中的连贯功能[J]. 外语教学，2003(2)：20-27.

万颖，王林. 文学翻译中的主述位信息理论与运用[J]. 兰州交通大学学报，2013

(4):22-28.
徐烈炯,刘丹青.话题的结构与功能[M].上海:上海教育出版社,1998.
袁毓林.句子的焦点结构及其对语义解释的影响[J].当代语言学,2003(4):26-35.
张德禄.论语篇连贯的条件—接应机制在语篇连贯中的作用[J].现代外语,1994(1):20-31.
张德禄,刘洪民.主位结构与语篇连贯[J].外语研究,1994(3):14-21.
张德禄.语篇连贯研究纵横谈[J].外国语,1999(6):21-32.
张德禄.论语篇连贯[J].外语教学与研究,2000(2):14-21.
张德禄.论衔接[J].外国语,2001(2):16-23.
张德禄.论衔接关系—话语组成机制研究[J].外语教学,2003(1):26-34.
张德禄.语篇连贯与衔接理论的发展及应用[M].上海:上海外语教育出版社,2003.
张育红.主位推进与写作的连贯性[J].国外外语教学,2004(2):21-28.
朱永生.衔接理论的发展与完善[J].外国语,1995(3):23-3

附　　录

术语对照表

anaphora 指称
antonymy 反义(同现)
aspect 体态
comparative anaphora 比较指称
conjunction 连接
deictic anaphora 指示指称
ellipsis 省略
generalized anaphora 泛指指称
given information 已知信息
grammatical cohesion 语法衔接
hypotactic anaphora 分句指称
ideational function 概念功能
information structure 信息结构
lexical field 词汇语义场
lexical cohesion 词汇衔接
lexical collocative cohesion 词汇搭配衔接
mood 语式
new information 新信息
particle 小品词
personals 人称
pronoun 代词
phoricity 指称性
postposition 后置词
reference 指称
reiteration 复现
repetition 重复

sequence 序列
speech act 言语行为
substitution 替代
tense 时态
text 语篇
textual function 组篇功能
texture 语篇组织
texuality 语篇性
thematical advancement 主位推进
thematical type 主位类型
theme-rheme structure 主位-述位结构

人名地名对照表

Amga 阿姆加
Angulli 恩古利
Appu 阿普
Arinna 阿莉娜
Arnili 阿尼利
Arnuwanda 阿努旺达
Āšhapāla 阿沙帕拉
Ašmu 阿斯穆尼卡
Āššuwa 阿舒瓦
Azzi 阿兹
Dunnariya 都纳利亚
EN-tarauwa 恩塔拉瓦
Gagadduwa 戈戈都瓦
Gašaša 科沙沙
Gašipūra 科色普拉
Cauriya 戈乌利亚 戈乌利亚
Ḫaḫha 哈哈
Halwaziti 哈尔瓦其提
Hantitassu 汉提塔苏
Haparan 哈帕拉
Hapidduini 哈皮都依尼

Harranašši 哈拉纳斯
Hatrā 哈特拉
Hatti 赫梯
Hattuši 哈图沙
Hattušili 哈图西里
Hemuwa 海姆瓦
Himmuili 西穆依利
Himmuwa 西穆瓦
Hipparas 赫帕
Hulla 胡拉
Hurma 呼玛
Hurmel 胡迈尔
Hurupa 胡鲁帕
Išhupitta 伊斯胡皮塔
Istar 依斯塔尔
Išteruwa 依斯特鲁瓦
Išuwa 伊苏瓦
Kallun 科鲁
Kalzana 科尔托纳
Kapapahšuwaš 喀帕帕苏瓦
Kappušiya 科普西
Karuhale 卡鲁哈里
Kāšga 卡斯卡
Kašipuran 科西普拉
Kašiya 喀西亚
Kaškanu 科斯科努
Kaššū 科苏
Kūkku 库库
Kūluppašūt 库鲁帕城
Kummaha 库玛哈
Kummanni 库玛尼
Kurunta 库轮塔
Lihzina 利兹纳
Lišipran 利西普拉

Lukkā 卢科
Lupakki 鲁帕基
Luwiya 卢维
Malazzian 马拉兹
Manda 曼达
Marešta 玛瑞斯塔
Marrūwa 玛卢瓦
Marruwann 玛尔茹瓦
Mauiri 玛乌以利
Muršili 穆西里
Mūwa 姆瓦
Mūwattalli 穆瓦塔里
Neriqqaili 涅里加依
Nunnu 努努
Pāhinakkenn 帕西纳科
Palā 帕莱克
Panāta 帕纳塔
Pihapzuppi 皮哈普苏皮
Pihinakki 皮西纳基
Pipitahin 皮皮塔西
Pišeni 皮色尼
Pizzumakiš 皮苏玛基
Puduhepa 普度海帕
Pulli 普利
Šakaddunuwa 沙克都努瓦
Sakkapi 沙克皮
Šāla 撒拉
Šanahuitta 桑胡伊塔
Šarkaš 萨尔卡
Šurešta 苏瑞斯塔
Tabarna 塔巴纳
Tagarama 塔戈拉玛
Taggaštann 塔哥斯塔
Taggaštaza 塔戈斯塔

Takšaš 塔克沙
Tamalkiya 塔马尔基亚
Tapapahšuwaz 塔帕帕苏瓦
Tapapanuwaz 塔帕帕努瓦
Tapiggaza 塔皮克
Tarhunmiya 塔温米亚
Tāš 塔斯
Tašhiniya 塔什尼亚
Tatta 塔塔
Tāwa 塔瓦
Tehsina 特西纳
Tessub 泰苏布
Tiyaššiltaz 提亚西尔塔
Tudhaliya 图塔利亚
Ukkiya 乌基亚
Unuza 乌努沙
Upelluris 乌匹鲁里斯
Urhitesupas 乌西特苏布
Zalpa 萨尔帕
Zikkattan 兹喀塔
Zilapiya 齐拉皮亚
Zišpa 齐斯帕
Zuliyaš 土利亚
Zūru 祖鲁

缩略语

AAGASC	Antiqui Aevi Grammaticae Artis Studiorum Consensus
AfO	Archiv für Orientforschung
AJNES	Armenian Journal of Near Eastern Studies
AnSt	Anatolian Studies
AoF	Altorientalische Forschungen
ArOr	Archiv Orientalni
ASGM	Atti del Sodalizio Glottologico Milanese
BiOr	Bibliotheca Orientalis
CRRAI	Compte rendu, Rencontre Assyriologique Internationale
CTH	Catalogue des textes hittites
FsAdrados	Athlon. Satura grammatica in honorem Francisci R. Adrados
FsBöhls.	Symb. Böhl
FsDinç	ol Belkıs Dinçol ve Ali Dinçol'a Armaan VITA Festschrift
FsGusmani	Studi liguistici in onore di Roberto Gusmani
FsHawkins	Luwian and Hittite Studies Presented to J. David Hawkins
FsHoffner	Hittite Studies in Honor of Harry A. Hoffner
FsKammenhuber	Festschrift Annelies Kammenhuber
FsKošak	Tabularia Hethaeorum. Hethitologische Beiträge Silvin Košak
FsKraus	ZIKIR ŠUMIM. Assyriological Studies Presented to F. R. Kraus
Fs. Melchert	Ex Anatolia: Anatolian and Indo-European Studies in Honor of H. Craig Melchert
FsNeuman	Novalis Indogermanica. Festschrift für Günter Neumann
FsNeve	Istanbuler Mitteilungen 43
FsOtten	Festschrift Heinrich Otten
FsPopko	Silva Anatolica
FsRisch	o-o-pe-ro-si: Festschrift für Ernst Risch
FsStrunk	Verba et structurae. Festschrift für Klaus Strunk
GsForrer	Hethitologische Studien zum Gedenken an Emil Orgetorix Forrer

GsImparati	Anatolia antica. Studi in memoria di Fiorella Imparati
GsKronasser	Investigationes philologicae et comparativae. Gedenkschrift für Heinz Kronasser
GsNeu	Investigationesnatolicae: Gedenkschrift für Erich Neu
GsOtten	Saeculum:Gedenkschrift für Heinrich Otten
Hethitica	Hethitica
HitCongr	Hittiology Congress
HKM	Hethitische Keilschrifttafeln aus Masat-Höyük
HS	Historische Sprachforschung
IBoT	Istanbul Arkeoloji Müzelerinde bulunan Bogazköy Tabletleri
IBS	Innsbrucker Beiträge zur Sprachwissenschaft
IF	Indogermanische Forschungen
JAOS	Journal of the American Oriental Society
JCS	Journal of Cuneiform Studies
JIES	Journal of Indo-European Studies
JNES	Journal of Near Eastern Studies
KBo	Keilschrifttexte aus Boghazköi
KUB	Keilschrifturkunden aus Boghazköi
Linguistics	Linguistics. An Interdisciplinary Journal of the Language Sciences
MIO	Mitteilungen des Instituts für Orientforschung
MSS	Münchener Studien zur Sprachwissenschaft
Pragmatische	Kategorien Pragmatische Kategorien
RANT	Res Antiquae
RHA	Revue hittite et asianique
Sprache	Die Sprache. Zeitschrift für Sprachwissenschaft
StBoT	Studien zu den Bogazköy-Texten
TH	Texte der Hethiter
UCLA	IEConf Proceedings of the UCLA Indo-European Conference
VBoT	Verstreute Boghazköi-Texte
ZA	Zeitschrift für Assyriologie und verwandte Gebiete
ZVS	Zeitschrift für vergleichende Sprachforschung

符号释义

> 标识被书吏遗漏的字符

[ ] 标识泥板破损处不存的字符

[...] 标识破损处

□□标识部分破损的字符

( ) 据翻译的需要和语义表达的完整而添加的字符

[( )] 标识依据副本恢复的字符

! 标识经过修正的字符

▯标识经过校对的字符

▯ ▯标识在其他字符痕迹上刻写的字符

x 标识无法辨识的字符

[x x] 标识几乎无法辨识的破损字符

{ } 标识存疑的手写插入字符

? 标识对不确定字符的修复

(?) 标识对不确定词语的修复

= 分隔小品词链条未隔写的词

-连接一个词的各部分

/ 分隔小句

Bg 大写字母标列章节编号；小写字母标列小节编号